入門　知的財産法

An Introduction to Intellectual Property Law

第3版

平嶋竜太
宮脇正晴
蘆立順美

Hirashima Ryuta
Miyawaki Masaharu
Ashidate Masami

有斐閣

第3版はしがき

　本書第2版の刊行から3年近くが経過し，初版から通算すると早いもので6年以上も過ぎた。社会情勢の変化やパンデミックの襲来に伴う社会環境の大きな変化の下でも，知的財産法の世界は確実に移ろい続け，重要な裁判例が世に現れるとともに，知的財産法を構成する各法においても，令和2年及び令和3年著作権法改正，令和3年特許法改正，令和3年意匠法改正，令和3年商標法改正等の法改正がなされてきた。

　そこで，今回，新しい裁判例や法改正の内容，学説や実務で特に注目される動向等について反映させることを中心に改訂をおこなって，版を重ねることとなった。

　第2版に比べて，本書に含まれている知識量は確実に増えているところ，各章著者が創意工夫をこらし，第2版とほとんど変わらないヴォリュームにとどめることができたので，引き続き，初版，第2版と同じような軽やかさで知的財産法の世界へのアクセスのために十二分に活用していただければ幸甚である。

　有斐閣の栁澤雅俊氏には初版，第2版に続いて，編集と本書の着実なるヴァージョンアップに大変お世話になった。心より感謝申し上げる。

　　2023年1月　　大寒へと向かう寒の内の候に

著 者 一 同

初版はしがき

　いまこの文章を読もうとされている，あなたは，それぞれ様々ないきさつ
（本屋での時間つぶしの立ち読み？　試験前でせっぱ詰まって？　仕事の関係で仕方な
く？　行きがかり上の偶然？　もしや知的財産法の研究に憧れて？？）があって，こ
れを読むことになっているのであろうが，知的財産や知的財産法というものに
対して，おそらくは，なにかしら関心や興味をもっておられるという方がほと
んどだろう。

　そして，その中でも，知的財産や知的財産法について，まずは，それがどの
ようなものなのか，その大まかな全体像を知っておきたいという思いをもって
おられる方も少なくないかもしれない。

　本書は，そのような思いをもっておられる方にとって，ささやかながらのサ
ポートとなることを期待して，企画構成・執筆されたものである。

　もっとも，書店やネットのブックストアには，知的財産法の入門書や解説書
があまた並んでいることはご存じであろう。手きびしい読者は，「いろいろな
入門書が出ているけれども，けっきょく，この本の特徴はどこにあるのだ？」
という「突っ込み」をするかもしれない。

　そこで，本書の特徴をごく簡単にアピールすると，

　　○　知的財産法の骨格となる重要事項のほとんどを網羅的に押さえて制度
　　　　趣旨から丁寧に説明しつつも，記述にメリハリをつけてコンパクトに
　　　　「パッケージ」していること
　　○　図表やイラスト，具体例を豊富に加えることで，文章だけでは理解し
　　　　にくい事柄についても「見える化」していること

という点を挙げられるだろう。

　こんにち，知的財産法という学問分野が対象としている領域は，極めて多岐
にわたっている。月並みな言い方をすれば，テクノロジー，農業，医療，文芸，

デザイン，エンターテインメント，ブランド品等々，それぞれ一見まるで何の
つながりもなさそうなものが，すべて知的財産法の守備範囲内にある。そのた
め，知的財産，知的財産法について知ろうとしても，いったいどこから手をつ
けてよいのか，どのような事柄がポイントなのか，戸惑うことも多いかもしれ
ない。

　そのような戸惑いを解くには，まずは本書第1章に目を通して知的財産や知
的財産法というものの基礎的なイメージをしっかりとつかんでほしい。それか
ら先は，読者の興味に合わせて自在に活用していただきたい。たとえば，テク
ノロジーに関心が高ければ第2章，美術や音楽，映画，ゲームといったものに
興味が強ければ第3章，パクリ商品やブランド品，ビジネスや起業が気になる
のであれば第4章や第5章，といった具合で，自らのもっとも興味のあるとこ
ろを糸口に次第に理解を広げつつ，深めていけばよいのである。

　あるいは，知的財産法についての知識を既にある程度もっている読者なら，
自らの知識をあらためて体系化して整理するために本書を通読する，といった
使い方もあるだろう。

　さらに，法律を専門としていないから，知的財産法を掘り下げて学ぶつもり
はないという読者であっても，本書を傍らに置いておいて，それぞれの専門分
野での活動をより一層盛り立てるために知的財産法をどのように活用できるか
折に触れて参照するという使い方をしていただければ大歓迎である。

　もちろん，本書は，知的財産，知的財産法という広大な世界のゲートにすぎ
ない。本書では，メリハリを付けてコンパクトにパッケージすることを重視し
た反動もあって，知的財産法の一分野である意匠法については，第3章「著作
権法」や第5章「不正競争防止法」の関連部分で簡潔に紹介しているものの，
独立の章を設けて触れてはいない。だから，そのような部分も含めて，本書の
内容では飽きたらないと思った読者は，より専門的な書籍や論文へ読み進めば
よいし，本書でも引用している重要裁判例を手始めに様々な裁判例を読んでも
よい。本書では，より深く学ぶための参考文献リストを巻末に掲載しているの
で，これも大いに活用していただきたい。

われわれ人間は，呼吸をして食事をして生きていると同時に，日々計り知れない多種多様な情報を無意識に吸収して，自ら新しい情報を創出して発信する，というサイクルを繰り返し続けていくことによって人間らしい活動をしているのである。したがって，われわれを取り巻いているあらゆる情報が潜在的には知的財産，そして知的財産法の対象となる可能性を秘めているともいえる。すなわち，知的財産というものの外延は，人間の創造力が定めてゆくものである。人間の創造力が無限であるとすれば，知的財産の範囲も絶えず変化を続けるはずである。本書で説いている内容は，あくまでも西暦2016年という時点での知的財産法であって，本書を機縁として知的財産法に触れた読者が，その創造力を活かして，本書に未だ書かれていない知的財産，知的財産法のより美しい世界をこれから将来へ向けて描いてくれるとすれば，著者にとって幸甚の至りである。

　本書の刊行に際しては，有斐閣の栁澤雅俊さんに大変お世話になった。企画前半段階ではあわせて同社の辻南々子さんにもお世話になった。特に栁澤さんには，著者の一人（このはしがき文案を書いた第2章担当の某）の遅筆を主たる原因とする，相次ぐ刊行の遅れにもかかわらず，本書の細部及び全体にわたって忌憚のないコメントや提案をしていただき，編集者として最後まで辛抱強くお付き合いをしていただいた。著者一同から心からの謝意と敬意を顕して末尾の言葉としたい。
　　2016年晩夏　　蟬しぐれが虫の声にうつろいはじめた季節に

著　者　一　同

目　　次

Column 目次

　1　知的創作の奨励にとって，知的財産法は必要？　8

　2　パブリシティ権とただ乗り行為　17

　3　医療は「産業」なのか？　30

　4　「発明による課題の解決に不可欠なもの」とは？　76

　5　特許権侵害の立証や損害賠償額の算定をサポートする法改正　86

　6　特許法の平成27年改正にいたる経緯　96

　7　同一性保持権侵害と著作権侵害との関係　204

　8　商標登録出願における商品の指定の方法　249

凡　例

1　判例・裁判例

本書では，判例・裁判例を挙げるにあたり，以下の略語を用いている。

最大判（決）	最高裁判所大法廷判決（決定）	民集	最高裁判所民事判例集
最判（決）	最高裁判所判決（決定）	行集	行政事件裁判例集
高判（決）	高等裁判所判決（決定）	判時	判例時報
地判（決）	地方裁判所判決（決定）	判タ	判例タイムズ
支判（決）	支部判決（決定）	金判	金融・商事判例

上記「民集」などに掲載されていないものについては，事件番号を付記している。

例）最判平成 12・9・7 民集 54 巻 7 号 2481 頁
　　＝最高裁判所平成 12 年 9 月 7 日判決（最高裁判所民事判例集 54 巻 7 号 2481 頁）
　　知財高判平成 20・8・26 判時 2041 号 124 頁
　　＝知的財産高等裁判所平成 20 年 8 月 26 日判決（判例時報 2041 号 124 頁）
　　大阪地決平成 8・3・29 平成 7（モ）51550 号
　　＝大阪地方裁判所平成 8 年 3 月 29 日決定（平成 7 年（モ）第 51550 号）

2　法令名・条文番号

条文番号を示すにあたり，前後の文脈からどの法令のものかわかる場合には，法令名は省略している。たとえば，第 2 章「特許法」では，特に断りのない限り，原則として特許法の条文番号を表している。

著者紹介

平 嶋 　竜 太（ひらしま りゅうた）
　南山大学法学部教授
　執筆：第 2 章

宮 脇 　正 晴（みやわき まさはる）
　立命館大学法学部教授
　執筆：第 1 章，第 4 章，第 5 章，終章

蘆 立 　順 美（あしだて まさみ）
　東北大学大学院法学研究科教授
　執筆：第 3 章

第1章　はじめに

Ⅰ■知的財産とは何か

1　身の回りにあふれる知的財産

「知的財産」の例としては，特許権の対象となる「発明」，著作権の対象となる「著作物」，意匠権の対象となる「意匠」，商標権の対象となる「商標」などが挙げられる。これらの概念の詳細な説明は次章以下に譲るが，おおざっぱに説明すると，「発明」というのは技術的アイデア，「著作物」というのは言語や絵画等における表現，「意匠」とは産業上利用されるデザイン，「商標」とは商品やサービスに付けられるマークのことである。あなたの家にある電化製品や，あなたが持っているスマートフォンには無数の発明が使われている。そしてそのスマートフォンのデザインは，意匠である。また，書籍に収められた小説，CDに収められている音楽や，ブルーレイディスクに収められた映画は，著作物である。さらに，あなたが店で買う商品のほとんどには，メーカー名や商品名を示すマークが付けられている。このように，「知的財産」は身近な物の中にたくさん見つけることができる。

　では，これらのものに共通する特徴は何だろうか。技術的アイデアと芸術的表現と産業デザインとマークは，一見まったく異なったもののようであるが，これらが「知的財産」という言葉でひとくくりにされるからには，共通する特

1

徴があるはずである。そのような特徴とは，これらはみな「情報」である，ということである。情報のうち，事業活動に用いられるものや，学問・芸術等の文化的な活動によって生み出されたものの一部が，「知的財産」と呼ばれている。

2　知的財産の特徴——情報（無体物）であること

「情報」である，という知的財産の特徴の意味するところについて考えてみよう。情報とは形のない**無体物**であり，「無体物」と対になる概念としては「有体物」（形あるもの）がある。

たとえば，シャツは有体物である。Ａがあるシャツを着ているとき，そのシャツを他人が着ることはできないし，Ａのシャツが盗まれると，Ａはそのシャツを着ることはできない。逆に，Ａがそのシャツを着ているとき，そのシャツはＡから盗まれていないと断言できる。これが有体物としてのシャツの話であるが，では，そのシャツの「デザイン」という情報（無体物）についてはどうであろうか。シャツのデザインについては，Ａがそのシャツを着ていても，たとえばデジカメで撮影するなどして，入手することは可能であり，しかもそのことは複数人が同時に行うことができる。つまり，シャツのデザインを「盗んだ」としても，有体物であるシャツ自体がなくなったり，Ａがそのシャツを着られなくなったりするわけではない。無体物である情報は，有体物であるシャツとは異なって，同時に複数の人間が利用することができる。

ところで，「ＡとＢが同じシャツを着ている」という文章を読んで，あなたはどのような状態をイメージするだろうか。①ＡとＢとが二人羽織のように，一つのシャツを二人で着ている状態をイメージするか，②ＡとＢが，有体物としては別々のシャツをそれぞれ身に着けている状態をイメージするか，のどちらかであろう。おそらく，②の状態をイメージする読者の方が多いのではないだろうか。①の状態の場合，「同じシャツ」の「同じ」は，有体物であるシャツが同一であるという意味で使われているが，②の状態の場合，「同じ」が意味しているのは，デザイン（という情報）が同一であるということである。

この意味で「同じ」という言葉を使う例は日常でも多い（そして，本書では「同じ」とか「同一」という言葉はほぼこの意味で使われる）。「昨日食べたのと同じ牛丼を食べた」というときの「同じ」もこれである。ここでいう「同じ」とは

図表 1-1　情報（無体物）と物（有体物）の関係

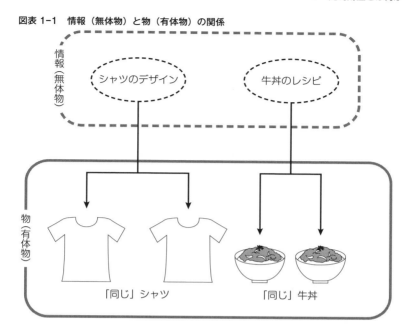

品質が同一であることを通常意味し，さらにいえば同一のレシピ（という情報）にもとづいて調理されたものであることを意味するだろう。このように，情報は複数の有体物に具現化することが可能である。言い換えると，情報があれば，「同じ」物をたくさん作ることができる（→**図表 1-1** 参照）。

　そして，情報自体は，何度利用されてもなくならない。有体物としての牛丼は食べればなくなってしまうが，レシピがなくなることはない。たとえば，Aが考えたレシピをBが無断で使って，牛丼を何杯作ったとしてもAのレシピがなくなるわけではない。では，Bのこのような行為は，法で規制されるべきだろうか。Aの作った牛丼（という有体物）を盗む行為が「悪い」行為であって，法で規制されるべきであること（実際に法規制されていること）に異論のある人はいないだろう。しかし，牛丼のレシピ（という情報）となると，話はそう簡単ではない。AのレシピをBが無断で使用しているとしても，Aがそのレシピを使えなくなるわけではなく，Aは依然としてそのレシピで牛丼を作ることができるのであれば，Aは何も困らないようにもみえるからである。

　Ａがｌｂに対して，問題のレシピという情報を用いて，「同じ」牛丼をつくることを止めるよう求めること（このような請求を牛丼の製造の「**差止請求**」という）が，法的に認められることがあるのだとすれば，それはどのような場合だろうか。この問いに答えるためには，そもそもそのレシピが具体的にどのような情報で，どのように作成されたものなのかを知る必要があるかもしれない。また，Ｂによるレシピの利用行為が，個人的なものなのか，ビジネスとしてやっているのかという事情も関係するかもしれない。知的財産法が扱っているのは，このような問題である。知的財産法は，どのような情報が，どのような場合に知的財産として保護され，また，その保護を誰が受けるのか，などということを規律している。

Ⅱ　知的財産保護の目的

1　知的財産の法的保護の必要性

　知的財産の例としては，上記のように多種多様なものが挙げられるが，これらは社会を豊かにしうるものである。すなわち，新たな技術的アイデアやデザインによって産業は発達し，新たな小説や音楽によって文化が発展する。こうした新たな情報が生まれない社会は，進歩の乏しい社会といってよいだろう。知的財産法は，上記の意味で社会を豊かにするために必要であると考えられている。このことについて，以下で詳しく説明することとしたい。

　　なお，ここでの説明は，商標法に代表される，マークを保護するための知的財産法については念頭に置いていない。マークを保護するための知的財産法の必要性については，**第4章**を参照されたい。

　上記の通り，情報は同時に複数の者によって利用されることが可能であり，利用行為を繰り返しても情報自体がなくなることはない。Ａが何か有益な情報を生み出したとして，その情報をＢに伝達し，Ｂがその情報をＣに伝達したとする。こうして情報がいったん広まると，もはやＡからでなくとも第三者は（ＢやＣから）情報を取得でき，Ａに断りなくその情報を利用することが（事実として）可能である。このような性質をもつ情報でビジネスをするとした

ら，どのような方法が考えられるだろうか。

(1)　隠された情報の法的保護

情報でビジネスをするために最初に思いつく，最もシンプルな方法は，その情報を隠すことであろう。有益な情報であっても，多くの者に公開されれば，その情報で儲けることは（もし何の法規制もないのであれば）極めて困難になってしまうので，情報へのアクセスを制限し，限られた者にしか触れられないようにするのである。そうしておいて，情報を求める者には，対価と引き換えに開示すればよい。開示の際には，情報の利用方法や秘密保持について契約しておくことも必要であろう。

このような方法は確かに有効だが，契約でそのビジネスを守るのには限界がある。というのも，契約によっては，他人に開示した情報をコントロールしきれないからである。情報を開示した相手は契約によってコントロールすることができるが，その相手から情報が漏れてしまって，第三者が情報を取得してしまった場合，契約当事者でない第三者の情報利用行為を契約にもとづいて禁止することはできない。

自ら情報を生み出すよりも，他人が開発した情報をその他人の意に反して入手して使用する方が得をするような社会では，情報を生み出そうとする者が登場しにくい。そこで，不正競争防止法には，**営業秘密**に関する様々な規定が設けられている。これらの規定によれば，他人が秘密として管理している情報を，その管理体制を破って入手することや，場合によっては情報を入手した者とは別の者（秘密保持契約の当事者でない者）がその情報を使用することも規制できる（詳細は→第5章参照）。

(2)　公開された情報の法的保護

上記の通り，情報を隠してビジネスをすることが法的に保護されているが，新たな情報（知的財産）による社会の発展のためには，これだけでは不十分である。情報でビジネスをする方法がそもそも「隠す」しかないというのであれば，そのような情報が生み出されたとしても社会に公開されにくくなってしまうという問題が残るからである。

技術にせよ学問・芸術にせよ，他人の成果を容易に知ることができるような環境の方が，進歩が起こりやすいであろう。有益な情報を皆が隠す世界では，

ある者が数年前に開発した成果を（それが公開されていないが故に）知らないで，別の者がその成果の開発のために資本を投下するということが頻繁に起こりうるが，一つの成果開発のために二重三重の投資が行われるよりは，公開された一つの成果を基に別の成果開発に資本投下がなされる方が，社会的には望ましいであろう。そこで，知的財産について，それへのアクセスを制限しなくても（情報を隠さなくても），ビジネスができるような仕組みが必要になる。特許法や著作権法などの知的財産法は，そのような仕組みを提供するものである。

　たとえば特許法上，特許の対象となった発明（これを「特許発明」という）は公開される。したがって，誰もが特許発明にアクセスすることが可能であるが，その特許発明について特許権者に無断で一定の行為（たとえば特許発明の対象物と「同じ」物を製造販売すること）をすると，その行為は特許権侵害となり，特許権者は行為者に対する**差止請求**（「同じ」物を製造販売するなという請求）や損害賠償請求ができる。つまり，公開された特許発明で第三者がビジネスを適法にやりたければ，特許権者に許諾を求めるほかないことになる。特許権者は，対価の支払いと引き換えに許諾をすることもできるし，許諾をしないで，自分だけが独占的に事業を行って儲けることも可能である。このようにして，有益な情報を公開させつつ，その情報についてのビジネスが成立することとなる。

　　言い換えると，特許権や著作権などの知的創作に対して与えられる知的財産権は，創作をすることやそれを公開することへの意欲を高めるもの（**インセンティブ**）であるといえる。

2　知的財産保護のデメリット──短期的な利益と長期的な利益

　上記のように，知的財産法によって，知的財産についてのビジネスが促進されることになり，新たな情報（知的財産）が社会にもたらされやすくなる。しかし，知的財産を法的に保護することには，デメリットもある。何度もいうようであるが，情報は多くの者が同時に利用することが可能であり，利用されたからといってなくなるものではない。そうすると，単純に考えれば，有益な情報が社会に広まれば広まるほど，より多くの人がその恩恵を受けることになるのだから，社会の受ける恩恵も大きくなる。

　たとえば，今，ある難病に効果がある画期的な薬 a が開発されたとしよう。

つまり，この薬 a の組成についての情報や薬 a の製造方法という情報が，世の中にもたらされたということである。この情報が a（と「同じ」薬）を製造する能力・設備のある者すべてに伝達され，自由にこの薬 a を生産できる社会と，この情報が知的財産（発明）として法的に保護されて，権利者の許諾なしには「同じ」薬を生産できない社会とでは，どちらが望ましいだろうか。

　前者の社会では，a の供給量が多く，価格は低くなるであろうから，a を必要とする人がそれを入手しやすくなる。加えて，a の組成についての情報やその製造方法という情報を基に，より効果のある薬を開発して販売することも自由にできる。これに対し，後者の社会では，権利者が a の供給量を決定できるため，a は高価格になる。また，a の情報を基に開発した薬の販売についても制限されうる。薬 a（に関する情報）から社会が受ける恩恵のみを考えれば，前者の社会の方が望ましいことは明らかである。

　上記の例からは，一度生み出された情報については，それを必要とする者すべてがその情報を必要な時に自由に利用できるようにするのが，社会的に最も望ましいということになりそうである。それなのに，知的財産法は，知的財産を法的に保護することによって，情報の自由利用を制限してしまう。このことは，知的財産保護のデメリットといえるだろう。

　しかしながら他方で，上記の例で，前者の社会を肯定してしまうことに伴う問題もある。それは，誰が薬 a を開発するのか，という問題である。有益な情報を作るためにはそれなりのコストがかかる。難病に効く薬の開発となると，何百億円も必要になるだろう。にもかかわらず生み出された情報が無料で利用され放題となるのであれば，誰もそのような情報を生み出すためのコストを負担しようとしないだろう。ということで，上記 1 の話に戻り，情報についてのビジネスが成立するような法的な仕組みが必要，ということになる。

　以上をまとめると，既に生み出された情報についてのみ考えれば，多くの者がその情報を自由に利用できるようにすることが社会的に望ましいが，有益な情報が持続的に生み出されるようにするためには，情報に対する法的保護を認める方が望ましい，ということになる。つまり，既に生み出されている有益な情報を利用することによる短期的な（現在の）利益と，有益な情報が将来にわたって生み出され続けることによる長期的な（将来の）利益とが対立しており，

これらのバランスをとる必要があることがわかる。知的財産法は，知的財産の保護それ自体を目的としているのではなく，この両者の利益のバランスをとるために存在している。特許権や著作権などの権利の存続期間が限られていたり（→**第 2 章Ⅲ3 及び第 3 章Ⅷ**参照），一定の場合に権利の効力が制限されていたりする（たとえば，試験・研究のための特許発明の実施には特許権の効力は及ばない。→**第 2 章Ⅲ2** 参照）のは，このようなバランスが考慮されているからである。

Column 1　知的創作の奨励にとって，知的財産法は必要？

　次に述べるように，知的財産法やその保護対象になる知的財産には様々なものがあるが，特許法や著作権法のような創作法と呼ばれる法は，（発明や著作物の創作などといった）知的創作を奨励するための産業政策や文化政策の一つであるといえる。この，知的創作を奨励するための手段は，知的財産法以外にも考えられる。

　たとえば，本文で薬の例を挙げたが，薬の研究開発を奨励する政策としては，発明に対して特許権を与えるということ以外にも，薬の研究開発に国が補助金を出すということも考えられる。このような政策にとって最も重要な問題は，薬の開発費用を誰が負担するのかという問題であるが，補助金制度を採用する場合には，開発費用の一部は公費でまかなわれることになる。他方，特許制度で解決しようという場合には，開発費用に公費が使われることはなくなるが，開発者が特許権によって市場を独占できるため，薬の販売価格は上昇する（開発者は独占価格から研究開発にかかった費用を回収する）。補助金制度によれば，補助した研究開発が失敗に終わって，公費が無駄になるという危険が常にあるのに対し，特許制度の下では市場で成功した者だけが利益を得ることができるため，補助金のような無駄は生じない。その反面，特許制度だと市場ですぐに成果を得にくいような（しかし重要な）基礎的な研究開発を奨励するのは難しい。このように，いずれの制度にも一長一短があり，現実の社会で両方の制度が採用されているのはそのためである。

　さらにいえば，そもそも，知的創作の奨励にとって，本当に知的財産法が必要なのかどうかも，実はよくわかっていない。とりわけ特許法については，その必要性を疑問視する主張が近年有力にされてきているところである。具体的には，特許法があるがために，企業が他人の特許を調査して回避したり許諾を求めたりするコストが生ずるが，このようなコストが同法の生み出す利益に比して大きいのではないか，などということが主張されている。

　また，研究開発プロセスを他社から隠すよりもこれをオープンにして外部のアイデアも活用することで技術革新を起こすという考え（オープン・イノベーション）も認知されてきているが，この考えと特許法とは相性があまりよくない。研究開発

の成果である発明で特許権を取得するためには新規性が必要であり（→**第2章Ⅱ2**
⑵参照），このことは少なくとも出願までは研究開発のプロセスを隠すことを奨励
する効果を持つからである。

　もちろん，本文で述べたような，知的財産法が存在すべき理由には一定の説得力
があり，だからこそ，わが国だけでなく，世界中の国に知的財産法が現に存在して
いる。そして，後述するように，特許を含む知的財産権の保護は，わが国が加盟し
ている条約上の義務でもあるため，上記のような問題が仮にあるとしても，特許法
を廃止するというのは，現実問題としてわが国のとりうる選択肢ではない。しかし，
今ある制度にどのようなデメリットがあるのかを考えることは，少しずつでも制度
を改善することにつながるのであるから，上記のような議論は有益である。

Ⅲ　各法の特徴と相互関係

1　主要な知的財産法

　知的財産法には，様々な法が含まれている。つまり，「知的財産法」という
一つの法があるのではなく，それは特許法や著作権法といった，個別の知的財
産について規律する法律の総称である。**図表1-2**は，各種知的財産法とその
特徴をまとめたものである（本書で「知的財産法」というときには，この表に掲げ
られた法を指すものとする）。

　この表から分かるように，知的財産法は様々な観点から分類をすることが可
能である。すなわち，①産業に関するものと文化に関するもの，②権利の発生
に登録を必要とするものと特別な手続を必要としない（「無方式」ともいわれる）
もの，③知的財産の保護の方法として，一定の要件を充たした対象について
「特許権」，「著作権」といったような権利を与えるもの（**権利付与法**）と，一定
の要件を充たした（不正な）行為によって利益を侵害された場合に，その行為
者に対して差止めや損害賠償を求める権利を侵害を受けた者に与えるもの（**行
為規制**。詳細は**第5章**で述べる），などのような分類である。以下では，①の分類
に従って，各種知的財産法について説明していくこととしたい。

　　上の表に挙げたもののほか，**パブリシティ権**の対象となる著名人の氏名や肖像等も
　　知的財産といいうるが，これについては後述の *Column 2*（17頁）を参照されたい。

図表 1-2　知的財産法の分類

	産業に関する知的財産法							文化に関する知的財産法
	産業財産権法							
法　律	特許法 (第2章)	実用新案法	意匠法	商標法 (第4章)	種苗法	半導体集積回路の回路配置に関する法律	不正競争防止法 (第5章)	著作権法 (第3章)
保護対象	発　明	考　案	意　匠	商　標	植物の新品種	半導体チップの回路配置	商品等表示 商品形態 営業秘密 その他	著作物 実演等
権利の発生	登　録						無方式	
保護の方法	権利付与						行為規制	権利付与
目　的	産業の発達への寄与			産業の発達への寄与＋需要者利益の保護	農林水産業の発展への寄与	国民経済の健全な発展への寄与		文化の発展への寄与

2　産業に関する知的財産法

(1)　概　要

　知的財産法は，産業上利用される知的財産に関するものと，そうでないものとに分類されることが多い。前者のうち，特許法，実用新案法，意匠法及び商標法の四法については，特に「**産業財産権法**」と呼ばれることがある。これらのうち，特許法と実用新案法は，技術に関するものである。特許法の保護対象である「発明」も実用新案法の保護対象である「考案」も，いずれも技術的なアイデアであり，「発明」は「考案」よりも高度なものであるという違いがある（詳細は次章を参照されたい）。意匠は乗用車のデザインやデジカメのデザインなどといった，工業製品等のデザインを指し，「商標」とは商品や役務（サービス）の出所（「しゅっしょ」と読む）を表示するマークのことである。

　不正競争防止法は，多様な知的財産を扱っている。その一つである「商品等表示」は商標と同様に商品や役務のマークであり，「商品形態」は，商品のデザインである。また，「営業秘密」は，隠された産業上利用される情報であり，技術的な情報である場合（例：合金の製造方法）と，営業活動にとって有用な情報である場合（例：顧客リスト）とが考えられる。

　これらの他にも，産業上利用される知的財産として半導体チップの回路配置や植物の新品種が挙げられる。前者は，半導体チップの小型化にとって回路配

置（レイアウト）の工夫が非常に重要であるため，半導体集積回路の回路配置に関する法律（「半導体チップ法」と呼ばれることがある）によって保護されている。後者は，種苗法による植物の新品種の登録制度により保護されている（なお，これらの知的財産については本書では扱わない）。

　産業に関する知的財産法の各法の目的規定（1条）の多くは，「産業の発達」を目的として掲げている。ここでいう「産業」には，工業だけでなく，農林水産業やサービス業等，市場におけるあらゆる取引分野が含まれる。そして，「産業の発達」とは，主として品質競争の結果として達成されるものと思われる。つまり，各企業が，より優れた商品やサービスの提供を競う結果，産業が発達していくと考えられるのである。そのためには，優れた商品やサービスを提供した者が報われる仕組みが必要であり，産業に関する知的財産法はそのような仕組みを提供するものである。

（2）各法の関係

　これらの各法の守備範囲がどのように異なっているのか，みてみよう。上記の通り，産業に関する知的財産法は主に品質競争に関係している。品質競争は，各企業が自らの提供する商品を他者の提供するそれから差別化することにより行われる（サービスでも同様であるが，話を簡略化するために商品にのみ言及する）。この差別化には，多様なものが考えられる。まず考えられるのは，商品の機能による差別化である。商品の機能を従来のものより高める，あるいは従来存在していなかった機能を商品に付加するための技術的アイデアは，法の定めた要件を充たせば，特許法や実用新案法で保護される。また，そのようなアイデアが隠されれば，営業秘密として不正競争防止法の保護を受けることとなるであろう。また，商品の機能ではなく，商品の見た目を魅力的にすることによる差別化，すなわちデザインによる差別化も考えられる。そのようなデザインは，意匠法や不正競争防止法の商品形態に関する規定の保護を受けることがある。さらに，商品が機能やデザインなどにより差別化されていても，そのような商品を識別するための目印が付けられていないと，そのような商品を広告したり，評判が広められることが困難になるであろう。そこで，マークによる差別化も必要になるであろう。

　図表 1-3 は，これらの差別化と，それに関係する知的財産についてのもの

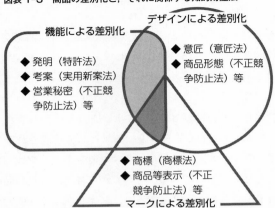

図表 1-3　商品の差別化と，それに関係する知的財産法

機能による差別化

デザインによる差別化

◆ 発明（特許法）
◆ 考案（実用新案法）
◆ 営業秘密（不正競
　争防止法）等

◆ 意匠（意匠法）
◆ 商品形態（不正競
　争防止法）等

◆ 商標（商標法）
◆ 商品等表示（不正
　競争防止法）等

マークによる差別化

である。

　この図が示しているように，これら三種の差別化には，重なりあうところがある。たとえば，図の薄いグレーの部分は，機能による差別化とデザインによる差別化とが重なっている部分であり，濃いグレーの部分は，三つすべてが重なっているところである。

　より具体的な例として，椅子の形態について考えてみよう。椅子の形態というのは，疲れにくさなどの機能面から選択されることも，デザイン面から選択されることもある。その両方の面から選択された椅子の形態は，図の薄いグレーの部分に属することになる。さらに，そのような椅子の形態が長年宣伝広告された結果，需要者がその形態に接すると，特定の業者の製品であることを思い浮かべるようになることがある（詳細は**第 4 章**で解説する）。そのようにしてマークとしての機能も獲得するに至った形態は，図の濃いグレーの部分に属することになる。

　　ただし，これらのことは，椅子の形態が複数の知的財産法によって保護されることを必ずしも意味しない。保護されるかどうかは，各知的財産法の定める要件を充たすかどうかによる。物のデザインの保護には，後述の著作権法（**第 3 章**）の他，商標法（**第 4 章**）や不正競争防止法（**第 5 章**）などが関係しうるので，対応する各章の記述を参照されたい。また，物のデザイン保護の中心となるのは意匠法であ

るが，同法と**第5章**までに示した各法とのかかわりについては，**終章**で紹介する。

3　著作権法と産業

　著作権法は，産業財産権法とは異なり，その目的として「文化の発展」を掲げている（著作権法1条）。著作物の典型例は，小説や絵画や楽曲であり，論文や模型なども著作物となりうる。著作権法のいう「文化の発展」とは，多様な芸術的・学術的表現が社会にもたらされることで達成されるものと考えられる。

　しかし，著作権法が産業と無関係であるわけではない。アニメ産業やゲーム産業は，著作権なしでは成立しない（**第3章**で述べるように，アニメもゲームも，著作権法上「映画の著作物」に該当する）。また，著作権法上，プログラムやデータベースも著作物となりうるが，これらは産業上利用されるものであり，特にプログラムについては特許法でも保護されうる。また，漫画に登場するキャラクターが描かれた商品は珍しくないが，このようなケースでは，商品のデザインによる差別化に著作物が利用されていることになる。

　キャラクター商品でなくとも，商品（たとえば，家具）のデザイン自体が著作物になることもありうる。ただし，商品のデザインが著作物といえるための条件については，様々な議論がある。これは「応用美術」と呼ばれる問題であり，詳細は**第3章**で説明する。

4　民法と知的財産法

(1)　所有権と知的財産権——再び，有体物と無体物について

　民法は，特許法や著作権法などとは異なり，知的財産保護に特化した法ではないが，知的財産保護に関係する（重要な）法の一つである。情報は物に固定されて利用されることがほとんどなので，所有権で情報をコントロールできる場合がある。この所有権と知的財産法とはどのような関係にあるのだろうか。

　たとえば，美術館に油絵が展示されているとしよう。この油絵は，布地に油絵具が塗り重ねられてできている有体物である。有体物は所有権の対象なので，油絵の展示のためには，所有権の問題をクリアする必要がある。所有権者に無断で油絵を移動して展示することは，所有権の侵害になるからである。したがって，美術館は，油絵を展示するために，展示について所有権者の許諾を得た

か，油絵を買い取った（つまり，自らが所有権者になった）のではないかと推測される。その上で，美術館は，その油絵を入館料を支払って受付を通ることなしには見えない場所に展示して，利益を得ている。

　この「展示」という行為は，油絵を鑑賞させる目的でなされるが，「鑑賞」というのは，視覚を通じて得られた油絵の情報を脳内で処理することといえるだろう。つまり，油絵の価値を生み出しているのは情報であるが，それが有体物に固定されているために，有体物の所有権を通じて，情報のアクセスが制限されていることがわかる。美術館は，所有権によって，情報の利用をコントロールしている（先に述べた通り，情報へのアクセスを制限することは，その情報でビジネスをするための有効な手段である）。

　では，有体物としての油絵に触れることなく，油絵の情報のみを利用する行為（たとえば，油絵を撮影して，その写真を公表する行為）は，その油絵の所有権の侵害になるだろうか。この点につき，判例[1]は，「所有権は有体物をその客体とする権利であるから，美術の著作物の原作品に対する所有権は，その有体物の面に対する排他的支配権能であるにとどまり，無体物である美術の著作物自体を直接排他的に支配する権能ではないと解するのが相当である。」と述べている。この事件で問題になったのは，中国唐代の書「顔真卿自書建中告身帖」の原作品を撮影した写真乾板を第三者から入手した出版社が，その乾板を用いてその書が掲載された出版物を製作し，販売する行為であった。この出版社に対し，「顔真卿自書建中告身帖」の原作品を所蔵している博物館が，所有権の侵害を主張して，上記出版物の販売の差止め等を求めたのであるが，最高裁は上記のように述べて，本件のように「有体物としての原作品に対する排他的支配をおかすことなく行われた」出版行為については，所有権の侵害とならないと結論している。

　情報（無体物）としての「油絵」や「書」は，美術の著作物として，著作権法の保護対象になっている。もし，これら情報そのものをコントロールすることが所有権によって可能だということになると，保護期間の満了により著作権が消滅した（著作物の保護期間については，**第3章**で説明する）後になっても，所

1）　最判昭和 59・1・20 民集 38 巻 1 号 1 頁〔顔真卿自書建中告身帖事件〕。

有者に無断で情報を利用できなくなる。これでは，著作権法が，著作物の保護
と利用のバランスを考慮して著作物の保護期間を限定したことの意味がなくな
ってしまうであろう。このような配慮から，所有権は物の「有体物の面」にの
み及ぶことにして，物の「無体物の面」を規律する知的財産法との棲み分けが
図られているのである。

(2)　不法行為法と知的財産法——財産的情報への「ただ乗り行為」がすべて違法に
　　なるわけではない

(a)　知的財産法で保護されない財産的情報　　特許法，著作権法等の，知的
財産法は，その法でどのような知的財産がどのような場合に保護されるのかに
ついて，条文で定めている。つまり，財産的情報であっても，これらの条文の
定める要件に当てはまらないのであれば，知的財産法で保護されることはない。
たとえば，**データベース**は財産的情報といえるが，著作権法上保護されるのは
創作性のあるもののみなので，あらゆるデータベースが著作権法で保護される
わけではない（詳細は→**第3章**参照）。他の知的財産法を見ても，データベース
をもれなく保護できそうな規定は見当たらない。知的財産法で保護されないと
いうことと，その情報に価値がないということとはイコールではないので，便
利で価値のあるデータベースなのに，どの知的財産法でも保護されない，とい
うような事態が起こりうる。データベース以外にも，印刷用書体（**タイプフェ
イス**。→**第3章**参照）にも同様の問題（価値の高いタイプフェイスであっても，知的
財産法で保護されない）が起こりがちであることが指摘されている。では，その
ような財産的情報（価値はあるけれども，知的財産法で保護されていない情報）を勝
手にコピーして利用しても，何の法的責任も生じないのだろうか。

(b)　民法709条による財産的情報の保護　　そこで問題になるのが，民法
709条である。同条は，故意又は過失によって他人の権利や法律上保護される
利益を侵害した者は損害賠償責任を負うと定めている。この規定で規制される
侵害行為（不法行為）には，「特許権」や「著作権」などの，「権利」として法
で明確に規定されているものを侵害する行為のほか（実際，特許権侵害や著作権
侵害にもとづく損害賠償請求は，同条を根拠になされる），法で明確に規定されてい
ないような「権利」や「利益」の侵害行為も含まれる（詳しくは，民法の教科書
を参照してほしい）。現に，Ｘの開発したデータベースをそっくりコピーして，

これを自分の商品として販売した Y の行為について，そのデータベースが著
作物ではない（つまり，著作権法上保護されない）としつつも，その行為がデー
タベース開発元である X の利益を侵害する不法行為に当たるとして，X の損
害賠償請求を認めた判決 2) がある。このように，財産的情報を利用する行為
で，知的財産法の規制を受けないような行為であっても，それが他人の「利
益」を侵害するのであれば，民法 709 条に違反することがありうる。

　しかし，ここで注意しなければならないのは，上記の判決は，Y の行為が
自由競争を著しく逸脱して X の営業活動を侵害するものであることを理由に
不法行為の成立を認めたのであって，単に問題のデータベースに価値があるか
らという理由で認めたのではないということである。他人が生み出した財産的
情報を，それに無関係な者が無断利用すること（このような行為は，「**ただ乗り**」
とか「**フリーライド**」と呼ばれることが多い）は，直感的には法で規制されるべき
行為なように思える。しかし，既に述べているように，情報の利用を規制する
ことにはメリットとデメリットがあり，知的財産法は，そのようなメリットと
デメリットを考慮した上で，保護されるべき知的財産の範囲や，それに対する
権利（知的財産権）の及ぶ範囲を相当明確に定めている。知的財産の利用行為
であって，知的財産法の規制を受けていない行為は，規制することのメリット
がデメリットを上回るとの立法的判断がいまだになされていない行為である。
そのような行為については，民法 709 条の解釈によってこれを違法にすること
には慎重であるべきだろう。

　上記の判決より後になって出された最高裁判決は，著作権法 6 条の下で同法
の保護が否定される著作物（具体的に問題になったのは，北朝鮮の国民の著作物）
を利用する行為について，それが「同法が規律の対象とする著作物の利用によ
る利益とは異なる法的に保護された利益を侵害するなどの特段の事情がない限
り」不法行為を構成しないと判示している 3)。この判決の射程が著作権法 6 条
が問題にならないケースにも及ぶのかや，及ぶとして「同法が規律の対象とす
る著作物の利用による利益とは異なる法的に保護された利益」に何が含まれる

---

2)　東京地中間判平成 13・5・25 判時 1774 号 132 頁〔自動車データベース事件中間判決〕，東京
　地判平成 14・3・28 判時 1793 号 133 頁〔同終局判決〕。
3)　最判平成 23・12・8 民集 65 巻 9 号 3275 頁〔北朝鮮事件〕。

のかについては未だに明確ではないが，次のコラムで言及する別の最高裁判決
と合わせて考えると，最高裁は知的財産法の保護対象にならない財産的情報の
利用についての不法行為の成立範囲を相当限定的に考えているのではないかと
思われる（有名人の氏名や肖像の利用行為については，下記 *Column* 参照）。

Column 2　パブリシティ権とただ乗り行為

　芸能人やプロスポーツ選手等の有名人の名前や肖像写真が商品の広告に使われる
ことや，肖像写真自体が商品として取引の対象となっていることはよくある。これ
らの情報（有名人を識別する情報）を無断で商業利用すること，たとえばアイドル
を撮影した写真を販売すること，は違法であると多くの人が直感するのではないだ
ろうか。この直感は当たっており，実際，人の氏名・肖像等の顧客吸引力（財産的
価値）をもっぱら商業的に利用する行為は，「パブリシティ権」という権利の侵害
に当たる。パブリシティ権は，特許権や著作権のように，法に明確に定められてい
る権利ではなく，民法 709 条の解釈によって認められている権利である。

　ここで問題となるのが，パブリシティ権が認められる理由である。有名人の名前
や肖像には確かに財産的価値があり，これらの情報が商品の広告等に利用されるの
は，その広告等によって商品の売上が伸びることが期待されているからである。し
かし，前述のように，価値ある情報に無関係な者がただ乗りしているという理由だ
けで，不法行為とするわけにはいかない。現に，実在する競走馬の名称をビデオゲー
ムに登場する競走馬の名称に使用する行為が不法行為になるかが問題となった事
件で，判例（最判平成 16・2・13 民集 58 巻 2 号 311 頁〔ギャロップレーサー事
件〕）は競走馬の名称に関する顧客吸引力の利用権の存在を否定している。その理
由は，物の名称についてそれが価値があるからという理由で保護してしまうと，商
標法や不正競争防止法などの知的財産法がその保護の範囲を明確に線引きしている
趣旨が損なわれてしまう，というものである。

　このように考えると，人の識別情報の商業的利用に対する権利（パブリシティ
権）にしても，民法 709 条の解釈でこれを認めるのは不適切ということになりそ
うであるが，パブリシティ権については，上記の判例の後に出された別の判例（最
判平成 24・2・2 民集 66 巻 2 号 89 頁〔ピンク・レディー事件〕）で，最高裁がその
存在を認めている。その判例によれば，パブリシティ権は，肖像権などと同じく「人
格権に由来する権利」である。つまり，判例は，パブリシティ権を人格権由来のも
のと説明することによって，この権利が認められる対象を個人を識別する情報に限
定して，この権利がただ乗り行為全般を禁止できる権利にならないように（既存の
知的財産法の規制の趣旨を損なうような権利にならないように）したのであろう。

Ⅳ　知的財産の国際的な保護

1　属地主義の原則とハーモナイゼーションの必要性

　知的財産法は，知的財産でビジネスのできる仕組みを提供する法であること
を先に述べたが，「ビジネス」の範囲が日本にとどまらない場合や，外国発の
「ビジネス」が日本に進出してきた場合，問題となる知的財産については，ど
の国の知的財産法が適用されるのだろうか。この問題に関係する重要なルール
として，「**属地主義の原則**」というものがある。「属地主義の原則」とは，判
例[4]によると，特許権については「各国の特許権が，その成立，移転，効力
等につき当該国の法律によって定められ，特許権の効力が当該国の領域内にお
いてのみ認められることを意味するもの」であり，このことは商標権や意匠権
などにも当てはまる。つまり，外国の特許権はその国の領域内にしか及ばない
ので，外国の特許発明を日本でも保護してもらいたければ，日本の特許法の定
めた手続に従って，日本で特許権をあらためて取得する必要がある。同様に，
日本の特許権を保有していても，その特許発明が外国で実施されることを日本
の特許権で禁止できるわけではない。自社製品の模倣品が外国で製造販売され
るのを止めたければ，その外国で商標権や特許権を，その外国の商標法なり特
許法なりの定める手続に従って，取得しなければならない。

　以上から，外国で製造されている自社製品の模倣品を排除したいと考えてい
る者にとって，その外国で知的財産が法的に保護されているかどうかや，その
保護の内容がどうなっているかは，重要な関心事であることがわかる。そのよ
うな者にとっては，世界中の特許制度が一つに統合され，たとえば日本で特許
権を取得しさえすれば世界中で同じようにその特許発明が保護されるようにな
ることが望ましいであろう。しかし，知的財産の保護はその国の産業政策に関
わる問題であるため（先に述べたように，知的財産の保護にはメリットとデメリット
があるので，その保護の水準を決定するのは産業政策上の課題である），現実にはその
ような制度を構築することは非常に困難である。

---

4)　最判平成9・7・1民集51巻6号2299頁〔BBS事件最高裁判決〕，最判平成14・9・26民集
　　56巻7号1551頁〔カードリーダー事件〕。

そこで，各国の知的財産制度を統一しないまでも，その内容をできるだけ調和（**ハーモナイゼーション**）させるための，様々な試みが国際的になされている。国境を越えて商品が流通することが当たり前になっている現代において，ハーモナイゼーションの必要性は極めて高いといえるだろう。

2　ハーモナイゼーションのための国際的な取組みの例

知的財産制度の国際的なハーモナイゼーションのための取組みは多岐にわたるが，本書では以下の三つを紹介するにとどめておく。これらはいずれも，ハーモナイゼーションの基礎となるものである。

(1)　パリ条約

産業財産権法の分野で，国際的ハーモナイゼーションのための最も基本的で重要な条約として，「工業所有権の保護に関するパリ条約」（単に「**パリ条約**」と呼ばれることが多い）がある。この条約は 1883 年に調印され，その後何度かの改正を経て現在に至っており，2022 年 6 月時点で 179 か国が加盟している（わが国は 1899〔明治 32〕年に加盟）。特許法 26 条は「特許に関し条約に別段の定があるときは，その規定による。」と規定しており，意匠法や商標法にも同様の規定がある（意匠法 68 条 4 項，商標法 77 条 4 項）ので，これらの法分野では，パリ条約の規定が直接的に適用されることがある。同条約では，**独立の原則**（同条約 4 条の 2・6 条 3 項。同盟国の産業財産権が相互に独立であること）[5]のほか，**内国民待遇**（2 条。他の同盟国の国民を自国民と同等に扱うこと）などの基本原則や優先権制度（4 条。第一国の出願日を基準に第二国の出願について審査することなどを内容とする，国際出願のタイムラグの解消のための制度）などが定められている。

(2)　ベルヌ条約

著作権法分野の基本的な条約としては，「文学的及び美術的著作物の保護に関するベルヌ条約」（単に「**ベルヌ条約**」と呼ばれることが多い）が挙げられる。この条約は 1886 年に調印され，その後何度かの改正を経て現在に至っており，2022 年 6 月時点で 181 か国が加盟している（わが国は 1899〔明治 32〕年に加盟）。同条約においては，内国民待遇（同条約 5 条 1 項）が定められているほか，**無方**

---

5)　各国の特許権が，その発生，変動，消滅に関して相互に独立であること，すなわち，ある国の特許権が，他国の特許権の無効，消滅，存続期間等により影響を受けないということ。

式主義（5 条 2 項。著作権の発生や行使について特別な手続を要しないこと），死後 50 年の保護期間（7 条 1 項。著作物の保護期間を，その創作から著作者の存命中に加えて，その著作者の死後最低限 50 年間とすること）などが定められている。

(3)　TRIPS 協定

世界貿易機関（WTO）の設立協定にはいくつかの協定が附属しており，「知的所有権の貿易関連の側面に関する協定（一般に，「**TRIPS**（<u>T</u>rade-<u>R</u>elated Aspects of <u>I</u>ntellectual <u>P</u>roperty <u>R</u>ights）**協定**」と呼ばれている）も，その一つである。TRIPS 協定は，知的財産の保護に関し最低限遵守すべきルールを定め，これに沿うように各加盟国に対し国内法の整備を義務づけている。WTO 各加盟国は附属協定も受け入れなければならないため，TRIPS 協定は特に途上国との関係での知的財産法のハーモナイゼーションを大きく前進させるものとなった。なお，2022 年 6 月現在，164 か国が WTO に加盟している。

TRIPS 協定は，パリ条約やベルヌ条約の規定の順守（同協定 2 条・9 条 1 項）を義務づけた上で，知的財産権の保護に関し新たな義務を加盟国に課すものである。たとえば，TRIPS 協定は，内国民待遇（3 条）のみならず，**最恵国待遇**（4 条。加盟国内で最も有利な地位にある第三国の国民に与えるのと同等の待遇を他の加盟国民にも与えること）についても規定している。さらに，知的財産権に関する民事救済や行政手続，刑事罰に関する規定もある。

> この TRIPS 協定がそうであるように，貿易や投資等の幅広い経済的問題を扱う国際協定の枠組みの中で知的財産に関する問題が扱われることがある。その例としては，TPP（環太平洋パートナーシップ）協定を挙げることができる。同協定の大筋合意を受け，同協定の内容に合わせた国内法（知的財産法を含む）を整備する法律（「環太平洋パートナーシップ協定の締結に伴う関係法律の整備に関する法律」）が平成 28 年 12 月 9 日に成立した。しかしその後，米国が TPP 協定からの離脱を表明したため，米国以外の 11 か国による交渉が行われ，平成 30 年 3 月 8 日に「環太平洋パートナーシップに関する包括的及び先進的な協定」（一般に「TPP11 協定」と呼ばれている）が署名された。これを受けて成立した，上記整備法を一部改正する法律（「環太平洋パートナーシップ協定の締結に伴う関係法律の整備に関する法律の一部を改正する法律」）により，上記整備法は内容を一部変更されて，TPP11 協定の発効に伴って平成 30 年 12 月 30 日に施行された。以下，本書ではこの法律により行われた知的財産法の改正を「TPP11 協定に伴う改正」と呼ぶ。

第2章 特許法

Ⅰ■特許法の目的と全体像

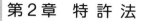

　特許法とはどのような法律なのだろうか？　ここでは，特許法の目的や全体像について簡潔に理解する。

1　特許法の目的

　特許法とは，どのようなことを目的としている法律なのであろうか？　特許法の条文をみてみると，最初に置かれている条文（1条）には，発明を保護することによって産業の発達に寄与することを目的とするという趣旨が書かれている。このことからも明らかなように，特許法とは，究極的には産業の発達への寄与を目的としている法律であるといえる。では，どのようなやり方で，このような目的を実現しようとしているのか，これから特許法についての理解を進めるため，その概要を簡単に把握することにしたい。

　特許法とは，技術的なアイデア（発明と呼ばれる）に対して特許権という権利を与えることによって，原則として特許権を有している者（特許権者と呼ばれる）だけが，一定の期間，その発明を利用する行為をできるようにして，その発明を利用して得られる経済的価値を特許権者だけが確保できるという仕組みを定めている法律といえる。

　もっとも，そのような仕組みを作ることが，なぜ産業の発達に寄与すること

になるのかについては，いまだ一つのハッキリした答えが用意されているわけではない（→**第1章Ⅱ2 Column 1**）。その答えとなりうる考え方は，**第1章**でも説明されているが，さらに，次のような説明をすることもできるであろう。

　多額の投資や労力，時間を費やして開発された，優れた技術的なアイデアであっても，そのアイデアを用いた商品を世の中に向けて販売することによって，アイデア自体の中身がたちどころに広く知れ渡ってしまう可能性がある。もしそのような状態が放置されるとすれば，そのアイデアをマネした商品が次々と現れることによって，最初に多大な投資を行って技術開発をして商品を売り出した者は自らの商品が売れなくなったり，値下げを余儀なくされたりすることとなり，十分な売上を得ることができなくなる可能性が高まるであろう。そうすると，結局はそのアイデアの開発にかけた莫大な費用を回収することができなくなってしまうことも考えられる。以上のような事態が頻繁に起きてしまうと，いずれは，誰も新たな投資を行って，新しい技術的なアイデアの開発等を行うことをやめて，常に他人のアイデアを利用することばかりを狙うようになるかもしれない。それでは，新しい優れた技術が社会に提供されなくなり，世の中の産業全体の発展も停滞してしまうことにもなりかねない。そこで，特許法は，優れた技術的アイデアについて，原則として，そのアイデアを考え出した者だけが一定期間にわたり利用できるように定めることによって，アイデアの開発にかけた投資を回収する機会を確保しようとしている。

　第1章でみたように，知的財産を法的に保護する方法としては，隠された情報を保護する方法と，公開された情報を保護する方法が考えられるが，特許法は後者の方法を採用している（→**第1章Ⅱ1**）。具体的には，特許権を得ようとする場合，特許権の対象とする発明の内容について詳細に記述した書類（出願書類と呼ばれる）を特許庁という官庁に提出（出願と呼ばれる）し，その出願書類の記載内容は，出願から一定期間経過後は社会に広く公開される。さらに特許権が与えられた発明については，その詳細な内容が蓄積され，データベースとして広く公開され，誰でもその内容を知ることができる仕組みがつくられている。これによって，誰でも優れた技術的アイデアの内容にアクセスし，特許権者から許諾を受けることによってそれを利用したり，あるいはそれを基に，より優れた技術的アイデアを創作したりする機会を得ることができる。

　このように，特許法とは，技術的アイデアである発明についての保護を法的に与えることによって新たな発明を創作するインセンティブを高める可能性を生みだす一方で，優れた発明を広く社会に公開することによって，それらを基にさらに新しい発明が創作される環境を社会に整えることを通じて，広く産業の発達を狙っている法といえる。

2　特許法の全体像

　次に，1でみたような目的を実現するために，特許法は，どのような仕組みを定めているのか，その全体像を具体的に概観してみることにする。

　まず，保護の対象となる範囲として，「発明」という概念を明確に定義した上で，特許法による保護を裏づける権利である特許権が付与されるための要件を定めている。さらに，特許権が成立するまでの一連の手続についても定めている。すなわち，発明が創作されることによって，特許を受ける権利が発生して発明を創作した者（発明者）に原始的に帰属すること，特許を受ける権利を基に特許庁に出願がなされ，特許庁でそれを審査し，特許法の定める要件を充たす場合には，特許査定が下されて，特許料の納付等の手続を行うことによって，特許登録がなされて特許権が発生する。あわせて，特許庁における手続の詳細についても定めるとともに，特許登録された発明については広く社会に公開されることも定めている。

　その上で，特許権とは，具体的にどのような効力を有する権利であるのか，特許権侵害とはどのように判断されるのか，特許権が侵害された場合にいかなる法的救済がなされるのか，について定めるとともに，発明の社会における利用とのバランスを図るために，特許権の効力が制限される場合についても定めている。また，特許発明を特許権者以外の者が利用するための仕組みとして，実施権という手段についても定めている。

Ⅱ 特許法の保護対象と保護要件

　ここでは，特許法の保護対象，保護される要件といった事項について理解する。特許法の保護を受けるためには，まず「発明」に該当する必要があり，そのためには自然法則の利用性等の諸要件を充たさなければならない。さらにその「発明」に特許権が与えられるためには，新規性や進歩性等の「特許要件」を充たす必要がある。

1 「発明」とは？

　Ⅰでみたような特許法の仕組みから明らかなように，特許法が保護を与える対象は発明である。ところで，発明という言葉を聞いて，どのようなことをイメージするだろうか？　エジソンのような有名な発明家であるかもしれないし，あるいは不老長寿のクスリや燃料を入れなくても永久に動き続けるエンジンのような得体の知れないものが思い浮かぶかもしれない。

　特許法で定められている「発明」（ここではあえてカッコ書きとしておく）とは，いったい何を意味するのであろうか？　この問題は，実は特許法を考える上での入り口の問題である。と同時に特許法という法律そのもののあり方にも関わる，極めて重要で難しい問題でもある。

　特許法の世界でいう「発明」という言葉の意味については，現在の日本の特許法は，条文の中である程度明確に定義している。2条1項を読んでみると，「発明とは，自然法則を利用した技術的思想の創作のうち高度のもの」と規定されている。さらに特許法では，「産業上利用することができる発明をした者は，……〔一定の〕発明を除き，その発明について特許を受けることができる。」（29条1項柱書）と定めている。つまり，2条1項で定められた「発明」に当てはまることを前提に，さらに一定の条件（特許要件と呼ばれる）を充たしているものについては特許を受けることができるとしており，言い換えれば，特許法によって保護を受けることができることになる。

　それでは，具体的には，どのようなものが特許法の世界でいう「発明」なのであろうか。それを考えるためには，先ほどの2条1項の「自然法則を利用した技術的思想の創作のうち高度のもの」が意味する内容をもう一度整理する必

要がある。まず，この文章から，特許法の「発明」であるための条件（要件）としては，①自然法則を利用していること（自然法則利用性），②技術的思想であること（技術的思想性），③創作であること（創作性），④高度であること（高度性），を充たすことが必要であるということが読みとれるであろう。

　そこで，以下では，それぞれの事項について考えてみることにしよう。

(1)　自然法則利用性

　言葉の通り，自然法則を利用していることが求められている。自然法則というものは，客観的に一定の条件が充たされているのであれば，一定の結果が確実に発生するという決まりごととして解されている。たとえば，身の回りにある自然現象としては，ボールを落とせば重力の作用によって必ず下に落ちるし，風が吹けば空気の流れの作用によって木の葉は揺れる，太鼓を叩けばエネルギーが空気を振動させて必ず音がする，といったようなものがあるだろう。つまり，特許法の「発明」が自然法則を利用しているということは，様々な自然現象を基にして，一定の客観的な条件が整えば一定の効果が確実に再現されるという性質をもっていることが必要であることを意味しているものと考えることができる。

　ただ，一定の効果を実現する自然法則自体について，いったいなぜそのような法則が存在するのか，とか，いかなる理由でそのような法則が成り立っているのか，といったことを含めて，その内容が完全に解明・認識されていなければ，自然法則利用性を充たさないというわけではない。あくまでも，一定の条件が整えば決まった結果が発生するということについて，ある程度わかっていれば，自然法則利用性を充たしているものと考えられている。

　また，自然法則利用性という言葉の通り，「発明」は自然法則を利用・応用していることが要求されており，たとえば，万有引力の法則や特殊相対性理論のような自然法則そのもの，あるいは，燃料を入れなくても永久に動き続けるエンジンのように自然法則に反するようなものについては，自然法則利用性は充たさないものと解されている。

　さらに，もともと自然法則とはいえないような原理・規則にもとづいている場合にも自然法則利用性は充たさないと解されている。たとえば，ピタゴラスの定理のような数学の法則，論理学の法則，ゲームのルールのように人間が勝

手に決めた人為的な取り決め，経済学上の法則，心理法則，ビジネスを行うための単なるアイデア，といったようなものが挙げられる。

たとえば，コンビニの棚への商品の陳列方法などは，何をどこに並べるのかによって商品への客の気の惹き方が大きく変わってきてしまい，結果的に店の売上が大きく変わるという効果を有しているのかもしれない。しかしながら，コンビニにおける商品陳列のやり方が買物に来た客の気を惹くのかどうかということは，おそらくは人間の心理作用を中心とした複雑なメカニズムによって決まるものであって，上述のような意味での自然法則を利用していることにはならないと解されていることから，現行の特許法の理解としては，少なくとも特許法にいう「発明」には当たらないものと考えられる。

裁判例における自然法則利用性の解釈としては，暗号の作成方法や広告の方法について自然法則を利用していないと判断された古い事例[1]がある。また，最近では，英語の音声から取り出した音素を基にした対訳辞書の引き方という辞書の引き方に関して，自然法則利用性を充たすという判断を示した判決[2]やステーキの立ち食いを供する飲食店において，客が注文した肉に混同が生じることを防止するために「札」「計量機」「シール」といった自然法則を利用した手段を用いていることをもって自然法則利用性の充足を肯定する判断を示した判決[3]がある。

(2)　技術的思想性

「技術的思想」という言葉を考えるに際して，まずは，「技術」という言葉のとらえ方が問題となるであろう。特許法における「技術」とは，「一定の目的を達成するための具体的手段」[4]であることを意味しており，実施可能かつ反復可能な手段で，目的実現への何らかの具体的態様や構成をもっているものでなくてはならない，と理解されている。「実施可能」とは，夢の中の絵空事ではなくて，現実に実現できるようなものであるということである。「反復可能」とは，たまたま運がよくて一回だけ実現できたというだけではなく，一定の条

---

1)　東京高判昭和 28・11・14 行集 4 巻 11 号 2716 頁〔暗号作成方法事件〕，東京高判昭和 31・12・25 行集 7 巻 12 号 3157 頁〔電柱広告方法事件〕。
2)　知財高判平成 20・8・26 判時 2041 号 124 頁〔対訳辞書事件〕。
3)　知財高判平成 30・10・17 平成 29（行ケ）10232 号〔ステーキ提供方法事件〕。
4)　東京高判平成 11・5・26 判時 1682 号 118 頁〔ビデオ記録媒体事件〕。

件が整えば必ず同じ結果が実現されるようなものであることを意味する。したがって，反復可能であるということは，一定の条件が整えば一定の効果が確実に再現されることを意味するという点では，(1)でみてきた自然法則利用性の考え方とも重なっている部分があるといえるであろう。

　ところで，このことは，同時に，一定の目的達成のための具体的手段であったとしても，特定の技能や特殊の才能をもった特定の人間によってしか実現されないような手段（たとえば，平均投球スピード250 kmを誇る投手によってしかできない，常にスピードが200 kmを超える投球方法）は，たとえそのような能力を有する人間の手によれば「反復可能」であるとしても，決まった条件を充たせば，誰でもそのような目的を「実施可能」であるとはいえない。そのため，このような手段は，特許法における「技術」には当たらないことになる。

(3)　創作性

　特許法は，あくまでも自然人，すなわち人間の精神活動の成果物を保護対象としている。言い換えれば，特許法の「発明」となるためには，先の(1)及び(2)の二つの条件である「自然法則を利用した技術的思想」であることに加えて，自然人たる人間による精神活動のプロセスが介在した結果としての「創作」であることが必要とされている。

　具体的には，人間による精神活動の結果として創り出されたことを必要とすることから，人間の精神活動の成果物といっても，自然現象についての観察の結果や偶然に見つけ出された，単なる「発見」にすぎないものは，たとえ，それが自然法則利用性や技術的思想性を充たしうるものであっても，特許法の「発明」とはならないことになる。たとえば，ある人が山を歩いていて，偶然にも「蚊をたくさん引き寄せる植物」を見つけて，その植物がこれまで世の中で見いだされたことのない新種であったとすると，これを利用することによって蚊の駆除に役立てられるとしても，そのような植物を見つけ出したこと自体は，あくまでも「発見」にすぎないので，それ自体は特許法上の「発明」とはならない。

　もっとも，単なる「発見」といっても，発見に至るまでの過程で人間による様々な創意工夫といった創作的な行為の積み重ねの結果として，ようやく見つけ出されたということも多いのであって，「発見」に至るまで人間によってな

された様々な行為を含めて考えると，人間による創作であることが否定されるべきではないものも多く存在しているといえる。たとえば，先ほどの「蚊をたくさん引き寄せる植物」を見つけ出したこと自体は「発見」にすぎないとしても，その植物から蚊を引き寄せる物質を見出して，新たに抽出したとすれば，その物質については創作を行ったといいうるし，ガソリンに物質Aをある割合で混合したら，自動車の燃費が飛躍的に向上したという「発見」をしたとしても，様々な物質をまったくでたらめに混合をして見出されたということは，実際にはほとんど考えられないのであって，様々な物質の混合や配合を工夫してきた結果として見いだされたのであれば，やはり創作となりうるのである。

　したがって，創作性という条件を充たすのか否かの判断に際しては，自然現象や自然に存在するものから人間によって見つけ出されたという特徴を有していることをもって，創作性を否定するという結論を直ちにくだすことには慎重でなくてはならない。むしろ，創作性の有無の判断は，特許法の「発明」であることを前提として検討される，後述の新規性・進歩性といった要件（特許要件）を充たすか否かについての判断にあわせてなされる方が望ましいといえる。

　裁判例では，創作性について正面から判断を示した事例はほとんどみられないが，錦鯉金魚に与える餌を工夫することによって錦鯉金魚における色調の色揚げ効果をあげる方法につき，単なる自然法則の「発見」を超えた技術的思想の創作といいうる要素が含まれる，と判断した事例[5]がある。

(4) 高度性

　特許法2条1項に定められた「発明」の定義としては，以上の三つの条件（要件）に加えて，「高度性」が求められている。しかしながら，高度性については，実用新案法における保護対象を定義している「考案」との違いを明確にするために置かれている条件として理解されており，実質的には重要な意味を有してはいないと解されている。実用新案法の「考案」という概念と比べて，特許法の「発明」が，どのような点で高度であるのかということを客観的に比較すること自体が困難と考えられる。なお，実用新案法の「考案」では，「物品の形状，構造又は組合せ」についての「技術的思想」であることを要求して

---

5)　東京高判平成2・2・13判時1348号139頁〔錦鯉金魚の飼育方法事件〕。

おり，この点で，特許法の「発明」と比べて，保護対象自体が限定されている点は特徴的である。

2 特許要件——「発明」が特許法によって保護されるための要件

特許法の「発明」に該当するものであっても，そのことは特許法による保護を受ける可能性のある出発点に到達したということを意味しているのにすぎないのであって，まだ特許法による保護が受けられることは意味しない。特許法の「発明」であることを前提として，特許権が付与されるためには，さらに充たすべき要件が特許要件として規定されている。そこで，以下では，これらについて解説する。

(1) 産業上の利用可能性——産業に利用できる「発明」であること

特許法では，29条1項で，産業上利用可能な発明に限って保護対象とすることが定められている。Ⅰでもみたように，特許法は産業発達を究極的な目的とする法であったことからも，特許法による保護対象となるべきものは，産業で利用しうるものであることが要請されているといえる。

ここでいう「産業」とは，具体的にどこまでを意味するのかということがまず問題となる。特許法にいう「産業」の一般的な理解としては，工業に限らず，農林水産業，鉱業，商業，サービス業といった様々な分野も広く含むものと考えられている。このため，ほとんどあらゆる技術分野の「発明」が産業上の利用可能性という要件を充たすことに異論はないものといえる（医療分野における発明の問題については，→*Column 3* 参照）。

次に，産業における利用可能性について，どの程度の可能性があればこの要件を充たすものといえるのかという点が問題となろう。一般的には，あくまでも，何らかの産業分野で利用することのできる見通しがあることをもって足り，実際の製品化を行う上での安全性，経済性，効率性といった面であまり厳格に解する必要はなく，発明の効果についても再現性が必ずしも高いことが要求されるものではない[6]。裁判例でも，その発明を用いることで紙幣の耐久性の低下という問題が新たに認識されることになるとしても直ちに産業上の利用可能

---

6) 最判平成12・2・29民集54巻2号709頁〔倉方桃事件〕。

性は否定されないとしたものがある[7]。また，現に利用されることまでは要せ
ず，あくまでも利用しうる可能性があれば足りるのであって，商業的な実施を
可能とする程度の完成度が必要とされるものではない[8]。

Ⅵ1でみるように，特許を付与するか否かの審査を行う行政庁である特許
庁の審査基準では，業として利用できない発明（たとえば，喫煙方法のように個
人的にのみ行われるもの）等が，産業上の利用可能性を充たさないものの例とし
て挙げられている。

このように，産業上の利用可能性という要件は，ほとんどの技術分野の発明
について，それほど大きな問題となるものではなく，「発明」の定義やその他
の特許要件（後に検討する）と重複して評価される部分も多いため，その役割
意義については消極的なものとして位置づける立場が多い。他方，昨今では，
医療分野における技術進歩による特許法の取扱いをめぐって，大きな課題も残
されていることには注意が必要である。

Column 3　医療は「産業」なのか？

　特許庁の審査基準では，「人間を手術，治療，又は診断する方法」は，「産業上利
用することができる発明」に該当しない，とされている。特許庁の解釈では，病院
や医院における医師による診察治療を中心とする医療分野の事業は「産業」に含ま
れないとされており，その根拠としては，「産業」概念とは人間以外の事物を対象
とする業であると理解されること，医療分野における「発明」を特許法で保護する
という社会的要請が存在していないこと，人類の福祉のためには医療分野における
「発明」を社会に広く開放する必要性があること，といったことが考えられる。

　このような解釈によれば，医師が病院で用いる，人間の診断方法，治療方法とい
ったことに関する発明は産業上の利用可能性は充たさないことになる。裁判例[9]
でもこのことを確認している。しかしながら，最近では，高度なバイオテクノロジ
ー技術を駆使した医療や個別の患者の特性に応じたオーダーメイド医療，iPS細胞
などを用いた再生医療技術の可能性といった先端医療技術の出現や展開も目覚しく，
医療分野以外のバイオテクノロジー分野では産業上の利用可能性が肯定されること
を考えると，両者の境界が必ずしもはっきりとしなくなってきている。そこで，医

---

7) 東京高判昭和61・12・25判時1242号110頁〔紙幣パンチ穴事件〕。
8) 東京高判平成15・9・9平成13（行ケ）586号〔生海苔の異物分離除去装置事件〕。
9) 東京高判平成14・4・11判時1828号99頁〔外科手術を再生可能に光学的に表示するための
　方法及び装置事件〕。

療に関連する発明であることをもって一律に「産業上の利用可能性」を否定することの妥当性についてあらためて見直す必要性も認識されている（もっとも，クローン人間作成技術のような生命倫理に反する発明については，後述のように公序良俗に反する発明として，32 条違反となる可能性がある。→(4)参照）。

　なお，上記のような特許庁の解釈を前提としても，医療に用いられる医薬品や医療機器に関する発明は「人間を手術，治療，又は診断する方法」に含まれないため，これらについては，「産業上の利用可能性」要件を充たすという点には注意が必要である。同様に，人間以外の動物を対象とする治療・診断方法についても，産業上の利用可能性は否定されない。

(2)　新規性──これまでになかった新規な「発明」であること

(a)　新規性の考え方　　特許法は産業発達を最終的な目的としていることから，既に世の中に存在している発明に対しては，特許権という権利を与え，特許権者以外の者が，その発明を自由に利用できないようにしても意味はない。かえって，そのようなことをすると，もともと誰でも利用できる状態にあった技術を特許権者だけに囲い込ませる結果となり，社会全体にとっての弊害は極めて大きなものとなりかねない。そこで，「既に世の中に存在している発明」が特許法による保護の対象となることを避けるための要件として，新規性要件が設けられていると理解することができる。特許法は，29 条 1 項 1 号から 3 号までに新規性を充たさないものを列挙し，登録を受けるための要件として，これらに該当しない「新規な発明であること」を要求している。

　では，新規性を充たさない（新規性喪失と呼ばれる）とされる発明の各類型についてみてみよう。

(b)　新規性喪失事由①──公知発明　　29 条 1 項 1 号では，出願前に公然知られた発明を挙げており，一般的に「公知」発明と呼ばれている。ここで，「公然」とは，不特定人を対象とするものと解されており，「公知」とは，不特定の人に知られている，いわば秘密を脱した状態を意味するものと解されている。つまり，ある発明が「公知」といえるかどうかは，その発明を知っている人の人数が多いかどうかで判断されるものではない。仮に，広く知られている状態にあったとしても，その発明の内容については公には明らかにしないという義務（守秘義務）を負っている者の間に留められている場合には「公知」と

は解されない。一方，ごく少数にしか知られていない状態であっても，守秘義
務を負っていない者が一人でもいれば「公知」となりうる。

　なお，「公知」といえるためには不特定の（守秘義務を負っていない）者によ
って現に知られていることまでを要するのか，知られうる状態となっているこ
とをもって足りるのか，という点については，学説及び判例とも一致した見解
があるわけではないが，客観的に不特定人に知られうる状況にあれば，「公知」
の状態となっていると判断される可能性がある。

　(c)　新規性喪失事由②——公用発明　　29条1項2号では，出願前に公然実
施された発明を挙げており，一般的に「公用」発明と呼ばれている。「公用」
の前提となる「実施」とは，原則的には2条3項で規定された各行為（→Ⅲ）
を意味する。典型的には，不特定人を対象として発明が実際に使用されている
場合や，発明にかかる製品が販売されている場合等が挙げられる。

　ただし，不特定人を対象としていても，発明の具体的内容が明らかにされる
ことなく使用されるような場合も「公用」と解されるのかという点をめぐって
は，議論がある。発明の仕組みを不特定人に対しては明らかにしない状態が維
持されながら使用された場合は，「公用」とはならないと考えられるものの，
不特定人がその発明の仕組みを知ろうと思えば知ることができる状態に置かれ
ていたとすれば，原則として「公用」に該当すると解されている[10]。

　たとえば，バッテリーの構造に新しい発明を用いた電気自動車が不特定の人
の前に公開されており，その電気自動車に搭載されたバッテリーの構造をのぞ
いて確認することについて何らの制約も課されていなかった場合，結果的にみ
れば，そのバッテリーの構造をのぞいてみる者が誰ひとりいなかったとしても，
その発明は「公用」と解されうることになる。

　ところで，「公知」と「公用」の関係については，両者が互いに重なり合う
状況となることも多いと考えられる。すなわち，ある発明について，不特定人
の面前で使用される，いわば公用の状態に置かれることによって，同時に，広
く知られる，いわば公知の状態に至るということが起こりうるからである。そ
のため理論的には両者を厳密に切り分けて適用する実質的意義は乏しいといえ

---

10)　東京高判昭和37・12・6行集13巻12号2299頁〔潤滑油調整器事件〕。

るであろう。実務的には「公知」は，既に「知られた」ことを意味し，「公用」は，公然知られる状況又は公然知られるおそれのある状況の下での実施として判別している。

　(d)　新規性喪失事由③——刊行物記載及びインターネット公開　　29条1項3号では，出願前に頒布された刊行物に記載された発明，及び電気通信回線上公衆に利用可能となった発明を挙げている。

　出願前に頒布された刊行物に発明が記載されている場合には，その発明は実質的に広く世の中に知られうる状態に置かれていることになる。同様に出願前にインターネット上で公開されている発明であれば，その発明は実質的に広く世の中に知られうる状態に置かれているといえる。いずれの場合も，「公知」「公用」の場合と変わらないことになる。

　この規定で「刊行物記載」として評価される刊行物とは，具体的には，社会に公開されうるものであること（公開性）と不特定者に提供されうるものであること（頒布性）を有する刊行物であれば足りるとされている。このことから，出版されて社会に広く流通している書物や雑誌であることまでは必ずしも要するものではない。すなわち，不特定の公衆によってアクセスが可能な状態に置かれており，何らかの情報伝達手段によって入手可能なものであればよいといえる。したがって，原本しか用意されていないものであっても利用者の希望に応じて任意にコピーを入手可能な文献や非売品の書物であっても，この規定でいう「刊行物」に該当しうるといえる。

　ただし，インターネット上で公開されている文献等の場合は，それがアップロードされた掲載日が必ずしも明らかでないものも存在し，またその掲載日自体や内容についても随時更新される可能性もあって，印刷物等に比べると，その信頼性は高いとはいいにくい面もある。このためインターネット上の情報の取扱いについては，注意を要する。

　(e)　新規性判断の基準　　以上のような新規性喪失事由への該当性を判断するための基準にも注意する必要がある。

　まず，地理的範囲については，公知，公用，刊行物記載，インターネット公開いずれの事由も，日本国内を含めた世界全体を基準として判断される。

　また，時間的基準としては，出願日単位ではなく時（分）を基準とすること

を原則とする。したがって，たとえば，同じ日の午前中に特許出願にかかる発明内容がインターネット上で公開されてしまったとすれば，原則としては，同日の午後に出願したとしても新規性要件を充たさなくなる。

　ところで，新規性についての判断を行うに際して，公知・公用・刊行物記載等の発明と特許出願にかかる発明が同一のものと評価されることが前提となる。実務的には，新規性充足の判断の対象となる発明とそれに対応する公知発明等が同じ発明と評価できるものであるのかという同一性の判断には非常に困難が伴う場合も少なくない。この問題は，Ⅵ1(1)の特許出願手続でみる先願と後願の関係（39条）を判断する際にも重要な問題となる。

　(f) 新規性喪失の例外　　新規性喪失に対して救済を受けうる規定（新規性喪失の例外。30条）が設けられていることにもあわせて注意する必要がある。

　これは，たとえば，特許出願をしようとしていた者が，出願内容とするつもりだった発明を第三者に持ち出されて意に反して公表されたり，あるいは特許出願内容に対応した研究成果をいち早く社会に公表する必要があったために，やむをえず公開されている研究会や学会で発表してしまった，といった場合，これまでみてきた原則に従えば新規性を喪失することとなる。その結果，特許法による保護が受けられなくなる可能性が生じるわけであるが，このような事態を救済しようとする趣旨のものである。

　近時の法改正（平成23年及び平成30年）を経て，現行法の下では，特許出願を行う者がその意に反して，あるいは自らの行為に起因して，先にみた新規性喪失事由のいずれかに該当する事態に至って新規性を喪失した場合でも，新規性を喪失したとする時点を基準として1年以内に特許出願を行い，当該出願から30日以内に所定の書面を提出して手続を行う（30条3項）ことで，新規性は喪失しなかったものとみなされるという効果が生じる。

　(3) 進歩性——容易に創作できないような「発明」であること

　特許法は，これまでに世の中に存在していなかった優れた発明について保護を与えることによって，さらに優れた発明の創作を促すと共に，そのような優れた発明が社会で広く公開され利用されることを期するものである。他方で，既存の技術を基にして，当該技術分野の平均的な知識を有している技術者が容易に考えられるような発明であれば，特許法による保護を積極的に与えなくと

図表 2-1　引用発明と出願発明との一致点と相違点の把握

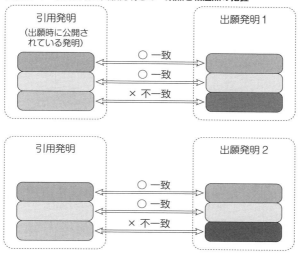

も，いずれ近い将来には誰かによって創作され，社会に提供されることが期待される。そのような発明に対してまで特許権を与えることは，かえって社会に弊害をもたらす可能性すらあるだろう。そこで，仮に，その発明自体がこれまで社会に存在していなかったことだけを根拠として，あえて特許権という権利まで付与して保護する必要性はないともいえる。

　このようなことから，特許法が保護を与える発明の水準について明確にする要件として進歩性要件が設けられている。

　進歩性の要件について，特許法では，当業者が特許出願前に技術水準から容易に考え出すことができる程度である発明について特許は与えられないとして規定されている（29条2項）。最も一般的にとられている進歩性要件の判断手法について，極めて単純化すると，①発明の属する技術分野における出願時の技術水準の把握（「引用発明の特定」と呼ばれることが多い）を行った上で，②特定された引用発明と出願発明との相違点を明らかにし（→**図表 2-1** 参照），③その相違点に関して，出願発明の属する技術分野における通常の知識を有する者（当業者と呼ばれている）が，当該発明を容易に創作することができたかどうか（容易想到性と呼ばれることもある）について合理的な論理づけをできるか否

図表 2-2　進歩性の判断

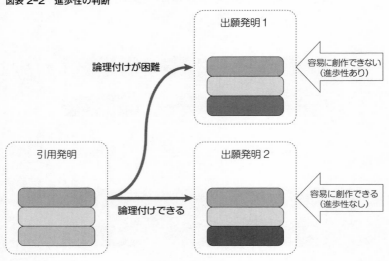

かを判断するという手順で進められることになる。

　そして，このような合理的な論理づけをすることが可能であると評価できるのであれば，当業者によって容易に創作することが可能，すなわち，進歩性はないものと判断される。逆に，このような合理的な論理づけが困難であると評価されるのであれば，当業者であっても容易に創作することは困難，すなわち，進歩性はあるものと判断されることになる（→**図表 2-2** 参照）。

　実務的には，「容易に創作」の評価として，いかなる基準を基に判断を行うのかということが進歩性要件の充足の結論を大きく左右することとなるが，技術的な評価を伴う部分が多い上に，技術分野による違いや個別事案による差異を無視しえないことから，進歩性要件の判断基準の理論的な一般化・体系化は非常に困難な問題であるといえる。

　進歩性要件を判断する際に発明を評価するポイントとして，一般的には，発明の目的（解決すべき課題），発明の構成，発明の作用効果という三つの視点が重要なものとして挙げられる。

　たとえば，二酸化炭素と水から石油を合成する方法という発明があったとすると，二酸化炭素と水を直接に化学反応させることで石油を構成する物質（炭

化水素）を合成するということが，発明の目的に相当する。次に，実際にどの
ような方法を使って二酸化炭素と水から炭化水素を化学合成するのかというこ
とが，発明の構成に相当する。そして，二酸化炭素と水から石油が合成される
という，発明によって実現される効果が，発明の作用効果に相当する。

　進歩性要件の充足を判断するためには，先にみたように，公知の技術水準
（引用発明）との対比を行った上で相違点を明らかにし，それらの各点について
論理づけが可能であるか否かを総合的に判断する訳であるが，これらの3点以
外の他の視点からの評価も考慮した上で判断される場合も当然ありうる。

　さらに，技術分野，発明内容等の要素によっても判断手法の差は大きく，引
用発明の選び出し，技術水準や対象とする技術分野の範囲をどこに設定するの
かといった点をめぐっても，技術分野や発明内容によって違いが生じることは
否定できない。たとえば化学分野・生物分野と電気電子分野，機械分野，ソフ
トウエア等によって違いがあるし，後述する特許請求の範囲（→Ⅵ1⑵参照）の
記載形式等によっても進歩性の判断手法は変化しうるであろう。

　なお，新規性及び進歩性を実際に判断するにあたっては，そもそも特許を受
けようとしている発明の具体的な内容とはどのようなものなのか，ということ
を正確に認定する作業（発明の要旨認定とも呼ばれる）が，実務的には非常に重
要であって，なおかつ難しいということにも注意しておきたい。

⑷　特許法では保護されない「発明」

（a）　32条の役割　　これまで検討してきたように，特許法で保護を受ける
ためには，特許法上の「発明」であること，さらに，特許要件と呼ばれる三つ
の要件（産業上の利用可能性，新規性，進歩性）を充たすことが必要となる。しか
しながら，特許法上の「発明」であって，なおかつ特許要件をすべて充たす
ような発明であるにもかかわらず，特許法で保護を受けられない発明の類型
も存在する。

　特許法32条では，そのような発明類型を定めており，「公の秩序，善良の風
俗又は公衆の衛生を害するおそれがある発明」については，特許要件の充足に
関係なく特許を受けられないとされている。これは，特許法は産業発展を目的
とする法である以上，産業政策を反映するために，保護の対象について，理論
的な帰結から必ずしも根拠づけられないものについて政策的観点からコントロ

ールする規定であるといえる。実際，特許法32条が現在の規定となったのは平成6年改正法以降であって，それ以前には，原子核変換物質，化学物質，飲食物，医薬品等様々な不特許発明の類型が含まれていた。

(b)　32条の意義　　このように政策的観点から特許要件の充足の有無にかかわらず特許法の保護を否定するような規定が本当に必要なのか，ということは理論的には大きな問題であって，この問題について学説では以前から議論されてきていた。

一つの考え方としては，公序良俗や公衆衛生を害するような技術であるのならば，特許法による保護の有無にかかわらず，いずれにせよ社会で使われること自体が望ましくないであろうから，たとえば，他の法律による規制対象として刑罰による取締りの対象とすれば，それで足りるのであって，わざわざ特許法にこのような規定を置く必要はないという考え方があるだろう。

もう一つの考え方としては，公序良俗や公衆衛生を害するような技術であって社会で用いられること自体が望ましくないような発明であれば，それを特段に法的に保護する必要はなく，創作へのインセンティブを付与する意義もないのであるから，特許法の保護から明確に排除すべきという考え方があるだろう。

いずれの考え方にも合理的な根拠はあって，簡単にどちらの考え方が望ましいのか結論づけられない問題である。

そもそも公序良俗という概念自体も社会の変化によって変わりうるであろうし，「発明」という技術的アイデアとは価値中立的な性質を有していることから，それをどのように活用するのかということ次第でも社会に対してもたらす影響は大きく変化するものと考えられる。したがって，ある時点で公序良俗に反すると評価されるような発明に対して特許法がその保護の対象から積極的に排除していないからといって，社会的に受け容れられない発明の開発を特許法が助長していることになるとは必ずしも結論できないであろう。

もっとも従来，公序良俗・公衆衛生が問題となった事案は，賭博や性的内容に関する発明をめぐるものがほとんどで，裁判例としても「公の秩序，善良の風俗又は公衆の衛生を害するおそれがある発明」への該当性を肯定した事案は存在していないため，これまでのところは，実務的な意味での重要性はさほど高い問題ではなかったといえる。

　しかしながら，バイオテクノロジー分野，とりわけ再生医療分野や再生工学分野における，生体・臓器の一部のクローン作成，ES細胞・iPS細胞の利用，ゲノム編集技術の幅広い活用，さらには（クローン人間の作成のような）生物体全体のクローン作成といった技術が，将来的には公序良俗や生命倫理といった観点から大きな問題を生じさせる可能性はあるものと考えられる。このため，これらの技術に関する発明を特許法としてどのように扱うべきなのか，今後は議論されることになるであろう。いずれにせよ，特許法32条の解釈をめぐる問題は，このような新技術の出現によって，将来的には新たな局面を迎えることになる可能性は高いといえるであろう。

Ⅲ　特許権の効力と限界

　　ここでは，特許権の効力と限界の概要について解説する。特許権の効力は，特許発明の業としての実施に対して及ぶのが原則であるが，この効力が制限されることがある。効力の制限は，試験・研究のための実施のように特許法に明文の規定があるものと，消尽法理のように，明文の規定はないが認められるものに大別できる。

1　特許権の効力

(1)　特許権の構造

　特許法とは，技術的アイデアである「発明」に対し，特許権を付与して保護する法律であることは，すでにⅠでみてきた。では，「発明」を保護する特許権とは，具体的にはどのような効力を有する権利なのであろうか。

　まず，特許権の効力については，68条で業として特許発明を実施する権利として規定していることから，特許権の効力が及ぶ範囲（効力範囲と呼ばれる）については，「特許発明」，「実施」，「業として」，という三つの概念の範囲によって定まることになる。このうち，「特許発明」とは，特許を受けている「発明」のことを意味するものであることから，「発明」「実施」「業として」という事項が重要となる。以下，これらについて検討する。

(2)　「発明」――そのカテゴリー

　特許法で保護の対象となる発明については，2条3項で規定されているよう

に，三つのカテゴリーに分類されている。すなわち，物の発明，方法の発明，物を生産する方法の発明の3種類であって，これら各カテゴリーの「実施」の内容はそれぞれ異なっている。以下，それぞれ簡単に説明する。

(a) 物の発明　技術的アイデアが物というカタチをとって具体的に実現され存在しているタイプの発明である。たとえば，機械，化学物質，部品，といったものが挙げられる。ここでいう「物」とは多くの場合，我々が目で見たり手で触れることで認識しうるモノ，言い換えれば，いわゆる有体物が中心となるが，コンピュータ・プログラムという無体物までも含む。

(b) 方法の発明　技術的アイデアが時間的な流れに伴って生じる現象や結果の組み合わせによって実現されている発明である。裁判例では，「一定の目的に向けられた系列的に関連のある数個の行為または現象によって成立するもの」[11]と定義するものがある。たとえば，ある機械の動作方法，画面の表示方法，スマートフォンのデータの効率的な伝送方法といったものが挙げられる。

(c) 物を生産する方法の発明　方法の発明のうち，その方法を用いた結果として何らかの物が作り出される発明である。物の発明と方法の発明の両方の性質をあわせもった発明ともいえる。たとえば，医薬品を製造する方法，インスタントラーメンを製造する方法，といったものが挙げられる。

ところで，ある発明について，それが上に列挙したいずれのカテゴリーに分類されるべきなのかについて判断することは，容易ではないこともある。これを判断するに際しては，特許権を得ようとするために特許庁に提出された出願書類（主として，「特許請求の範囲」の記載）が主要な判断材料となることが，裁判例[12]において確認されている。

(3) 実　施

「実施」は，特許権の効力範囲を決める上で最も中心となる概念である。(2)で検討した三つの発明のカテゴリーに応じて，「実施」に相当する各種の行為が規定されており（2条3項），そこで列挙されている以外の行為については，特許法における発明の「実施」には相当しない。したがって，「実施」概念に含まれない行為を特許発明について行ったとしても，当該行為に対して特許権

---

11) 東京高判昭和 32・5・21 行集 8 巻 8 号 1463 頁〔放射作用遮蔽方法事件〕。
12) 最判平成 11・7・16 民集 53 巻 6 号 957 頁〔生理活性物質測定法事件〕。

の効力は及ばないことになる。

　(a)　物の発明の実施　　物の発明については，その物について，生産，使用，譲渡等（譲渡及び貸渡し，プログラム等については電気通信回線を通じた提供を含む），輸出，輸入，譲渡等の申出（譲渡等のための展示を含む），という行為が実施に相当する（2条3項1号）。各行為の具体的な内容を以下に示す。

　生産とは，物の発明という技術的アイデアを具体化した「物」を作り出す行為である。「物」を新たに作り出す行為に限られるものではなく，修理や改造に相当する行為であっても，特許法上は生産に含まれると解釈される場合がある（→2(2)(b)）。

　使用とは，特許発明本来の目的を実現して，技術的アイデアの効果を得られる方法で用いる行為である。ただし，特許発明の本来の目的とは無関係な用法で用いることは，使用にはならない。たとえば，食器洗浄機という物の発明をただの食器棚として用いるだけでは，使用に該当するとはいえないであろう。

　譲渡とは，物の発明を具体化した物の譲渡であって，有償での販売なのか無償での配布なのかは問われない。貸渡しとは，物の発明を具体化した製品の貸与を意味する。やはり有償か無償であるかは問われない。これらに加えて，プログラム等の発明については，電気通信回線を通じた提供も譲渡等の概念に含まれるものとされている。

　輸出とは，物の発明を具体化した製品を日本国内から国外へ搬出する行為である。

　輸入とは，物の発明を具体化した製品を外国から国内に搬入する行為である。

　譲渡等の申出（展示を含む）とは，物の発明を具体化した製品の販売や貸与を目的とした展示や販促活動（カタログ等の頒布）等である。

　(b)　方法の発明の実施　　方法の発明については，その方法について，使用する行為が実施に相当する。使用については，物の発明における使用と同じ意味であって，特許発明本来の目的を実現して，技術的アイデアの効果を得られる方法で用いる行為である。

　(c)　物を生産する方法の発明の実施　　物を生産する方法の発明については，その方法を使用して物を生産する行為に加えて，その方法によって生産された物について，使用，譲渡等（譲渡及び貸渡し，プログラム等については電気通信回

線を通じた提供を含む），輸出，輸入，譲渡等の申出（譲渡等のための展示を含む），を行う行為が実施に相当する。

　方法の使用や物の生産，生産された物についての使用，譲渡等，輸出，輸入，譲渡等の申出，の各行為の意味は，物の発明及び方法の発明と同じであって，いわば物の発明の実施と方法の発明の実施を併せた範囲が，物を生産する方法の発明の実施である。

　(d)　その他実施に関連する行為　　その他，「実施」行為には含まれていないものの，模倣品対策の一環として，物の発明及び物を生産する方法の発明については，その物及びその方法により生産した物を業としての譲渡又は輸出のために所持する行為（侵害品所持行為）も，間接侵害行為として特許権侵害行為とみなされる（101条3号・6号。→Ⅳ4）。

　たとえば，特許発明が自動車のエンジンの部品に関する発明であるとすれば，その部品を日本国内で販売することを目的とせず海外に輸出する目的で仕入れて，日本国内の倉庫に保管しておくという行為に対しても特許権の効力が及ぶことになる。

　(4)　業として

　「実施」に該当する行為であっても，特許権の効力が及ぶ範囲は，「業（ギョウ）として」なされる行為に限られている。これは，特許法が産業発達に寄与することを主な目的としている（1条）ことを反映しているものといえる。

　ところで，具体的にどこまでをもって「業として」の範囲と解するのかをめぐっては諸説みられるところである。一般的には，個人的ないし家庭的な「実施」行為以外をもって，「業としての実施」と広く解されているものと考えられる。すなわち，必ずしも企業等の営利活動に限定して「業として」と解されるものではなく，非営利活動における「実施」，国や地方自治体等による公共事業といった場面における「実施」についても，「業としての実施」に含まれるものといえる。また，繰り返し実施する行為でなくとも（すなわち，1回限りの実施であっても），「業としての実施」と解される。

　もっとも，特許権をめぐる紛争の多くは企業間で発生しているものであることから，「業として」であるか否かということをめぐって実際の争いになることは少ないといえる。

2　特許権の効力の制限

　これまでみてきたように，特許権の効力は，特許発明の「業として」の「実施」行為に幅広く及ぶ可能性があるものであるが，特許権の効力が形式的には及ぶようにみえる行為であっても，例外的に効力が及ばないと解される行為がある。これらの行為には，特許法の条文として規定されているものと規定されていないものが存在する。

(1)　条文に規定されている制限類型

(a)　試験又は研究のためにする特許発明の実施　　まず，「試験又は研究のためにする特許発明の実施」については特許権の効力は及ばないことが，特許法の明文上も規定されている（69条1項）。

　特許法の目的が産業発達にある以上，既存の技術を基にした新技術開発を促進することは当然優先されるべきであるから，特許発明をベースとした，より優れた技術を生み出すための研究開発活動に対して特許権の効力が及ぶ結果として過度に阻害されることは望ましくないといえる。また一方で，研究開発のための行為や試験といった限られた範囲で発明が実施されている限りは，特許権者の経済的利益が実質的に害される可能性も少ないといえる。そのため，特許法では，「試験又は研究のためにする……実施」については，特許権の効力は及ばないと規定している。

　しかしながら，ここでの「試験又は研究」という範囲をどのように解釈するのかという点が問題となる。「試験又は研究」の範囲を，広くとらえすぎるとすれば，万人が自由に特許発明を実施できる範囲が広くなるため，特許権者は実質的に発明の保護を受けられなくなってしまうことになる。逆に，極めて限られた場合にだけしか「試験又は研究」に当たらないと考えるとすれば，特許権の効力が及ぶことにより，結局のところ，研究開発活動を進めていく上で，大きな制約となってしまう。

　現実に問題となった事案としては，後発医薬品（いわゆるジェネリック医薬品）の製造販売をする上で必要とされている医薬品医療機器等法（旧称薬事法）上の製造承認申請に際して，行政庁への提出が要求される臨床試験データを後発医薬品メーカーが収集する行為が，「試験又は研究」に当たるのかという点が争われたものがある。後発医薬品の製造自体は，新しい技術の開発を目的とす

るものではないからである。

　この点について，最高裁では，このような行為が「試験又は研究」に当たるという判断[13]を示した。

　その主な理由としては，医薬品についての特許権の存続期間が満了（存続期間については→3）しても，後発医薬品メーカーは臨床試験データの収集をその時点から行う必要があるとすると，実質的には特許権の存続期間満了と同時に後発医薬品を製造販売することが阻まれてしまうということ，他方で，臨床試験データの収集を目的として医薬品の製造や使用といった行為が特許権の存続期間内になされても，それらの医薬品が市場に流通することはないのであるから特許権者の経済的利益を直接に害することにはならないということが挙げられている。

　　　この最高裁判決が実施行為を「試験又は研究」に当たるとした理由は，要するに，本件の事案の下で特許権の行使を認めると「特許権の存続期間を相当期間延長するのと同様の結果」を招くから，というものである。つまり，この判決は特許権の存続期間との関係で，「試験又は研究」について判断したにすぎないため，存続期間が問題とならないような場合に，どのような行為が「試験又は研究」に当たるのかという問題については，いまだに議論の余地が多く残されている。特に，最近ではバイオテクノロジー分野における研究用ツールについての特許権が多数与えられていることから，大学・研究機関等における研究開発の現場で，そのような特許が付与されている研究用ツールを使用する行為が，ここでの「試験又は研究」に当たるか否かということも議論されている。

　(b)　その他の類型　　その他，特許法上，日本国内を通過する交通機関，出願時に日本国内にある物（69条2項）に関する実施行為，調剤行為（同条3項）といった行為が特許権の効力が及ばない行為として規定されている。

　(2)　条文に規定されていない制限類型

　形式的には特許権の効力が及ぶものと考えられそうな行為であって，なおかつ特許権の効力が及ばないことが特許法に規定されていない場合であっても，特許権の効力が制限されるべきものと解釈される類型がある。

---

13)　最判平成11・4・16民集53巻4号627頁〔メシル酸カモスタット事件〕。

(a)　消尽法理──基本的な考え方　　これまでみてきた特許権の効力の考え方をふまえると，特許発明を実現した製品を購入して会社等の事業に使用した場合，さらにはその製品を転売した場合，原則として特許権の効力が及ぶことになる。これを具体例で考えてみよう。

たとえば，「充電回数を飛躍的に減少させる効率のよいモーターを搭載した電気自動車」という「物の発明」に対する特許権をX自動車が有しており，同自動車は，その特許発明を用いた電気自動車を製造販売しているものとしよう。それでは，その特許発明を用いた電気自動車を走らせる行為は，その特許発明の「使用」行為に該当することになる。したがって，この電気自動車を宅配業者であるY運輸が購入して荷物の配送のために使う行為は，明らかに「業として」の「使用」行為として，特許権の効力が及ぶ範囲に含まれそうである。それでは，Y運輸は，X自動車に代金をキチンと支払ってその電気自動車を購入したにもかかわらず，それを配送に使う行為についてはX自動車の有する特許権の効力が及んでしまうことから，X自動車からあらためて，その電気自動車を「業として使用」する行為について許諾を得ない限りは，配送に自由に使えなくなってしまうのであろうか。

さらには，Y運輸が購入した電気自動車を中古車として売ろうとしても，その行為は，「業として」の「譲渡」に含まれそうである。そうすると，特許権者であるX自動車から許諾を受けなければ勝手に中古車として下取りに出すこともできないのだろうか。

もちろん，そのようなことが認められるというのは，常識的に考えてあまりに奇妙であるといえる。また，特許権者から一々許諾を得なければ自分が買った製品も自由に使えないとか，中古品として転売すらもできないということになれば，社会における経済活動は混乱してしまうであろう。これでは，特許発明を取り入れた製品については，それを購入することや使用することをあえて避ける方が無難ということにさえなりかねない。つまるところ，特許法による保護を与えることは，かえって産業発展という特許法の目的に矛盾することにもなりかねないだろう。

そのため，特許権者あるいはその許諾を受けた者から適法に流通におかれた（「拡布された」という言葉が用いられることが多い）特許製品については，その使

用や再譲渡等の行為に対しては，形式的には特許権の効力が及ぶ場合であっても効力が制限されるものと解することは，かねてから異論のないものとして考えられてきた。

すなわち，上で述べた考え方について，上記の電気自動車の例に当てはめてみると，Y運輸は，X自動車から購入した電気自動車であれば，あらためてX自動車からの許諾を得ることなく，自由に配送に使用することもできるし，中古車として売りに出すこともできることになる。

もっとも，そのような結論がどのような理由づけをもって導き出されるのかをめぐっては様々な考え方が提示されてきた。その中でも，**消尽法理**という考え方が判例[14]及び学説のいずれにおいても，現在では最も支持されている。

消尽法理とは，特許発明を実現した製品（特許製品）が特許権者の許諾の下で販売等の適法な形で拡布された後は，当該製品についての特許権は所期の目的を達して，用い尽くされたものと解釈して，もはや当該特許製品の使用や譲渡等に限っては特許権の効力は及ばなくなると解する考え方である。

このような考え方の主な根拠としては，特許発明を実現した製品（特許製品）が特許権者の許諾の下で適法に販売等がなされたのであれば，特許権者としても，現に販売された製品自体については購入者から対価を受け取っており，その際に特許発明に対する対価を得られる機会が既に一度は与えられているといえるのであるから，もはや，その製品についてあらためて特許権の効力を及ぼしてまで保護する必要性はないということ（二重利得の不必要性）が挙げられる。

　(b) リサイクル製品と消尽　　消尽法理という考え方によると，適法に販売された特許製品を使用することについては，特許権の効力は及ばないことになる。それでは，使用の結果，もはや使えなくなってしまった特許製品について，それを回収した上で消耗した部品や部材の一部を取り替えて再度使用できる製品に作り直して，さらに販売する行為に対しては，果たして特許権の効力が及ぶのだろうか。この問題は，特許権の効力と消尽法理の関係にかかる問題として大きな議論をもたらしている。

実際に，使い捨てカメラの使用後のレンズや本体部分を回収してフィルムを

---

14)　最判平成19・11・8民集61巻8号2989頁〔インクカートリッジ事件最高裁判決〕。

入れ換えて再生品として製造販売した場合や，プリンターの使用済みインクカートリッジタンクを回収して再度インクを充塡して再生品として製造販売した場合等について，特許権の効力が及ぶのか否かをめぐって判断が示された裁判例が存在している。

　これまでの裁判例の考え方を大別すると，①消尽法理の下で許されるのは特許発明の実施行為のうち使用，譲渡及び貸渡しであることから，「生産」といえる行為があれば消尽法理は適用されず，特許権侵害となる，及び②消尽法理が認められる趣旨が妥当しないような場合（特許権の行使を認めても二重利得とはいえないような場合）には，消尽法理は適用されず，特許権侵害となる，の二つがあった。

　前者の考え方は「生産アプローチ」と呼ばれるもので，後述のインクカートリッジ事件第一審判決に採用されている。後者の考え方は「消尽アプローチ」と呼ばれるものであり，さらに次の三つに分けることができる。すなわち，

②-1　日本国内でいったん適法に販売された特許製品については，原則としては，先にみた消尽法理の考え方が適用されることを前提としつつも，その特許製品を市場に置いた際に想定された範囲を超えて，特許法上の「実施」がなされているような態様については，特許権の行使ができるとするような考え方（→使い捨てカメラ仮処分事件)[15]，

②-2　特許製品がその効用を終えた後においては，特許権者は，その特許製品について特許権を行使することが許されるとする考え方（→使い捨てカメラ事件)[16]，及び

②-3　上の②-1及び②-2の考え方を発展させた考え方として，特許製品を適法に譲渡した場合には，特許権の効力には消尽法理が適応することを前提としつつも，特定の二つの類型のいずれかに該当するときには，特許権は消尽しないと解され，特許権者はその特許製品について特許権にもとづく権利行使をすることが許されるとする考え方（→インクカートリッジ事件控訴審判決)，

---

15)　東京地決平成 12・6・6 判時 1712 号 175 頁〔使い捨てカメラ仮処分事件〕。
16)　東京地判平成 12・8・31 平成 8（ワ）16782 号〔使い捨てカメラ事件〕。

の三つである。

　このように様々な考え方が示されてきたが，最高裁は，次に述べるインクカートリッジ事件最高裁判決において，③消尽法理が適用されるのはいったん適法に譲渡された「特許製品」の使用や譲渡なのであるから，その特許製品が加工や部材の交換を施されることで元の特許製品と同一性を欠く特許製品が新たに製造されたものと認められるときは特許権の効力が及ぶ，という新たな考え方を示した。

インクカートリッジ事件

　インクジェットプリンターの使用済みインクカートリッジタンクを回収して洗浄後再度インクを充塡して再生品として製造販売していた事業者の行為に特許権の効力が及ぶか否かが争われた事案である。

　第一審判決[17]では，上記①の考え方（生産アプローチ）を採用した上で，「本件のようなリサイクル品について，新たな生産か，それに達しない修理の範囲内かの判断は，特許製品の機能，構造，材質，用途などの客観的な性質，特許発明の内容，特許製品の通常の使用形態，加えられた加工の程度，取引の実情等を総合考慮して判断すべきである。特許製品の製造者，販売者の意思は，価格維持の考慮等が混入していることがあり得るから，特許製品の通常の使用形態を認める際の一事情として考慮されるにとどまるべきものである。」との一般論の下で，本件インクタンク本体は，インクを使い切った後も破損等がなく，インク収納容器として十分再利用することが可能であり，消耗品であるインクに比し耐用期間が長い関係にあること，本件インクタンク本体の構造は，インクを使い切った後もそのまま残存していること，本件特許ではインクの充塡は構成要件の一部を構成しているがインクそれ自体は特許された部品ではないこと，等を指摘した。さらに，取引の実情等についても環境保護等の観点から，リサイクルのインクカートリッジの使用が増大していることを指摘した上で，「本件インクタンク本体にインクを再充塡して被告製品としたことが新たな生産に当たると認めることはできないから，日本で譲渡された原告製品に基づく被告製品につき，国内消尽の成立が認められる。」として，特許権侵害を否定した。

　控訴審判決[18]では，上記②-3の考え方，すなわち，その特許製品が製品としての本来の耐用期間を経過してその効用を終えた後に再使用又は再生利用がされた場

---

17)　東京地判平成 16・12・8 平成 16（ワ）8557 号（判時 1889 号 110 頁），平成 16（ワ）8553 号〔インクカートリッジ事件第一審判決〕。

18)　知財高判平成 18・1・31 判時 1922 号 30 頁〔インクカートリッジ事件控訴審判決〕。

合（「第一類型」），又はその特許製品につき第三者により特許製品中の特許発明の本質的部分を構成する部材の全部又は一部につき加工又は交換がされた場合（「第二類型」），という，二つのうちのいずれかの場合に該当するときには，特許権は消尽しないと解され，特許権者はその特許製品について特許権にもとづく権利行使をすることが許されるとする考え方を提示して，この事案では使用済みインクカートリッジタンクを洗浄することによって，特許製品中の特許発明の本質的部分を構成する部材の全部又は一部につき加工又は交換がされた場合に該当することから，上記の第二類型に相当するとして，特許権は消尽しないと判断した。

　これに対し，最高裁判決[19]は，「特許権の消尽により特許権の行使が制限される対象となるのは，飽くまで特許権者等が我が国において譲渡した特許製品そのものに限られるものであるから，特許権者等が我が国において譲渡した特許製品につき加工や部材の交換がされ，それにより当該特許製品と同一性を欠く特許製品が新たに製造されたものと認められるときは，特許権者は，その特許製品について，特許権を行使することが許されるというべきである。」という一般的な判断基準（上記③の考え方）を提示した。

　その上で，「上記にいう特許製品の新たな製造に当たるかどうかについては，当該特許製品の属性，特許発明の内容，加工及び部材の交換の態様のほか，取引の実情等も総合考慮して判断するのが相当であり，当該特許製品の属性としては，製品の機能，構造及び材質，用途，耐用期間，使用態様が，加工及び部材の交換の態様としては，加工等がされた際の当該特許製品の状態，加工の内容及び程度，交換された部材の耐用期間，当該部材の特許製品中における技術的機能及び経済的価値が考慮の対象となるというべきである。」との具体的な判断基準を示した。そして，この事案については，使用済みインクカートリッジタンクを洗浄することによって，当該タンクについての新たな製造がなされたものと認められるとして，特許権の効力が及ぶことを肯定した。

　このように，最高裁判決は，新たな特許製品の「製造」といえるか，という点について，非常に多くの考慮要素を挙げて，これらを総合的に考慮して判断するとしているが，これらの各要素の意義やどの要素が重視されるべきなのかは明らかではない。この事案でリサイクルにあたって加工された部分は特許発明の本質的部分であり，使用済みインクカートリッジにおいてはその部分にインクが固着しているため「インク漏れの防止」という特許発明の目的を達成で

---

19)　前掲注 14) インクカートリッジ事件最高裁判決。

図表 2-3 並行輸入の例

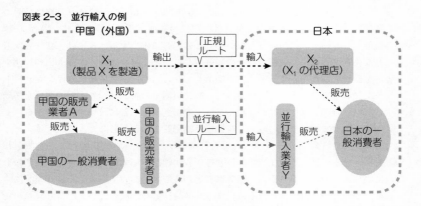

きない状態になっているところを，事業者が加工することでその機能を復活させている。このような事情を最高裁は特に重視しているようであるが，このような事情が上記のどの要素の問題なのかは必ずしも明らかではない。

　結局のところ，これらの要素についてどのように考慮するのかについては，今後の裁判例の積み重ねによって徐々に明らかになるものと思われる。

　(c)　並行輸入　　外国製品について，その正式な代理店を経由して日本国内で販売されている製品と同じ製品が外国でも販売されており，外国での販売価格が日本での販売価格よりも安い場合（「内外価格差」が生じているといわれる）には，外国で販売された製品を当地で購入した上で日本へ輸入し，日本での正式な代理店経由の製品の販売価格よりも安価で販売されるという現象が生じる場合がある。正式な代理店経由のいわば「正規」ルートと並行するルートでの輸入は，一般に「並行輸入」と呼ばれ，商品については並行輸入品などと称されることがある。**図表 2-3** は，並行輸入の一例を表したものである。ここでは X_1 が甲国（外国）で製造した製品 X を，日本においては代理店 X_2 を通じて日本の一般消費者に販売している。他方，並行輸入業者 Y は，甲国の販売業者 B から製品 X を入手し，日本の一般消費者に販売している。

　ところで，並行輸入される製品が何らかの特許発明を具体化した製品である場合には，特許権の効力をめぐって問題が生じることになる（このような「並行輸入」という現象と知的財産権の効力をめぐる問題は特許法に限ることなく商標法でもみられる）。世界各国もそれぞれに特許制度を有していることから，日本で特許

権が成立している特許発明に対応する外国の特許権が同時に複数存在している場合がありうる（**第1章**でみたように，特許権を含む知的財産権は各国で独立のものであり，その効力は各国の領域内にしか及ばない。→**第1章Ⅳ1**）。**図表 2-3** でいえば，X_1 が製品 X に実現されている発明について，甲国の特許権と日本の特許権を有しているという場合である。このとき，X_1 は，日本の特許権によって，Y による製品 X の輸入・販売を禁止することができるだろうか。

既に(a)でみたように，仮に X_1 が「日本で」販売した製品を（加工を加えることなく）Y が販売するというのであれば，そのような販売行為は消尽法理によって許される。このように，特許権者自身が国内で流通に置いた製品の販売等する行為に消尽を認める考え方は「国内消尽」と呼ばれ，この考えに対する異論はみられない。問題は，上記の例のように，特許権者（X_1）自身による最初の販売が外国で行われた場合であっても，同様に消尽法理が妥当すると考えるのか，という点である（妥当するという考え方は「国際消尽」と呼ばれる）。

Y が日本で販売する製品は元をたどれば X_1 の製造販売した X 製品そのものであり，最初の販売地が外国であるとしても，X_1 がその最初の販売から対価を得ているということ自体は最初の販売地が日本である場合と変わらないのであるから，国際消尽を認めて問題ないようにも思われる。しかしながら他方で，Y が輸入販売している X 製品については，X_1 の日本の特許権は一度も行使されていない製品であるという事情がある。Y の輸入販売する X 製品から X_1 が（最初の譲渡により）得た対価は，甲国の特許権の行使による対価であって，日本の特許権の行使によるそれとは区別すべきである，ともいえそうである。

この問題をめぐる実際の事案についての最高裁判決として，次のようなものがある。

BBS事件最高裁判決（最判平成 9・7・1 民集 51 巻 6 号 2299 頁）

　ドイツで適法に販売された自動車用アルミホイールを日本に輸入する行為について，当該アルミホイールに関する日本の特許権の効力が及ぶか否かが問題となった。この事案でも，日本の特許権者及びその代理店ルートで輸入販売されている製品の国内価格に比べて，ドイツで購入した上で日本へ輸入した同一製品の販売価格の方が安価であった。

　最高裁は，①特許法による発明の保護は社会公共の利益との調和の下において実

現されなければならないこと，②特許製品について譲渡等を行う都度特許権者の許諾を要するとすれば，市場における商品の自由な流通が阻害され，特許製品の円滑な流通が妨げられて，かえって特許権者自身の利益を害し，ひいては産業の発達に寄与するという特許法の目的にも反すること，③特許権者は，特許製品を自ら譲渡するにあたって特許発明の公開の対価を含めた譲渡代金を取得することから，特許発明の公開の代償を確保する機会は保障されているものということができ，特許権者が流通過程において二重に利得を得ることを認める必要性は存在しないこと，といったことを理由として，「国内消尽」については肯定した。

　他方，「国際消尽」については，①特許権者は，特許製品を譲渡した地の所在する国において，必ずしもわが国において有する特許権と同一の発明についての特許権を有するとは限らないこと，②仮に同一の発明についての特許権を有する場合であっても，わが国において有する特許権と譲渡地の所在する国において有する特許権とは別個の権利であることから，特許権者がわが国において特許権にもとづく権利を行使したとしても，直ちに二重の利得を得たものということはできないこと，を理由として，国内消尽とは同列に論ずることはできないとした。

　しかし，現在の国際商品取引の現状に照らせば，輸入を含めた商品流通の自由は最大限尊重されるべきであると述べ，「我が国の特許権者又はこれと同視し得る者が国外において特許製品を譲渡した場合においては，特許権者は，譲受人に対しては，当該製品について販売先ないし使用地域から我が国を除外する旨を譲受人との間で合意した場合を除き，譲受人から特許製品を譲り受けた第三者及びその後の転得者に対しては，譲受人との間で右の旨を合意した上特許製品にこれを明確に表示した場合を除いて，当該製品について我が国において特許権を行使することは許されないものと解するのが相当である。」という解釈基準を提示した。

　すなわち，日本の特許権者が，日本国外で特許発明にかかる製品を譲渡した場合，その譲渡先との間で，その製品の販売先・使用地域として日本を除外することに同意している場合に限って，日本の特許権の行使が許されることを原則として，その製品がさらに再譲渡される場合には，その製品に販売先・使用地域として日本を除外することが明確に表示されている場合に限って特許権の行使が許されるとした。

　以上のように，BBS事件最高裁判決では，特許権者等が日本国内で当該特許製品を譲渡したのであれば，当該特許製品に限っては，もはや特許権はその目的を果たしたので，その効力は消尽して，もはや及ぶものではないと解される，として「国内消尽」については肯定した。他方で，特許権者等が特許製品を日本国外で譲渡した場合に，対応する日本の特許権の効力は同様に消尽するのかという問題については，前述のような消尽という考え方を一般論としてと

っていない。しかし，特許権者又はこれと同視しうる者が国外において特許製品を譲渡した場合という特定の状況の下では，当該製品の販売先や使用地域として日本を除外することに直接合意して販売した場合や当該製品にその旨につき明確に表示を付した場合を除いては，日本の特許権の効力は制限されるという考え方をとっている。

　すなわち，特許権者が当該製品の販売や使用についての意思を明確に表示しているか否かを基準として，いったん市場で適法に販売された商品の流通や使用の確保と特許権者の保護のバランスを図っているといえる。

3　特許権の消滅

(1)　原　則

　特許権は，以上で説明したような効力を有するものであるが，いったん発生すれば未来永劫にわたって効力を有するものとして存続を続けるわけではない。特許権が消滅する事由としては，特許権が有効なものとして維持できない一定理由に該当することが確定した場合（特許異議の申立制度による取消決定の確定→Ⅵ3(2)，特許無効審決の確定→Ⅵ3(3)），特許権者による特許権の放棄（97条1項。ただし，質権者や専用実施権者の承諾を要する場合がある），存続期間の満了が挙げられる。

(2)　存続期間

　それでは，特許権にはなぜ存続期間が置かれているのであろうか。これまでみてきたように，特許法による保護の対象となる発明とは，これまで世の中に存在しなかった優れた技術的アイデアである。しかしながら，特許権の効力によって，そのような発明を特許権者以外の者が自由に利用することが未来永劫できないとしたら，優れた技術が世の中に幅広く利用される機会がかえって失われてしまう可能性が生じる。それでは，産業の発展という特許法の目的の実現をむしろ阻害することになりかねない。また，優れた技術とは従来の技術の積み重ねの上に成り立っているものであり，また，いかに優れた技術であっても，時間の経過とともに時代遅れの技術になってしまうことが多いのであって，技術進歩のスピード以上に長期間にわたって特許法による保護を与える実質的な必要性も乏しいといえる。

このように，特許法では，発明の保護によって発明者にもたらされるインセンティブと優れた技術を広く社会で活用することによって得られる利益を調和させるべく（→**第1章Ⅱ2**），原則として特許出願日から20年をもって消滅するという形で特許権に存続期間を定めている（67条1項）。

もっとも，特許権は特許庁において設定登録された時から発生するものとされている（66条）ことから，実質的に特許権が存続している期間は，特許出願から設定登録までにかかる期間（具体的には特許庁における審査等の権利付与手続に要する期間）を20年から差し引いた期間となる。権利付与手続に要する期間は個別の特許出願によって異なるため，実質的な存続期間は各特許権によって異なる。

この点，不公平が生じるのではないのかという指摘も考えられる。とはいえ，そもそもすべての特許発明について出願から20年間で一律に権利が消滅するという考え方をとること自体が妥当なのかについて理論的な裏付けが明確に存在しているわけではない。このため，現行の特許法では，個々の発明の特許権の存続期間にバラつきが生じることをある程度受け容れているとも考えられる。

(3)　存続期間の延長制度

上の例外として，医薬品や農薬のように，特許発明の「実施」に際して安全性確保等を目的とする他の法制度（医薬品医療機器等法〔旧称薬事法〕，農薬取締法等）による制約を受けることにより，特許権の存続期間中であるにもかかわらず，実質的に特許発明が「実施」できない場合については，存続期間の延長制度が設けられている（67条4項）。権利者が存続期間の延長を希望する場合には，延長登録を受けるための出願を特許庁に対してあらためて行うことを要する。存続期間の延長登録が認められるためには一定の要件を充たす必要がある（67条の7参照）。特許庁での審査の結果，延長登録が認められた場合には，実際に実施できなかった期間を限度に最長5年まで存続期間の延長が認められている（67条4項）。

さらに，平成28年12月に成立した，TPP（環太平洋パートナーシップ）協定の内容に合わせた国内法を整備する「環太平洋パートナーシップ協定の締結に伴う関係法律の整備に関する法律」の下で，特許権の付与に際して「不合理な遅延」が生じた場合に，期間補償を行うための存続期間延長制度が導入された。

具体的には，特許出願の日から5年を経過した日あるいは出願審査の請求がさ
れた日から3年を経過した日のいずれかの遅い日（基準日）以後に特許権の設
定登録がなされたときには，延長登録の出願により延長することができる（67
条2項）。この場合，基準日から実際に設定登録される日までの期間から，67
条3項各号で定められた期間（特許出願をした者の責めに帰する期間，審判・裁判
に関する期間等）を差し引いて算出される期間だけ延長される（同条3項）。併せ
て，このような延長登録出願の審査等に関する制度も設けられた。

Ⅳ　特許権の侵害と法的救済

　　ここでは，特許権の侵害とはどのようなことを意味するのか，侵害判断の手
法，特許権者は特許権侵害に対していかなる法的救済を受けるのか，といった
事項について理解する。特許権の侵害成立には，特許権者は，相手方が特許発
明と同一の技術を業として実施していること（文言侵害），特許発明と均等な
技術を業として実施していること（均等侵害）を主張・立証する必要がある。
部品の譲渡など，特許発明の一部にしか該当しない技術を実施する行為の場合
は，間接侵害の要件を充たしていることを主張・立証することを要する。これ
らの主張・立証が成功した場合，相手方は，特許権に無効理由が存在すること
や，特許権の効力が制限されること等を主張・立証して対抗することになる。
特許権侵害と判断された場合，侵害行為の予防や停止を求めること（差止請
求）や損害賠償を請求すること等の法的救済が認められる。

1　特許権侵害とは──侵害成立を判断する原則論

(1)　特許権侵害の基本形式

Ⅲでみてきたように，特許権とは「業として特許発明の実施をする権利」で
ある（68条）。そのため，特許権を侵害する行為とは，原則として，特許権者
以外の者が，「業として特許発明を実施する」行為をいう。

　少しかみ砕いて言い換えると，「①特許権によって保護される発明の範囲に
含まれる技術的アイデアについて，特許法で定められている②各種の『実施』
行為のうちで③特許権の効力が制限されない範囲の行為を，特許権者以外の者
が，④業として行う行為」といえる（ただし，後述するように，無効理由を含んで
いる特許権の場合や特許発明を業として実施する法的根拠〔権原〕を有している場合に

ついては，結論としては，特許権侵害行為とは評価されないことになる）。

　上記のうち，②各種の「実施」行為，③特許権の効力が制限される範囲の行為，④「業として」の概念，それぞれについては，これまでⅢで説明をしているので，以下では，①の点について詳しくみていくことにする。特許権の侵害成立が問題となる相手方技術が，特許権により保護される発明の範囲に含まれるか否かという事項については，相手方技術が「特許発明の技術的範囲」に含まれるか否かを中心として判断される。

　(2)　特許権により保護される発明の範囲の画定①──原則論（文言侵害）

　(a)　特許発明の技術的範囲　　それでは，特許権によって保護される発明の範囲は，どのように定められるのであろうか。

　特許法では，特許権によって保護される発明の範囲のことを「技術的範囲」という言葉でとらえており，特許法は，「特許発明の技術的範囲は，願書に添付した〔明細書の〕特許請求の範囲の記載に基いて定めなければならない。」（70条1項）と定めている。

　「特許請求の範囲」（英語名称であるクレームという言葉がよく用いられる）とは，特許権を取得するため，行政機関である特許庁に提出する願書に添付する書面の一部を構成する書面であって，最も重要な書面である。特許権を受けようとする発明の内容について文章で記述することによって特定するもので，「請求項」という区切り毎にまとめられている。

　たとえば，ペットボトルの口の部分に工夫を凝らすことによって，倒れても中に入っている液体がすぐにこぼれないようなペットボトル（「こぼれないペットボトル」と呼ぶことにする）という発明があった場合，特許請求の範囲としては，「【請求項1】注ぎ口に弾力性のある素材を……という形状として設ける構造とすることで転倒による内容物の漏出防止ができることを特徴とするペットボトル」といった形で記述することになる。

　既に述べたように，70条1項は，特許発明という技術的アイデアが特許権でどこまで保護されるかの範囲を定めるにあたっては，まずは特許請求の範囲の記述を出発点とすべきことを定めている。もっとも，特許請求の範囲は文章であることから，そこで用いられている言葉の意味をどのように理解するのかによって，その範囲には違いが生じてくるものと考えられる。

　たとえば，先に挙げた「こぼれないペットボトル」における請求項1の例でも，「注ぎ口」といってもどのような形のものまでが含まれるのか，とか「内容物」といってもお茶や水のようななめらかな液体だけなのかサラダ油のようなやや粘りのある液体まで含むのか，さらにはヨーグルトのような半分固体のようなものまでも含まれるのか，といったように言葉の意味をどのように解するのかによって，特許発明として保護される範囲にかなり違いが生じる可能性があることが想像できるであろう。

> 　発明とは技術的アイデアという抽象的な内容であるので，その内容について文章を用いて過不足なく表現することは非常に専門的で難しい作業といえる。このため，この作業は弁理士という専門家によってなされることが多い。

　特許発明の技術的範囲を定めるに際しては，このように**技術的範囲の解釈**（実務的にも学術的にも**クレーム解釈**と呼ばれることが一般的であるので，以下でも，この言葉を用いることにする）という作業が極めて重要な意味を有している。

　もっとも，特許請求の範囲だけでは，そこで用いられている言葉の正確な意味を把握することが難しい場合が生じる。そのため，クレーム解釈に際しては，特許請求の範囲以外の資料も参考にできる（特許法の世界では，このことを「参酌する」という言葉で表すことが多いので，以下では，この言葉を用いることにする）とされている。特許法の規定でも，「願書に添付した明細書の記載及び図面を考慮して，特許請求の範囲に記載された用語の意義を解釈するものとする。」（70条2項）と明記されており，願書に添付する書類のうち特許請求の範囲以外の書面で，発明の詳細な内容を記述している明細書や図面といった資料を考慮して解すべきこととされている。

　その他にも，裁判例では，特許権を取得する際の特許庁における出願手続経過（に伴う資料），出願当時の技術水準（を示す文献等の資料）についても参酌することが認められている。

　これらの資料を考慮してクレーム解釈がなされることによって，特許権によって保護される発明の範囲が画定されることになる。

　(b)　技術的範囲と被疑侵害物件の対比　　以上のように，特許発明について保護される技術的範囲の外延が，特許請求の範囲の解釈（いわゆるクレーム解

釈）という作業によって画定されるとして，侵害の成立には，相手方（被疑侵害者）の技術が，この画定された技術的範囲に含まれていることが必要となる。これは，相手方の技術が，特許請求の範囲で定められている要素（特許発明の構成要件と呼ばれることが多いので，以下でもこの言葉を用いる）をすべて含んでいるか否かを基にして判断されることになる。そして，特許発明の構成要件を相手方の技術がすべて充たしている場合に限って，相手方の技術が特許発明の「技術的範囲」内に含まれていることが肯定されることになる（逆に，特許発明の構成要件を一つでも充たしていない場合には，相手方の技術は特許発明の「技術的範囲」の範囲内には含まれないという結論となる）。このようにして判断を行った結果として成立する侵害を「**文言侵害**」という。

(3) 特許権により保護される発明の範囲の画定②——均等侵害

(2)でみたような判断手法を基に，被疑侵害者の技術（相手方の技術）が，特許権により保護される発明の範囲に含まれるか否かの判断がなされることが原則論である。しかし，このことは，相手方の技術において，特許請求の範囲で定められた構成要件のうち一つでも不足がある場合や一致しないものがある限り，相手方の技術は特許発明の「技術的範囲」の範囲内に含まれず，特許権により保護される発明の範囲には該当しないということを意味する。したがって，上述の原則論によって判断するのであれば，そのような技術を業として実施しようとも特許権侵害行為は成立しない。

しかしながら，このような考え方だけでは，かえって問題が生じる可能性もある。たとえば，特許請求の範囲で特定された構成要件のうち僅かな一部について充たしていない製品でも，実質的にはその特許発明とほとんど同様の技術的特徴をもった製品を作ることが可能であることも考えられる。すると，そのような製品を業として実施して，事実上は特許権侵害行為に限りなく近い行為を行っているとしても，上述の原則論の下では，特許権侵害行為とは評価されず，特許権侵害の責任を事実上逃れることが可能となってしまう。

たとえば，先ほどの「こぼれないペットボトル」という特許発明の例を基に考えてみよう。特許請求の範囲については，「【請求項1】注ぎ口に弾力性に優れたポリウレタン系素材を……という形状として設ける構造とすることで転倒による内容物の漏出防止ができることを特徴とするペットボトル」となってい

たものとしよう。

　それに対して，「注ぎ口に弾力性に優れた天然ゴム系素材を……という形状として設ける構造とすることで転倒による内容物の漏出防止ができることを特徴とするペットボトル」を製造販売しているライバル会社があったとしよう。そして，請求項1で定められている要素と比べて，ライバル会社のペットボトルは注ぎ口の素材が天然ゴム系素材となっている点が異なるだけで，その形状もほぼ同一であったとする。そして，請求項1で定められた形状を前提とする限りは，ポリウレタン系素材を使っても天然ゴム系素材を使っても，ペットボトルが転倒した際に内容物の漏出防止効果が実現しうることは，この分野の技術者であれば容易に思いつく程度のことであったとしよう。特許権侵害を判断する原則論を前提とする限りは，注ぎ口の素材が，ポリウレタン系と天然ゴム系と異なっている以上，ライバル会社のペットボトルは請求項1の技術的範囲には属さないことになり，そのようなペットボトルを業として実施，たとえば製造販売しても，ライバル会社による特許権侵害は成立しえないことになる。

　しかし，そのような事態を放任すると，特許権による発明の保護の実効性が極めて弱いものとなるおそれがある。そして，特許制度を利用する意義が大きく薄らぎ，ひいては技術開発自体への意欲までも減退させかねないであろう。

　もちろん，特許権を取得しようとする者は，特許請求の範囲を作成するに際して，そのようなあらゆる「抜け道」を他者が考え出す可能性をあらかじめ十分に想定し，万全な対応を施して特許請求の範囲を作成した上で，特許庁に出願するべきであるという考え方もあるだろう。そのような考え方によれば，適切な対応を事前にしなかった，あるいは十分ではなかったことによって，相手方の技術が特許発明の技術的範囲に含まれなくなったため，特許権侵害が成立しない事態となってしまったとしてもやむをえないということになろう。むしろ，第三者としては，社会に公開されている特許請求の範囲に記載されていることを基にして，自らの技術は他人の特許発明の技術的範囲には含まれないものと予測していたのに，事後的に特許権侵害行為と判断されてしまう可能性が安易に生じるとすれば，むしろその方が法的安定性を損なうのであって妥当ではないということにもなるかもしれない。

　しかし，技術進歩のスピードは目覚ましく，限られた時間的な制約の下で特

許出願を行わなくてはならないという状況の下で，「水も漏らさぬ」ように，ありとあらゆる「抜け道」をふさぐように完ぺきな特許請求の範囲を作成することができない限りは，特許権による発明の十分な保護は期待できないものとすることも現実的とはいえない。

　このようなことから，相手方の技術が特許請求の範囲で特定された構成要件のうち僅かに一部の要素について充たしていないため，原則論の下では特許発明の技術的範囲に含まれないという場合であっても，一定の要件を充たす場合に限って，例外的に特許発明と均等な技術であると法的に評価して，特許発明の技術的範囲に含まれるものと解釈するという考え方が生まれてきた。このような法的な考え方のことを**「均等論」**と呼び，均等論によって成立する侵害を**「均等侵害」**と呼んでいる。

　すなわち，前述のペットボトルのライバル会社の場合にも，一定の要件を充たすのであれば，「例外」として，ライバル会社のペットボトルは請求項1の技術的範囲に属するものとして解釈しようとする考え方が「均等論」である。

　均等論という考え方自体は，特許権侵害の「原則論」となる考え方だけでは実質的に特許権者の保護が十分でないところを補うという意味では合理的なものであるとしても，あくまでも「原則」に対する「例外」としての考え方であるにすぎない。したがって，このような考え方を採用するに際して最も問題となるのは，どのような要件が充たされるのであれば均等論を適用することが許されるのかということである。この点をめぐっては，これまでも学説では大議論がなされてきた一方で，裁判例では均等論という考え方をとること自体について長らく否定的な立場が維持されてきた。

　平成10年のボールスプライン事件最高裁判決[20]は，一定の要件を充たす場合には均等論を適用できることをはじめて明確にした。その上で，その具体的な要件について，以下の通り判示した。

　すなわち，「特許請求の範囲に記載された構成中に対象製品等と異なる部分が存する場合であっても，(1)右部分が特許発明の本質的部分ではなく，(2)右部分を対象製品等におけるものと置き換えても，特許発明の目的を達することが

---

20)　最判平成10・2・24民集52巻1号113頁〔ボールスプライン事件〕。

でき，同一の作用効果を奏するものであって，(3)右のように置き換えることに，当該発明の属する技術の分野における通常の知識を有する者（以下「当業者」という。）が，対象製品等の製造等の時点において容易に想到することができたものであり，(4)対象製品等が，特許発明の特許出願時における公知技術と同一又は当業者がこれから右出願時に容易に推考できたものではなく，かつ，(5)対象製品等が特許発明の特許出願手続において特許請求の範囲から意識的に除外されたものに当たるなどの特段の事情もないときは，右対象製品等は，特許請求の範囲に記載された構成と均等なものとして，特許発明の技術的範囲に属するものと解するのが相当である。」との判断が示された。

　ここで列挙されている五つは，均等侵害成立の五要件とも呼ばれている。以下では，各要件の具体的な内容について簡単にみてみよう。

　(a)　均等侵害成立の第一要件（非本質的部分性）　　第一要件では，特許権侵害の成否が問題となっている対象技術と特許発明の技術的範囲に記載された技術との対比を行って，両者の間で異なる部分が特許発明の本質的部分ではないことを要求している。

　ここでいう本質的部分については，その後の下級審判決等でも，たとえば，「特許請求の範囲に記載された特許発明の構成のうちで，当該特許発明特有の課題解決手段を基礎付ける特徴的な部分，言い換えれば，右部分が他の構成に置き換えられるならば，全体として当該特許発明の技術的思想とは別個のものと評価されるような部分をいう」[21]と示されているように，技術的思想としての特許発明における固有の課題解決原理を意味するものと解する立場が有力である。言い換えれば，第一要件の下では，対象技術と特許発明との間で相違している部分については，その特許発明の課題解決原理にとって重要な意味を有していない部分であることが要求されているものといえる。

　(b)　均等侵害成立の第二要件（置換可能性）　　第二要件では，特許発明を構成している要素の一部について異なる要素や手段で置き換えることによっても，特許発明本来の技術思想に違いは生じず，同一の目的や作用効果が実現できることを要求している。これは置換可能性と呼ばれている。置き換えることによ

---

21)　東京地判平成 11・1・28 判時 1664 号 109 頁〔徐放性ジクロフェナクナトリウム製剤事件〕等。

って，特許発明よりも著しく優れた効果が実現されることになったり，その逆に著しく効果が劣ったりするのであれば，もはや特許発明とは同じ技術として評価することは妥当ではないからである。このような要件の充足を判断する基準は，あくまで客観的にみて，置換によって作用効果に違いはなく，目的も変わらないということを意味するものといえよう。

(c) 均等侵害成立の第三要件（置換容易性）　第三要件では，第二要件を充たすような形で，特許発明を構成する要素の一部について他の要素で置き換えることが，当該技術分野にかかる通常の知識を有している者（当業者）によって容易になしうる程度の技術レベルであることを要求している。これは，容易想到性あるいは置換容易性と呼ばれている。

特許発明を構成する要素の一部を他の要素に置き換えることで特許発明と同一の効果が実現できるとしても，そのような置き換え自体が技術的に難しく，置き換えを実現すること自体が実質的に新たな特許発明の創作に相当するような行為といえる場合であれば，そのような置き換えがなされた発明にかかる行為を特許権侵害と評価することは適切ではないといえる。あくまでも，置き換えが当該特許発明にかかる技術についての平均的な知識を有している者であれば誰でも容易にできるという範囲に限って特許権侵害を肯定すれば足りるものと考えられることから，このような要件の充足が必要とされているといえよう。

このような理由から，置き換えが容易であるか否かという置換容易性を判断する時点としては，あくまでも侵害行為時を基準として判断することになる。

(d) 均等侵害成立の第四要件（非公知技術性）　第四要件は，相手方の対象技術が，これまでみてきた第一から第三までの三つの要件を充たしているものであったとしても，そもそも当該特許発明の出願時点で，公知技術あるいは当業者が公知技術から容易に考え出すことのできた技術であれば，均等論は適用されないものとしている。

公知技術とは，社会に広く知られている技術であって，特許法の保護要件の一つである新規性要件（Ⅲ2(2)）を充たさないと評価されるような技術のことである。特許発明の出願時の公知技術と同一，あるいは，その出願時に当業者が公知技術から容易に考え出すことのできた技術であれば，そもそも特許法により保護されるものではなく（Ⅲ2(2)），むしろ万人による自由な利用がみとめ

られるべきであるといえるからである。

　(e)　均等侵害成立の第五要件（特段の事情の不存在）　　第五要件は，均等論の適用を否定すべき特段の事情がないことを要求している。特段の事情に該当する具体例として，出願人によって，特許発明の出願審査の過程において，相手方の対象技術に相当する技術を特許請求の範囲から除外することが意識的に行われた場合を挙げている。

　この具体例の意味するところは，特許発明を出願する過程で，特定の技術については特許発明には包含されず除外されるという認識を特許権者（出願人）が示していたにもかかわらず，特許権が成立した後になって，先に除外するという認識を示していた技術についても均等論の下で特許発明の技術的範囲に含まれるとする，先と異なる主張をすることは許されるべきではないということである。このような主張は，特許権者が先に示した意思の内容を一方的にひるがえすことによって，本来受けられないはずの特許法による保護を受けようとする態度といえる。したがって，このような主張を認めることは，法の一般原則としての禁反言や衡平といった観点からも妥当ではないということになる。

　第五要件によって，このような具体例以外にも均等論の適用を除外すべき特段の事情に該当する場合が存在するかどうかについては，学説や裁判例で議論がある。とりわけ，均等論の適否が問題となる対象製品等と特許請求の範囲に記載されている発明の構成との間で異なる部分がある場合に，当該対象製品等に係る構成について特許出願時に出願人が容易に想到できたようなものであったにもかかわらず，そのような構成を特許請求の範囲に記載していなかったということは，均等論の適用を除外すべき特段の事情に該当すると解されるべきか否かという点が，大きな議論となっていた。この点について，最近の最高裁判決[22]では，「出願人が，特許出願時に，特許請求の範囲に記載された構成中の対象製品等と異なる部分につき，対象製品等に係る構成を容易に想到することができたにもかかわらず，これを特許請求の範囲に記載しなかった場合であっても，それだけでは，対象製品等が特許発明の特許出願手続において特許請求の範囲から意識的に除外されたものに当たるなどの特段の事情が存すると

はいえないというべきである。」として，これを否定する判断を示した。

（f）　**具体的な検討**　　先ほどのペットボトルの請求項 1 に沿って以上の五つの要件を考えてみよう。

第一要件では，「注ぎ口に弾力性に優れたポリウレタン系素材を用いる」という構成が，請求項 1 の特許発明の本質的部分であるのか否かについて判断することになる。そして，その構成が特許発明における本質的部分であるのならば，相手方のペットボトルの構成が特許発明の構成と比べて異なっている以上，均等論が適用される余地はないことになろう。第二要件では，「注ぎ口に天然ゴム系素材を用いる」と置き換えることによって，特許発明と同じような効果（転倒による内容物の漏出防止）が実現できるかどうかが問題となる。第三要件では，注ぎ口についてポリウレタン系素材から天然ゴム系素材への置き換えを行うという行為が，侵害行為時に，この分野の平均的な技術者にとって容易にできたものといえるのかどうかが問題となる。第四要件では，「注ぎ口に弾力性に優れた天然ゴム系素材を……という形状として設ける構造とすることで転倒による内容物の漏出防止ができることを特徴とするペットボトル」というものが請求項 1 の特許発明の出願の時点で既に世の中に知られていた，あるいは容易に考え出しうるものであったかどうかが問題となる。第五要件では，請求項 1 の特許発明の出願審査段階で，「注ぎ口に天然ゴム系素材を用いる」というような構成については，特許権者が意識的に特許請求の範囲から除外した等の特段の事情がなかったかどうかが問題となる。

均等侵害を肯定した裁判例は，それほど多くはなく，これまでの多くの裁判例では，第一要件，第五要件の充足を否定して，均等論の下での特許権侵害を否定した事例が目立っていた。もっとも最近では，均等論の適用をより積極的に肯定すべきという考え方も現れてきている。

（g）　**均等侵害成立の各要件の証明責任**　　ところで，特許権侵害訴訟において，均等論の適用を受けようとする場合に，以上の第一要件から第三要件の要件充足については，均等論の適用を主張する側すなわち特許権者側が証明することを要求され，第四要件及び第五要件については，均等論の適用を否定する側がこれらの要件の非充足について証明することを要求されている。

2　特許権侵害の成立が阻まれる理由——特許権侵害成立の例外

(1)　無効理由を含んでいる特許権

　これまで特許権侵害の成否に関する基本的な考え方をみてきた。そこでは，その特許発明が特許法の定める要件をすべて充たしており，有効な特許権が成立していることが前提となっている。

　特許権とは，これまでみてきたように（→Ⅱ），特許法で定められた要件を充たしている発明だけに与えられるものであるが，特許権が付与された後になって，その特許権が，本来定められた要件を充たしていないこと（このことは無効理由があると呼ばれている）が明らかになる場合も考えられる。

　このような場合，特許庁での手続（→特許無効審判）を経由することによって，最終的には，その特許権自体が元々存在しなかったものとすることができる（詳細は→Ⅵ3）。しかしながら，そのような手続の結論が確定するまでは，世の中では，見かけの上では，あたかも有効な特許権が成立しているかのような状態が続いている。したがって，実際には無効理由を含んでいる特許権であっても，それを基に特許権侵害が主張された場合には，あくまでもその特許権が有効であることを前提として特許権侵害について判断せざるをえないようにも考えられる。

　しかしながら，そうすると，次のような問題が発生する。たとえば，特許権侵害が成立するという判断が裁判所でなされた後になって，その特許権自体が事後的に無効であることが確定した場合や特許権侵害が訴訟で争われているのと同時並行して特許権の無効をめぐって特許庁で審理されている場合のように，一つの特許権について侵害と無効という異なる問題に関する紛争が生じて，ひいては解決が長期化する可能性が生じる。

　そこで，特許法では，たとえ見かけの上で特許権が成立しているとしても，その特許権が無効理由を有するものであれば，その特許権の行使は認められないという趣旨の規定（104条の3第1項）を置いている。

　この規定によると，たとえば，無効理由がある特許権Xについて，特許権者が相手方について特許権侵害であると主張したとしても，特許権Xについての侵害行為を行っていると主張された相手方が，特許権Xが本来充たすべき特許法の要件を充たしていないという無効理由があることを主張することが

できる（**特許無効の抗弁**と呼ばれることがある）。

そして，特許権Xに無効理由が含まれているという事実が存在することについて，特許権侵害を主張された相手方が証明を行い，仮に特許庁の手続である特許無効審判の下では無効な特許と結論されるべきものと裁判所が判断した場合には，特許権Xの権利行使を認めないと結論することができる。すなわち，裁判所が特許権Xに無効理由があるという判断をした場合には，1でみた特許権侵害の原則論の結論を導くまでもなく，特許権Xについての侵害は成立しないと結論されることになる（訂正との関係については→VI3(5)参照）。

この規定は，平成16年の特許法改正で導入されたものであるが，それ以前は，明らかな無効理由がある特許権については，その特許権を基に侵害を主張することは民法上の権利濫用に当たるから認められないという最高裁判決[23]の提示した法理（事件名から**キルビー法理**とも呼ばれることがある）が存在した。これにより，特許権侵害を主張された相手方としては，その特許権に明らかな無効となる理由があることを見つけ出して，その点を主張し，その事実を証明することで，特許権侵害は成立しないという判断をすることを裁判所に対して求めることができた。

(2) 特許権者以外の者が特許発明を業として実施する法的根拠を有する場合——先使用権等の法定実施権

(a) 法定実施権　　これまでみてきたように，特許発明を業として実施する行為には特許権の効力が及ぶことから，原則として，特許権者以外の者が行うことは許されない。もっとも，特許権者が自ら以外の者に対して，特許発明を業として実施する行為を行うことについて許諾を与えているのであれば，許諾を与えられた者は，特許発明を業として実施できる法的な根拠を有するのであるから，その者の行為は特許権侵害とは評価されないことになる。このように，特許権者以外の者が特許発明を業として実施することを根拠づける法的な権原を「実施権」と呼ぶ（実施権の詳細については→VII参照）。

実施権については，様々な形で発生する。大きく分けると，特許権者自らが許諾を与えることにより生じる場合と，特許発明の利用者が特許法の定める一

---

23) 最判平成12・4・11民集54巻4号1368頁〔キルビー特許事件〕。

定の条件を充たすことによって，許諾を与えるか否かについての特許権者の意思にかかわらず，特許法の定める効果として自動的に発生する場合の二つの場合がある。後者の実施権については，法定実施権と呼ばれることもある。

　そこで，特許権侵害行為を行っていると主張された相手方が，自らは法定実施権を有することを主張，立証し，裁判所が，法定実施権が生じる要件を充たしているものと判断した場合には，その者は特許発明を業として実施する法的根拠を有しているということになる。その結果，特許権侵害行為は成立しないと判断される。

　法定実施権が発生する類型は，特許法に様々なものが定められているが，典型的かつ重要なものとしては先使用による法定実施権，いわば先使用権とも呼ばれるものがある。

　(b)　先使用権　　先使用権とは，特許出願をすることなく，特許権者とは独自に特許発明に当たる技術を創作し，その技術を実施していた者に対して，法79条の一定の要件を充たす場合に認められる法定実施権である。これにより，特許権者の出願よりも先にその技術を創作して実施していた者は，他の者が当該技術について特許権を取得した後も，その技術の実施を継続できる。

　Ⅱでみたように，特許権とは，特許庁に対して出願を行い，審査がなされた結果としてはじめて成立するものである。したがって，実はその特許発明と実質的に同一の発明を，特許発明が出願された時点でまったく独自に創作して，特許出願をしないで使っている第三者（いわゆる先使用者）が社会に存在している可能性もあるといえる。

　このような先使用者の立場からみれば，自らが創作した発明について，特許出願をすることなく使っていたところ，ある時，突然，自らの行為が他人の特許権侵害行為であるとされてしまい，発明を使うことができなくなることは極めて不都合といえる。

　また，特許法は産業の発展を目的としており，先使用者は，自らの実施によって新たな技術を社会にもたらしているということができるから，特許出願をしないという選択を行ったという理由だけで，その後の継続実施を一切認めないとすることは，特許権者の保護に偏り過ぎているともいえる。

　そこで，特許法では，先使用者と特許権者との利益の衡平を図るために，一

定の要件（79条）を充たすときには，先使用者に法定実施権（先使用権）が発生するものとしているのである。

　79条によって，先使用が認められるための具体的な要件としては，特許出願時に，現に日本国内で発明の実施である事業をし，あるいはその準備をしていること，とされている。すなわち，特許権者が特許出願をしていた時点で，既に特許発明と同一の発明を独自に創作しているだけでは不十分であって，その発明についての実施事業を行っているか，少なくとも事業の準備はしていることが必要とされている。具体的にどの程度の準備を行っていれば先使用が認められるのか判断が困難な場合も考えられるが，最高裁判決[24]においては，事業の準備があったというためには，先使用者が即時実施の意図を有しており，かつ，その意図が客観的に認識できる態様・程度で表明されていることが必要であるとの判断基準が示されている。

　また，先使用権によって許される実施の範囲は，特許出願時に実施又はその準備がなされていた発明の範囲，及びその事業の目的の範囲に限られている。

3　特許権侵害を判断する仕組み──特許権侵害訴訟の流れ

(1)　第一ステージ：特許権侵害の主張

　これまでの特許権侵害成立の原則論と例外についての解説をふまえて，特許権侵害であるか否かについて，裁判所で判断される具体的な流れを簡単にみておくことにする。**図表2-4**は，特許権者Xが Yを被告として特許権侵害訴訟を提起した場合に，XとYがなすべき主な主張と，これらの主張が認められた場合，又は認められなかった場合にどのような結論になるのかを図に示したものである。

　まず問題となるのが，Yの行為が侵害の要件，すなわち特許法68条の要件を充たしているかどうかである。この段階を，便宜上「第一ステージ」と呼ぶことにしよう。

　第一ステージでは，特許権者Xは，Yの技術が自らの特許権の対象となっている発明の「技術的範囲」の範囲内に含まれていること，Yがその技術に

---

24)　最判昭和61・10・3民集40巻6号1068頁〔ウォーキングビーム炉事件〕。

図表 2-4　特許権侵害の成否に関する当事者の主張

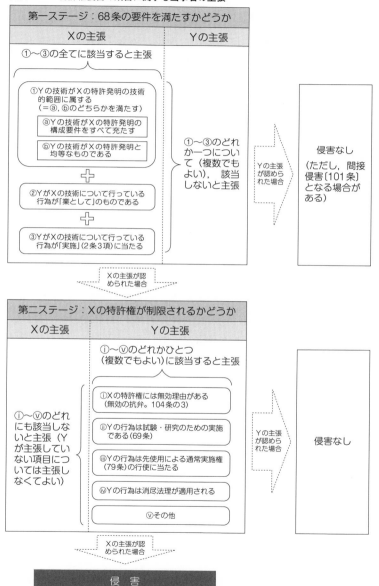

ついて行っている行為が，特許法で定められている「実施」行為に当たること，及びその行為が「業として」のものであること，を主張して，それについて証明をすることが要求される。これらすべてについて X の主張・立証が成功すると，Y の行為は 68 条の要件を充たしていることになるが，一つでも失敗すると，Y の行為は非侵害となる（ただし，Y の行為が部品の供給等である場合には，後述の間接侵害が成立する可能性がある）。

(2) 第二ステージ：特許権侵害主張に対する相手方の主張

Y の行為が 68 条の要件を充たしている場合，次に問題となるのが，X の特許権が制限されるような理由が認められるかどうかである。この段階を「第二ステージ」と呼ぶことにしよう。

第二ステージでは，Y は，自己の行為が，特許権の効力の制限の対象となる行為であることを主張立証しなければならない。たとえば，X の特許権自体にそもそも無効理由が含まれているとして，104 条の 3 第 1 項によって特許権の行使が認められないと主張することや，Y の行為が 69 条や消尽法理によって許されるものであると主張することが考えられる。さらに，「特許発明の実施行為を行うことについての法的な根拠」（実施権）を有していることを主張できる場合も考えられる。具体的には，先使用による法定実施権（79 条）の要件を充たすこと等を主張して，その事実を証明することも考えられるであろう。Y としては，これらのような，特許権の行使が制限されるような理由について，ひとつでも主張・立証に成功すれば，非侵害となる。ひとつも成功しなかった場合には，特許権侵害となる。

(3) シミュレーション

以上，特許権侵害行為についてみてきた事柄を，先に挙げた「こぼれないペットボトル」という特許発明を例に考えてみよう。

特許権者 X の有する特許権が，「こぼれないペットボトル」という特許発明（特許権 x）についてのものであるとしよう。特許権 x の特許請求の範囲としては，「【請求項 1】注ぎ口に弾力性のある素材を……という形状として設ける構造とすることで転倒による内容物の漏出防止ができることを特徴とするペットボトル」となっていたものとする。一方，飲料会社 B が，注ぎ口に工夫をすることで倒れても中身がこぼれにくいペットボトルに飲料等を詰めたものを製

造して，販売していたとする。

　そこで，Xが飲料会社Yに対して特許権侵害訴訟を提起しようとする際には，Xとしては，Yの製造販売している飲料のペットボトルの構造が，【請求項1】の「注ぎ口に弾力性のある素材を……という形状として設ける構造」に当てはまるものであること，飲料会社Bによるペットボトルの製造販売行為が「業として」の「実施」行為のいずれか，すなわち生産，譲渡等に該当すること，といった事柄について主張して，それを裏づける事実が存在していることの証明をしなくてはならない。

　他方，提訴されたYとしては，たとえば，自社が製造販売している飲料のペットボトルの構造は，【請求項1】の「注ぎ口に弾力性のある素材を……という形状として設ける構造」に当てはまるものではないことを主張することが考えられる（第一ステージ）。

　また，元々こぼれないペットボトルは世の中に広く存在していたという事実が分かった場合には，「こぼれないペットボトル」という特許発明自体が，出願時に新規性の要件を充たさないという無効理由を含むものであって104条の3第1項によって特許権の行使が許されないと主張することが考えられる（第二ステージ）。

　あるいは，飲料会社Yは特許権者Xから許諾を受けてペットボトルだけを製造・販売している会社Aからペットボトルを仕入れて飲料を詰めて製造販売している等の事情が存在することもありうるだろう。その場合，Y社は，消尽法理にもとづき，特許権の効力が及ばないことを主張することが可能である（第二ステージ）。

　さらには，飲料会社Yが，特許権者Xが「こぼれないペットボトル」という発明について特許出願するより前に独自に同一のペットボトルを開発して，自社製品への利用を準備していたという場合には，79条の先使用の要件を充たしうるといった主張をすることも考えられる（第二ステージ）。

　裁判所は，以上で考えたような特許権者，相手方両者の主張とその証明をふまえて，いずれの主張が法的に裏づけられているのかという点について判断して，特許権侵害の成否を結論することになる。

4 特許権侵害とみなされる場合——間接侵害

　特許権侵害を構成する行為は，被疑侵害者が実施している技術が特許発明の技術的範囲に属することを原則とするものであるが，技術的範囲に属さないものであっても，特許発明に関連した特定の行為の中には，その後の特許権侵害行為を生じさせる蓋然性が極めて高いものも存在する。

　たとえば，特許発明を実現する製品の部品であって，特許発明を実現する製品の生産に用いられる以外に使いみちがないものを製造して販売する行為は，その後，その部品を購入した者が，特許発明を実現する製品の生産を行うことや，生産した製品を使用することによって特許権を侵害する可能性が極めて高いと考えられる。そこで，特許法では，特許権の保護の実効性を確保するために，業としての特許発明の実施に該当しないような行為であっても，一定の行為については特許権侵害行為の予備的行為あるいは幇助的行為として，特許権侵害行為とみなすと規定している（101条）。特許法上，このような侵害行為類型を「**間接侵害**」と呼んでいる（68条にもとづく侵害行為を，間接侵害と区別して，「直接侵害」と呼ぶこともある）。

　ところで，間接侵害の成立を認めて特許法による保護を与えるということは，逆にみれば，本来であれば特許発明として保護されない部品等の製造や販売といった行為までも特許法によって規制されうることを意味する。そのため，間接侵害が成立する要件については，個別の条文（101条1号〜6号）で具体的に定められている。

　現行法上，間接侵害となる行為は，大きく以下の三つの類型（専用品型間接侵害，非専用品型間接侵害，譲渡・輸出のための所持行為）に分けられる。なお，特許発明のカテゴリーによって適用条文が異なり，101条1号から3号は物の発明，4号から6号は方法の発明，6号は物を生産する方法の発明に適用される。

　(1)　専用品型間接侵害（101条1号・4号）

　(a)　趣　旨　　一つは，専用品型間接侵害とも呼ぶべきものである。物の発明に特許が付与されている場合には，当該「物の生産にのみ用いる物」についての業としての生産，譲渡等の行為（1号），方法の発明に特許が付与されている場合には，当該「方法の使用にのみ用いる物」についての業としての生産，譲渡等の行為（4号）が，特許権侵害行為とみなされている。これを物の発明

の場合を例にして考えてみる。当該特許製品を生産する行為自体が業としてなされる場合は，これまでもみてきたように，68条により，特許権の効力が及ぶこととなる。さらに，当該特許製品が生産された後に当該特許製品が業として使用されたり，譲渡されたりする場合も同様である。これに対して，当該特許製品の生産にのみ用いられる物を作り出して市場に流通させる行為は，特許発明を利用しているわけではないため同条の効力は及ばない。しかし，こうした部品が当該特許製品の生産にしか使われないものである以上，その製造や販売は，同条が規制する侵害行為がその後行われる可能性を著しく高めているといえるだろう。専用品型間接侵害行為を法的に規制することは，直接侵害行為の発生を事前に抑制し，特許権の実効的な保護を図るために有効であると考えられる。

　他方で，「当該特許製品の生産にのみ」使用されるような物は，特許発明の実施行為である生産行為以外に他の使い道がない以上，業として生産や譲渡するといった行為が特許権者の許諾なしに自由にできないとされても，その生産者等にとって酷であるとはいえないであろうし，社会における技術の発展等にも悪影響は生じえないものと考えられる。以上のことは，方法の発明の場合も同様にあてはまる。

　そこで，特許法では，101条1号及び4号で，このような「のみ品」（専用品）の業としての生産，譲渡等についても，特許権侵害とみなす行為として，法的規制の対象としているのである。

　(b)　「のみ」要件の解釈　　当該物（方法）の生産（使用）に「のみ」使用する物（のみ品）とは，言葉通り，特許発明の生産や使用に「のみ」用いられるということであって，言い換えれば，他の使い道，いわば他用途が存在していない物ということになる。しかしながら，何をもって他用途が存在していないと判断するべきなのかが問題となる。なぜなら，「のみ」の範囲を広くとらえれば，特許発明の生産や使用以外にも使用しうる物の生産や譲渡等までもが特許権侵害行為とみなされて法的規制の対象となってしまう反面，他の用途の可能性が少しでもあれば「のみ」の要件を充たさないとすると，一般的にはほとんど思いもつかないような特殊な使い道を見つけ出すことで間接侵害の成立を容易に逃れることになり，結果的にこのような規定を置くことがほとんど意味

をもたなくなってしまう可能性が生じるからである。

　裁判例では，専用品該当性を否定する他の用途としては，抽象的・試験的な使用可能性では十分でなく，社会通念として経済的，商業的，実用的であると認められる用途であることを要求している[25]。したがって，単に可能性の問題として，特許発明と関係ない使い道がありうるとしても，そのような使い道が実際にはほとんど考えられないようなものと理解されるのであれば，他用途が存在するとして評価されるべきではないということになる。

　(2)　非専用品型間接侵害（101条2号・5号）

　(a)　趣　旨　　間接侵害のもう一つの類型は，非専用品型間接侵害とも呼ぶべきものである。これは，平成14年法改正によって，先の専用品型間接侵害に加えて，新たに導入された類型である。

　先にみた専用品型間接侵害の場合は，特許製品の生産や特許方法の使用といった用途以外に他の用途がないと評価される物，いわゆる専用品についての業としての生産や譲渡等の行為を特許権侵害行為とみなすものであったが，実際に特許権侵害行為が生じる可能性を高めるような行為は，必ずしも専用品に関する行為に限られるわけではない。多種多様な異なる製品に共通して用いられる物であっても，それが特許製品の生産や特許方法の使用という用途に用いられることを当初から狙って作り出され，提供されるものであるとすれば，当然ながら，そのような物の生産や譲渡等の行為は，その後の特許権侵害行為を引き起こす可能性を相当に高めているといえる。

　たとえば，先ほどの「こぼれないペットボトル」という特許発明の例を基に考えてみよう。特許請求の範囲は，「【請求項1】注ぎ口に弾力性のある素材を……という形状として設ける構造とすることで転倒による内容物の漏出防止ができることを特徴とするペットボトル」である。化学会社Aが製造している「弾力性のある素材」自体は，ペットボトルの内容物流出防止だけではなくオムツの吸水剤や自動車のエアバッグなどにも用いられているとする。しかし，化学会社Aは，当該「弾力性のある素材」の納入先であるボトル製造会社Bが特許発明たる「こぼれないペットボトル」を無断で製造するためにこの素材

---

25)　たとえば，東京地判昭和56・2・25判時1007号72頁〔一眼レフカメラ事件〕，大阪地判平成14・8・27平成13（ワ）831号・6097号〔コンクリート埋設物事件〕等。

を用いているということを熟知しつつこれを生産し，Ｂに納入しているとしよう。この場合には，確かに，この「弾力性のある素材」は，「こぼれないペットボトル」という特許発明との関係でみれば，先の専用品型間接侵害における専用品に該当するものではないけれども，化学会社Ａによる行為は，ボトル製造会社Ｂによる特許権侵害行為にとって不可欠な行為といえよう。

　このように，他用途のある非専用品を業として生産，譲渡等する行為であっても，特許権侵害行為とみなす方が適切な保護を与えることになる場合も認められる。そこで，特許法では非専用品型の間接侵害の規定を設けている。もっとも，非専用品である以上，特許権侵害に使用されない可能性も存在しているのであるから，非専用品に関わるすべての行為について侵害行為とみなすのでは，特許権の効力を不当に拡げてしまうことになる。そのため，間接侵害成立の要件として，法的規制の対象となる非専用品の範囲を明確に規定すると共に，非専用品の生産，譲渡等の行為について，その行為者がどのような主観をもって行ったのかということによって間接侵害の成否を振り分ける，いわゆる主観的要件をあわせて課している。

　（ｂ）　要　件　（ｉ）　規制対象物に関する要件　特許法101条2号及び5号は，法的規制対象となる非専用品について，「その物の生産〔方法の発明の場合は，その方法の使用〕に用いる物……であってその発明による課題の解決に不可欠なもの」と規定している（以下では，これらについて「不可欠品」という）。

　専用品と比べると，特許発明の課題解決に不可欠なものであれば原則として法的規制の対象に含まれるという意味では，間接侵害が成立する対象の範囲は拡張されている。

　もっとも，ねじや釘といったように極めて多種多様な用途が存在しており，いわゆる汎用品として市場で広く取引されているような物であっても，「不可欠品」に該当することが考えられる。しかしながら，そのような汎用品についての生産や譲渡等についても間接侵害行為であるとして法的規制が及ぶとすれば，取引の安全を損ねて，社会的にも混乱を招く可能性があるだろう。

　このことから，そのような汎用品については一律に間接侵害の成立からは除外することを目的として，たとえ「不可欠品」に該当するものであっても，「日本国内において広く一般に流通しているもの」については間接侵害行為の

成立する対象からは除外されることが規定されている。

　もっとも，どのようなものが特許発明の課題解決にとって「不可欠」であるのか，という解釈をめぐっては，学説では諸説あり，判例でも十分に確立していない。

Column 4　「発明による課題の解決に不可欠なもの」とは？

　これまでの代表的な裁判例[26]では，「発明による課題の解決に不可欠なもの」について，「特許請求の範囲に記載された発明の構成要素（発明特定事項）とは異なる概念であり，当該発明の構成要素以外の物であっても，物の生産や方法の使用に用いられる道具，原料なども含まれ得るが，他方，特許請求の範囲に記載された発明の構成要素であっても，その発明が解決しようとする課題とは無関係に従来から必要とされていたものは，『発明による課題の解決に不可欠なもの』には当たらない。すなわち，それを用いることにより初めて『発明の解決しようとする課題』が解決されるような部品，道具，原料等が『発明による課題の解決に不可欠なもの』に該当するものというべきである。これを言い換えれば，従来技術の問題点を解決するための方法として，当該発明が新たに開示する，従来技術に見られない特徴的技術手段について，当該手段を特徴付けている特有の構成ないし成分を直接もたらす，特徴的な部材，原料，道具等が，これに該当するものと解するのが相当である。」と解されている。

　たとえば「非常に滑らかな書き心地となることに特徴を有するボールペン」についての特許発明があるとしよう。この滑らかな書き心地がもっぱらインクの成分を工夫することによって実現されているような場合，上記の裁判例の考え方によると，そのインクは「発明による課題の解決に不可欠なもの」といえる。他方，ボールペンのキャップのように，この発明によってはじめて解決される課題（「非常に滑らかな書き心地となる」ということ）とは無関係な部分については（ボールペンには不可欠の部分とはいえても）「発明による課題の解決に不可欠なもの」とはいえないことになるだろう。

　（ii）　主観的要件　　2号及び5号は「その発明が特許発明であること及びその物がその発明の実施に用いられることを知」っていることを要件として規定しており，単に「不可欠品」を業として生産，譲渡等するだけでは間接侵害は成立せず，当該「不可欠品」が用いられる発明について，その発明が特許を

---

26)　東京地判平成 16・4・23 判時 1892 号 89 頁〔クリップ事件〕。

受けている発明（特許発明）であること，及び当該「不可欠品」がその特許発明の実施行為に用いられること，という二つの事実について知っている場合に限り，間接侵害が成立することになる。

　そもそも「不可欠品」自体が特許発明の実施行為以外の他の用途にも用いられうる物であることから，その業としての生産，使用等の行為が直ちに特許権侵害行為を引き起こすことにはならない。むしろ，そのような行為をすべて法的に規制することは逆に過度に特許権を保護することにつながる。

　そこで，上記の二つの事実について知っている場合に限り，「不可欠品」が他人の特許発明を侵害する行為に用いられる可能性が極めて高いものとして，間接侵害成立の範囲を限定している。

(3)　譲渡・輸出のための所持行為（101 条 3 号・6 号）

　平成 18 年法改正によって，模倣品対策の一環として，物の発明及び物を生産する方法の発明に関しては，特許発明にかかる物を業としての譲渡又は輸出のために所持する行為についても，間接侵害行為が成立することが規定された（101 条 3 号・6 号）。特許発明にかかる物の所持行為は，そもそも実施（2 条 3 項）の中には含まれていないから，業としてそうした物を所持するだけでは原則として特許権の効力は及ばない（68 条）。しかしながら，たとえば特許権侵害品を販売する目的で倉庫に備蓄しているような場合，その後，市場に販売されることによって特許権侵害行為が生じる可能性が極めて高いともいえる（特許発明にかかる物を譲渡する行為は実施に当たるので〔2 条 3 項 1 号・3 号〕，直接侵害が成立する）。そのため，業としての譲渡及び輸出を目的として特許発明にかかる物を所持する行為についても，間接侵害として法的規制の対象とされている。

(4)　間接侵害と直接侵害の関係

　間接侵害の成否を判断する上で議論される重要な論点として，間接侵害成立の前提として，1 でみてきた特許権侵害（直接侵害）が成立していることを要するか否か，という問題がある。たとえば，特許発明にかかる製品の製造に使用される部品を製造販売する行為は，間接侵害となりうるが，その部品が，家庭内で使用等するためだけに提供されている場合（業としての実施ではないので 68 条の要件を充たさない）や，試験研究での利用（69 条 1 項で特許権の効力が及ばないとされている）のために製造販売されている場合は，その部品が利用された

としても直接侵害は成立しないことになる。このような場合にも間接侵害は成立するのであろうか。

　この問題は，間接侵害と直接侵害の関係について，いわゆる「従属説」と「独立説」をめぐる議論として理解されてきた。

　従属説とは，間接侵害の成立には，その前提として必ず直接侵害行為が存在していなくてはならないとする立場である。すなわち，間接侵害とは，特許権の保護の実効性を高めるために，認められるものであるという趣旨を尊重するのであれば，間接侵害に相当する行為に引き続いて行われる行為が直接侵害行為と評価されない以上は，前者の行為を法的に規制する必要性はないという理解である。この立場によれば，先に挙げたような，特許発明にかかる製品の構成要素である部品を家庭内での使用のためだけに製造販売する行為や，試験研究に利用するために生産するといった行為については，間接侵害の前提となる直接侵害が成立しないことから間接侵害も成立しえないということになろう。

　他方，独立説とは，間接侵害の成立の前提として直接侵害が存在することを要しないとする立場である。そのため，間接侵害の成立は，先に検討した101条各号に規定されたそれぞれの要件を充足するか否かということだけを判断すればよく，直接侵害の成立は必要とされない。

　従属説と独立説については，学説では対立的な立場として位置づけられる場合もあるが，具体的な帰結をみる限り，必ずしもそうではない。

　たとえば，先に挙げたような，特許発明にかかる製品の構成要素である部品を家庭内で使用されるために製造販売する行為を考えてみよう。この場合，「業として」の要件を欠くため直接侵害は成立せず，従属説によれば，間接侵害は成立しえないことになる。そのため，特許製品をすべて部品に分解し，購入者が各家庭でそれを組み立てることにより特許製品の製造を簡単に可能とするような商品を販売する場合にも，およそ間接侵害は成立しないと判断されることになろう。しかし，こうした商品の販売は，実質的には特許製品自体を販売したとの同じであると評価することができ，特許権の実効的保護を図るという観点からは，侵害を否定するという結論は，妥当とはいえないだろう。逆に，独立説によれば，試験研究のために必要な部品を手に入れたいと思う者がいても，その部品を製造販売する行為が間接侵害の要件を充たす限り侵害と評価さ

れてしまうため，事実上，試験研究を行うことが困難となり，特許権の保護範囲として広すぎるのではないかとも思われる。

　このように，実質的に考えると，両説の立場のいずれかを貫徹すると妥当でない部分が生じることから，必ずしもいずれかの説に固定して考える必要はなく，その事案において，直接侵害が成立しない理由（根拠条文とその制度趣旨など）を考慮して，特許権の実効的保護という観点から，間接侵害の成否を判断するのが妥当と思われる。たとえば，上記のような家庭での組み立てが容易に可能であることを前提に特許製品を構成している全部品をセット販売するような行為は，「業として」の販売を特許法が侵害としていることの趣旨が損なわれるため，（直接侵害が存在しなくても）間接侵害を認めるべきと判断されよう。他方，特許発明にかかる製品について 69 条 1 項で許される範囲の試験をする者にその部品を販売する行為については，これを侵害とすると特許法が試験のための実施を 69 条 1 項で許している趣旨が損なわれるため，間接侵害の成立を認めることは妥当ではないだろう。

5　特許権侵害に対する法的救済

⑴　民事的救済──差止請求・損害賠償請求

　特許権侵害（直接侵害のほか，間接侵害も含まれる）行為に対して，特許権者は，具体的にどのような法的な保護を受けることができるのであろうか。特許権侵害行為に対する法的な救済手段として，民事上の救済と刑事罰がある。民事上の救済については，特許権侵害行為の差止め，特許権侵害行為に伴う損害賠償という，大まかには 2 種類の法的救済手段が用意されている。

　（a）差止請求　　特許法 100 条 1 項は，（特許権者等は）「その侵害の停止又は予防を請求することができる。」と規定しており，特許権者等が有する，このような権限は差止請求権と呼ばれている。これまでも特許権の効力としてみてきたように，特許権とは，特許を受けた発明について業として実施する行為を特許権者だけがなしうることを裏づける権利である。たとえば，土地のような不動産について，土地の所有権者以外の者が勝手に入り込んで小屋を建てたりした場合に，所有者は所有権を根拠として，小屋の撤去を求めることが法的に認められている（物権的請求権）。特許権にもとづく差止請求権も，これと同

様に，発明に対する独占的利用を確保するためのものであるという理解が一般的である。すなわち，特許を受けた発明についての業としての実施行為は，本来は特許権者以外の者はなしえないのであるから，勝手に業としての実施を行っている他者がいるのであれば，その行為を停止させることを認める必要がある。そして，特許権侵害行為が存在する限りは，そのような侵害行為を行っている者がどのような主観をもって行っているのか（侵害行為であると認識しているのかそうでないのか等々）にかかわらず，侵害行為者に対して当該侵害行為の停止という形での差止めを請求できるとすべきであり，差止請求の要件として，故意・過失は要求されない。

　また，特許法100条2項では，侵害行為の停止とともに，「侵害の行為を組成した物……の廃棄，侵害の行為に供した設備の除却その他の侵害の予防に必要な行為」についても請求しうるとしている。これは，現に生じている特許権侵害行為そのものを停止させるだけでは，将来の特許権侵害のおそれの解消に必ずしも十分ではない場合が生じることが考えられる。そこで，たとえば物の発明の場合，その特許権の侵害行為により生産された物（侵害組成物）やその物を生産するために用いられた機械等の廃棄等についての請求を併せて認めることによって，後の侵害発生を予防することについて，実効性を確保している。

　(b)　損害賠償請求　　特許権は特許発明という経済的価値をもった情報についての法的保護を確保する権利であることから，その権利を侵害する行為によって特許権者は経済的な損害を被る可能性が極めて高いといえる。たとえば，特許発明を実現した製品は，本来であれば，特許権者しか製造販売できないはずである。しかしながら，他人が特許権を侵害し，特許権者の製品と競合する同種の商品を製造販売する場合には，特許権者が販売できたであろうはずの製品の需要が侵害者に奪われる結果，特許権者の製品の売上が低下してしまうことが考えられるであろう。加えて，侵害者は，特許権者の製品を参考にすることによって，特許発明についての技術開発をするための元手がかかっていない場合も考えられることから，特許権者よりも販売価格を低く設定することも可能であり，この場合，特許権者の受ける経済的影響は無視しえないものとなる。

　民法709条では，他人の権利を故意過失によって侵害することで損害を発生させた場合には，侵害者にはその損害を賠償する法的責任が発生するとされて

いるから，特許権を侵害する行為によって特許権者に損害が発生した場合にも，特許権者は同条を根拠として損害賠償を請求できることになる。

　（i）　過失の推定　　民法 709 条では，他人による特許権侵害行為が故意過失によって行われたということにつき損害賠償を請求する者が証明しなければならないとされているが，特許権の場合には，いかなる技術に特許権が存在するのかについて，特許庁で登録されて社会に広く公示されていることから，第三者は登録の有無を調査することにより，他人の特許権を侵害することを未然に回避することができる。そこで，特許法は，特許権侵害行為があった場合には，「その侵害の行為について過失があったものと推定する。」という過失の推定規定（103 条）を置いている。このため，原則としては，相手方において過失がなかったことの証明に成功しない限りは，相手方に過失があったものとして取り扱われる。

　（ii）　損害額の算定　　損害額については，原則として民法 709 条における損害の考え方を基に，特許権侵害行為によって被った損害額を算定することになるが，特許発明という技術情報の業としての実施に伴う損害を正確に評価算定することは極めて困難である。

　そこで，特許法では，特許権侵害による損害額についての算定規定を 102 条 1 項から 3 項に規定している。このような算定規定は，特許権侵害の場合における損害賠償額算定にとどまらず，実用新案権，意匠権，商標権といった他の工業所有権の権利侵害，さらに，著作権侵害，不正競争防止法上規制される行為といった，経済的価値を有する情報の法的保護を与えている知的財産権一般の損害賠償額算定についても，同様の規定が整備されている。以下，各項について簡単にみておくことにする。

　102 条 1 項では，特許権侵害を行った者が，特許権侵害行為を組成した物（特許権侵害組成物）を譲渡しているような場合に，特許権侵害者による特許権侵害組成物の「譲渡数量」と，特許権者（専用実施権者も含む）が「（特許権）侵害の行為がなければ販売することができた物の単位数量当たりの利益の額」を掛け合わせた額を損害額とすることができると規定している。ただし，譲渡数量については，特許権者（専用実施権者も含む）の実施の能力を超えない限度の数量（実施相応数量）とされており，さらに，特許権者（専用実施権者も含む）が

販売できない事情がある場合には，その事情に相当する数量（特定数量）は控除して算定するものとされている（102条1項1号）。

本規定は，特許権者自身が特許発明を実現した製品を販売している状況の下で，侵害者も侵害組成物である製品を販売しているような場合における損害額の算定を容易にするものである。すなわち，特許権者としては，具体的な損害額の主張立証が難しい場合でも，自らの販売する物の単位数あたりの利益額と侵害者による譲渡数量を示すことによって，それらを乗じた額の請求が可能となる。

こうした規定が設けられているのは，本来であれば，特許発明を実現した製品は特許権者しか製造販売できないはずであるから，侵害者による販売数について特許権者は販売できたであろうと考えられるからである。そのため，侵害者が，特許権者にそのような数量を実施する能力がないことや特許権者が販売できない事情があること等を証明することによって，その分についての損害額は控除されることになる。

特許権者の実施する能力については，知財高裁大合議判決[27]において，潜在的な能力で足り，生産委託等の方法により，侵害品の販売数量に対応する数量の製品を供給することが可能な場合も実施の能力があるものと解するとされている（なお，この点については，特許権者側が主張して立証する責任があるとされている）。また，特許権者（専用実施権者も含む）が販売できない事情については，同判決では，「〈1〉特許権者と侵害者の業務態様や価格等に相違が存在すること（市場の非同一性），〈2〉市場における競合品の存在，〈3〉侵害者の営業努力（ブランド力，宣伝広告），〈4〉侵害品及び特許権者の製品の性能（機能，デザイン等特許発明以外の特徴）に相違が存在することなどの事情がこれに該当する。」と具体的なものを例示している。

ところで，実施相応数量を超える譲渡数量または特定数量がある場合には，その分に相当する利益額を，損害額に含まれるものとして合算できると解せるかという点については，これまでも裁判例や学説で議論が分かれるところであった。このため，令和元年法改正によって，この部分についても，特許権者が

---

27)　知財高判令和2・2・28判時2464号61頁〔美容器事件〕。

他者に対して特許発明の実施を許諾した場合（ライセンスと呼ばれる。
→Ⅶ3）に受けるべき額（実施料相当額）を損害額に合算できることが明確に規定された（102条1項2号）。

　102条2項では，侵害者が特許権侵害行為によって得た利益額をもって特許権者（専用実施権者も含む）の損害額として推定すると規定している。

　本規定について，知財高裁大合議部判決では，原則として，侵害者が特許権侵害行為により受けた利益額すべてを特許権者の被った損害額として推定するものと解している[28]が，実際には，侵害者によって得られた利益額すべてが，特許権者の逸失利益となるとは考えにくい場合もありうるため，あくまで推定にとどめている。また，推定が覆される場合については，102条1項において特許権者（専用実施権者も含む）が販売できない事情がある場合と同様に，特許権者側が主張して立証する責任があるとされており，102条1項についての上記の脚注27の知財高裁大合議判決で例示された事情と同様の事情について考慮することができるものとされている。侵害者がこれらの事情につき主張・立証することによって上記の推定は覆され，その範囲において，推定される損害額から減額される。知財高裁大合議部判決[29]では，推定が覆される事由のうち，特許発明が侵害品の部分のみに実施されていること，特許権者と侵害者の業務態様や価格等に相違が存在すること（市場の非同一性）は覆滅事由に該当するものと認められるが，市場における競合品の存在，侵害者の営業努力（ブランド力，宣伝広告），侵害品の性能（機能，デザイン等特許発明以外の特徴）に相違が存在することについては，覆滅事由に該当するものと認めることはできないと判断した事例がある。また，同判決では，本規定による推定が一部覆される場合であっても，当該推定が覆された部分について，特許権者が実施の許諾ができたと認められるときは，102条3項の適用が認められるとしており，この部分についての実施料相当額を損害額として合算できることになる。

　なお，特許権者が自ら特許発明を実施していない場合に，本規定の適用が許されるかどうかについては議論がある。本規定は，あくまで損害額を推定する規定にすぎず，特許権侵害行為による損害の発生自体までも推定する規定では

---

[28]　知財高判令和元・6・7判時2430号34頁〔二酸化炭素含有粘性組成物事件〕。
[29]　知財高判令和4・10・20令和2（ネ）10024号〔椅子式マッサージ機事件〕。

ないためである。この点につき，これまでの判例・学説の多くは本規定の適用
に消極的であったが，知財高裁大合議部判決[30]では，特許権者がその特許発
明を実施していなくとも，特許権者に，侵害者による侵害行為がなかったなら
ば利益が得られたであろうという事情が存在する場合には，適用が認められる
との判断が示された。さらに，脚注29の知財高裁大合議部判決では，特許権
者が，侵害品と需要者を共通にする同種の製品であって，市場において，侵害
者の侵害行為がなければ輸出又は販売ができたという競合関係にある製品（競
合品）を輸出又は販売していた場合についても，当該侵害行為により特許権者
の競合品の売上げが減少したものと評価できるとして，上記事情（特許権者に，
侵害者による特許権侵害行為がなかったならば利益が得られたであろうという事情）が
存在するものとして，本規定の適用が適用されることを肯定している。

　102条3項では，特許権を侵害された特許発明の実施に対して受けるべき実
施料相当額をもって特許権者の損害額とすると規定している。

　本規定は，特許権者の損害額の最低基準を定めたものと位置づけられている。
本規定による損害額は，特許権者による実施が行われているか否かを問わず適
用されうるものと解されている。特許発明は，権利者の許諾なしに実施はでき
ないのであるから，特許権者は，実施を許諾する際に，実施料を受けることは
できると考えられるからである。もっとも，適法に特許発明を実施するために，
事前に特許権者と実施の許諾契約を締結した者も，実施料相当額は支払わなけ
ればならないはずである。侵害者の場合でも，結果として同じ額の対価しか支
払わなくて済むということになれば，特許権侵害行為の発見可能性や，特許権
者が侵害訴訟を提起する経済的コスト等を考慮すると，むしろ侵害行為を助長
しかねない（いわゆる "侵害し得になる"）ということになりかねない。そこで，
本項の実施料相当額の算定においては，当事者間の関係や，侵害者の具体的な
利用態様等を参酌して，業界の平均的な実施料よりも高い額を認定することも
可能と解されている。

　上記の脚注28の知財高裁大合議部判決においても，本規定における損害に
ついては，原則として侵害品の売上高を基準として，それに対して実施に対し

---

30)　知財高判平成25・2・1判時2179号36頁〔ごみ貯蔵機器事件〕。

受けるべき料率を乗じて算定すべきとされ，実施に対し受けるべき料率については，①当該特許発明の実際の実施許諾契約における実施料率や，それが明らかでない場合には業界における実施料の相場等も考慮に入れつつ，②当該特許発明自体の価値すなわち特許発明の技術内容や重要性，他のものによる代替可能性，③当該特許発明を当該製品に用いた場合の売上及び利益への貢献や侵害の態様，④特許権者と侵害者との競業関係や特許権者の営業方針等訴訟に現れた諸事情を総合考慮して，合理的な料率を定めるべきであるとする。

　令和元年法改正では，実施料相当額の認定に際しても，特許権侵害の存在を前提として，当事者が合意をするとしたならば決まりうる対価額を裁判所が考慮できるとする規定が設けられた（102条4項）。

　(c)　不当利得返還請求　　特許権侵害行為とは，他人の財産権たる特許権を侵害する行為であることから，仮に侵害行為によって経済的利益を得たとすれば，それは法律上の原因なく得られた利得であるともいえるため，民法703条の不当利得を構成することとなり，特許権者は侵害者に対して，損害賠償請求のみならず不当利得返還請求をすることもできるとされている。

　この場合，損害賠償請求と異なり，故意過失要件の充足は必要とされないが，現実には侵害者の得た利得すべてが特許権侵害を基礎としているという因果関係について，特許権者が主張立証しなければならないため，特許権侵害行為から因果関係を導きうる最低限の範囲である実施料相当額を限度として請求される場合が多い。損害賠償請求権との最大の違いは，時効期間の長短である。損害賠償請求権は侵害行為による損害発生を知った時から3年で消滅時効にかかるが，不当利得返還請求権は，その成立時（権利行使可能時）から10年またはその存在を知った時から5年のいずれか（民法166条1項。ただし，債権法改正前の規定が適用される場合はその成立時〔権利行使可能時〕から10年）である。

　理論的には損害賠償請求権と競合関係にある場合が考えられるが，実際には不当利得返還請求権のみが行使されることは少ないといえる。

　(2)　刑事罰

　刑事罰としては，特許法に特許権侵害罪という罰則が設けられている。これは，特許権者に対する直接的な救済ではなく，特許権侵害行為を経済犯罪としてとらえて特許権侵害行為が社会的に蔓延することを抑止することがその目的

であるといえよう。

　具体的には，特許権の直接侵害行為に対し，10 年以下の懲役又は 1000 万円以下の罰金（196 条）を課され，法人に対しては 3 億円以下の罰金（201 条 1 項 1 号）を課される。また，間接侵害行為についても，5 年以下の懲役又は 500 万円以下の罰金（196 条の 2）が課される。刑法 8 条により，刑法以外の他の法令であっても刑を定めるものについては，刑法が適用されることになる。そのため，特許権侵害罪が成立するか否かの判断に際しては，刑法一般理論における，構成要件該当性，違法性，責任阻却事由について検討されることになる。もちろん，刑法 38 条 1 項の規定により故意が必要であることから，偶然に他人の特許権を侵害する行為を行ったような場合は，民事上の責任（差止請求，損害賠償請求）は発生するものの，特許権侵害罪は成立しない。また，未遂行為についても規定がないことから処罰対象とならない。

　また，平成 10 年法改正で，告訴がなければ公訴提起できないとする，いわゆる親告罪規定が削除され，実質的には刑事上の救済が強化された。

> *Column 5*　特許権侵害の立証や損害賠償額の算定をサポートする法改正
>
> 　特許権の侵害成否の判断については，特許請求の範囲に文字情報として記載されている発明と相手方が実際に製造・販売している製品や使用している装置といったものとの対比検討を行うことで，はじめて可能となるものから，民事訴訟の手続において特許権侵害を証明する，いわゆる立証という作業は，非常に困難となることも少なくない。また，特許権侵害を前提とした損害賠償請求をするにあたっても，たとえば，相手方がどのくらいの生産能力や販売能力をもっているのか，外部から把握することが困難である場合も少なくない。
>
> 　このため，特許法は，特許権侵害の立証をサポートするための仕組みとして，侵害行為の立証容易化に資する規定（104 条の 2），損害額の立証容易化に資する改正規定（105 条の 3），計算鑑定人制度（105 条の 2 の 12），損害の計算に必要な書類や侵害の行為について立証するため必要な書類について，当事者の申立てによって，裁判所が，当該書類の所持者に対し提出を命ずることができる書類提出命令（105 条 1 項），当該書類の所持者が提出を拒む正当事由があるのかどうかにつき，裁判所が当該書類を実際にみたうえで判断するインカメラ手続規定（同条 2 項）といったものを設けてきた。
>
> 　これらの仕組みを強化するべく，平成 30 年法改正で，上記に加えて書類提出の必要性を判断するという文脈でも，インカメラ手続を活用できるように拡張される

とともに，インカメラ手続に中立的な技術専門家である専門委員が関わることを可能とする制度が導入された。さらに令和元年法改正では，査証制度が創設された（105条の2〜105条の2の10）。これは，特許権侵害の可能性がある場合に，侵害に係る事実の判断に必要な証拠の収集を特許権者側が容易に行えることを主な目的として，特許権侵害訴訟における当事者の申立てによって，裁判所が中立な技術専門家を査証人に指定し，査証人が，侵害行為を行っていることが疑われる相手方（被疑侵害者）の工場等に立ち入って，侵害立証に必要な調査を行い，報告書を作成して，裁判所に提出するという制度である。

　ところで，特許権侵害訴訟とは，当事者間における事実や特許法の解釈をめぐり争われて，裁判所がそれに対する判断を提示することを基本とするものであるが，近時は，裁判所による判断が訴訟当事者等以外の第三者に対しても実質的に大きな影響を及ぼす可能性が少なくない場合もみられる。このため，当事者による証拠収集手続の一環として，当事者の申立てにより，裁判所が広く一般の第三者からの意見募集をできる制度が令和3年法改正により設けられた（105条の2の11）。

V　特許権の発生と帰属

　ここでは，特許権とはどのような過程を経て発生するのか，特許権が発生する前の権利関係はどのようになっているのか，特許権者はどのようにして確定されるのか，といった事項について理解する。

1　特許権発生の全体像

　これまでみてきたように，特許権とは発明という技術的思想について「業として実施」という行為を特許権者が独占的に行うことを確保する法的な権利であった。ところで，特許権自体は，どのようにして発生するのであろうか。

　特許権は，特許出願が提出された特許庁という官庁での特許庁審査官による審査を経て，特許査定を受け，登録されてはじめて発生するものであるが，そもそも，誰が特許庁に対してそうした審査の請求（特許出願）を行うことができるのだろうか。

　特許法は，発明（→Ⅱ）が創作された際に，その発明には，原始的に，いわば自動的に，「特許を受ける権利」という法的な権利が発生し，その権利は，原則として，その発明の創作を行った発明者に帰属するとしている。そして特許を受ける権利を有する者が特許庁に対して特許出願を行った上で，審査を受

け，特許法で定められた要件（→Ⅱ2）を充たすものと判断された発明についてのみ，特許を受ける権利から特許権へと変化することが認められ，登録されることによって，特許権が発生するという構造をとっている。

以下，それぞれの段階について詳しくみることにする。

2 権利帰属の原則

(1) 発明者主義

特許法は，特許権という権利を誰に帰属させるべきかという問題について，原則として，発明者主義という考え方をとっている。発明者主義とは，特許権が帰属する主体は，当該特許権によって保護される発明についての発明者自身あるいは発明者から権利の承継を受けた者に限られるという考え方である。したがって，先に概観したような構造からすると，特許を受ける権利は発明の創作と同時に発明者に発生・帰属することになる。そのため，発明者以外の者が特許権を取得するためには，特許を受ける権利を発明者から承継するか，登録後は，特許権の譲渡を受けるしかないということになる。

ただし，特許を受ける権利が原始的に発明者に帰属するという原則は，平成27年法改正により，職務発明に関しては例外が設けられることになった（この点については，5で後述する）。

(2) 発明者

発明者とは，技術的思想の創作たる発明を現に創り出す行為を行った者を意味するものとして理解されている。そのため，発明者とは自然人に限られ，会社のような法人は含まれないものと解されている。

ところで，発明の創作行為といっても，実際には様々な内容の行為が考えられるであろうが，特許法における発明者とは具体的にはどのような行為を行った者までが含まれるのであろうか。

たとえば，一つの発明を取り上げても，多くの人が関わって生み出されることも少なくなく，ある発明についての漠然としたアイデアだけ提供した者，具体的な仕組みを考えた者，創作を行うための実験だけをした者，研究費用だけを援助した者，アドヴァイスだけを行った者，等々いろいろな立場の者が考えられる。

　特許法では，発明の創作行為に関与した者のうち，あくまでも技術的思想たる「発明」についての創作行為に現実に関与した者だけをもって発明者として評価するという考え方がとられている。したがって，創作行為を行うに際しての単なる補助者や助言者，研究のための資金提供者，命令・指示を下したにすぎない者等は，発明者には含まれない。

　たとえば，会社内での研究開発活動の結果として発明が創作されたような場合，会社の上司が部下の研究者に対して，単に研究テーマを与えただけであるとか，一般的な助言等をしたにすぎないという場合は，その上司は当該発明の発明者とはならないし，逆に，上司の詳細な指示に従って，その通りに実験を行ったり，データをまとめたりしただけの部下は，やはり当該発明の発明者とはならないと解される。また，研究開発を行うための資金提供や投資をしただけの者や研究設備を提供しただけの者も，当該発明との関係では当然発明者とはならないことになる。

(3)　発明者の有する権利――特許を受ける権利と発明者名誉権

　先にみたように，発明者は発明を完成させることによって，原則として，原始的に特許を受ける権利を取得する。発明者（又は発明者から特許を受ける権利を承継した者）は，この権利を根拠に特許庁に対して特許出願を行って特許庁における審査の結果として登録を認めるとの判断（特許査定という。→Ⅵ1(4)参照）がなされて，所定の手続を完了すると，特許を受ける権利は，特許権へ生まれ変わることになる。

　また，特許法には規定はないが，発明者には，発明者としての地位を保護する人格権的権利である「発明者名誉権」という権利も与えられているものと解されている。この権利は，当該発明の発明者たる地位を保障するものであり，この権利にもとづいて，特許出願をする際の書類（願書）の発明者等の欄に，発明者として，自己の氏名を記載するよう出願人に請求することができると考えられている。たとえば，発明者から特許を受ける権利を承継した者が，特許出願の際に勝手に発明者の欄に自らの氏名を書くという行為は発明者名誉権を侵害するものであり，発明者はそのような行為に対して法的な救済を受けることができることになる。

3　複数の人が発明者の場合の扱い──共同発明

　ところで，世の中で行われる発明の創作行為は，必ずしも一人の人間だけで
なされるとは限らない。むしろ企業における研究開発などでは，多くの人がチ
ームを組んで一つの発明を創作することがほとんどであると考えられる。この
ような場合，創作に関わる複数の人間が当該発明の創作行為を行ったといえる
のであれば，その複数人すべてが発明者として評価されることになる。この場
合の発明者は，共同発明者と呼ばれ，そのような形で創作された発明は共同発
明として，特許法上は特別な扱いがなされている。

　具体的には，共同発明の場合，当該発明についての特許を受ける権利は共同
発明者全員の共有となり，特許出願は，共同発明者全員で行わなくてはならな
い（38条。共同出願）。したがって，共同発明と評価される発明について特許権
を得るためには，特許を受ける権利の共有者全員で意思を統一して特許出願し
なければならず，たとえば，共同発明者のうち一人でも特許出願をすることを
拒絶するのであれば，当該発明について特許庁に特許出願をして特許権を発生
させることはできないことになり，共同で出願されなかった場合には，その出
願は拒絶され，登録を受けることはできない（49条2号。→後述Ⅵ1(4)）。

　また，特許を受ける権利が共有である場合には，自己の持分を譲渡するため
には，他の共有者の同意が必要とされている（33条3項）（審判請求についても同
様に共同で請求することが必要とされている。審判制度については，→Ⅵ3参照）。

4　冒認及び法的救済

　特許を受ける権利から特許権へと生まれ変わることが許されるのは，特許を
受ける権利を原始的に獲得している発明者，あるいは発明者から特許を受ける
権利を承継した者によって特許出願されている場合に限られる。

　しかしながら，現実には，そもそも発明者でもなく，発明者から特許を受け
る権利を承継もしていない者によって特許出願がなされてしまう場合がある。
たとえば，他人が創作した発明の内容を偶然にも見聞きして，それを基に勝手
に特許出願をすることがありうるだろう。このような出願は，**冒認出願**と呼ば
れており，特許を受ける権利を裏づけとして特許出願されているものではない
ことから，特許権の発生は認められるべきものではないとされ（49条7号），

仮に誤って特許権が発生した場合でも，真の権利者は，当該特許権を，無効審判により無効とすることができる（123条1項6号・同条2項。無効審判については，→後述Ⅵ3(3)）。

しかし，真の権利者が当該特許権を無効としても，はじめからその特許権がなかったことになるだけであり，見かけの上では，冒認者が有するものとして成立している特許権を真に特許を受ける権利を有している者（発明者あるいは特許を受ける権利の承継者）が取り戻すことを可能とする制度的な手当ては，これまで用意されていなかった。

そこで，平成23年改正において，真の権利者の実質的な救済を図るため，冒認出願によって発生した特許権については，真に特許を受ける権利を有する者が返還請求できることが定められた（74条）。これによって，真の権利者は，自己が有していた特許を受ける権利にもとづいて発生した特許権を取り戻すことが可能となった。この請求は，真の権利者が自ら特許出願をしていなかった場合であっても可能と解されている。

5　会社の従業者が発明者の場合の扱い──職務発明

(1)　職務発明制度の特徴──原則に対する例外

これまでみてきたものは，特許権がどのように発生して，誰の権利として帰属するのか，という問題についての原則的な考え方である。

しかしながら，現代の日本では，発明の創作行為のほとんどは個人レベルではなく企業活動の一環として組織的かつ大規模に行われていることが一般的である。企業としては，研究開発に投資を行い，研究開発のために従業者を雇用して発明を創作させたのであるから，そうして生み出された発明を最大限活用するために，当該発明にかかる権利を取得したいと考えることになる。

ところが，実際の発明の創作行為自体は，企業の従業者によってなされているため，企業自体は発明者とはならない。なぜなら，先にみた原則を前提とするのであれば，その発明に関する特許を受ける権利は，実際に創作を行った従業者個人に原始的に帰属することになってしまうからである。仮に，従業者が創作した発明に対して企業が何らの権利も得られないとすると，企業活動として当該発明を業として実施することすら阻まれることにもなりかねず，そうし

た懸念から，企業が研究開発への投資を行うインセンティブを害する危険性も生じよう。

　そこで，このような事態を避けるために，特許法は，職務発明制度を設け，発明にかかる権利及び利益の分配について従業者と使用者の間でバランスを図る仕組みを構築することで，発明創作の奨励を図っている。

　具体的には，「職務発明」という概念を定義した上（→後述(2)参照）で，次の四つの取扱いを定めている点が主な特徴といえる。

　第一に，職務発明に該当する発明であれば，使用者は当該職務発明たる特許発明を原則としてあらゆる範囲にわたって無償で実施しうる法的地位（法定通常実施権）を，当該特許権の成立（特許登録）と同時に得るものとしている（35条1項）。これによって，従業者が自ら創作した職務発明について万一自分で特許出願して特許権者となってしまったような場合であっても，使用者は当該特許発明を無償で実施することができる。

　第二に，職務発明についての特許を受ける権利や特許権等については，当該発明の完成に先立ってあらかじめ契約，勤務規則その他の定めを設けることによって，使用者の側が承継を受けること（これは予約承継と呼ばれている）が許されている（35条2項）。

　第三に，平成27年改正により，職務発明についての特許を受ける権利をあらかじめ使用者に取得させるものとして定めている場合には，その特許を受ける権利は，「はじめから」使用者に帰属するものとされている（35条3項）。

　第四に，第二及び第三のように，職務発明についての権利を使用者が取得した場合には，その発明者である従業者は，その権利に対する相当利益を請求することができる（35条4項）。

　では，こうした例外的扱いが認められる「職務発明」とは，具体的にはどのような内容のものであろうか。

(2)　職務発明の定義

　特許法は，職務発明について，従業者等（従業者，法人の役員，国家公務員又は地方公務員）がなした発明で，「その性質上当該使用者等の業務範囲に属し，かつ，その発明をするに至った行為がその使用者等における従業者等の現在又は過去の職務に属する発明」（35条1項）と規定している。そこで，企業の従業

者によって創作された発明が職務発明に該当するか否かをめぐっては，「使用者等の業務範囲」，「発明をするに至った行為」，「従業者等の現在又は過去の職務に属する」という文言をどのように解釈するのかが大きな問題となる。以下，順番にみてみよう。

　使用者等については，会社のような法人に限られるものではなく，自然人や国，地方公共団体等も含まれるものと解されている。したがって，たとえば，個人の経営する町工場や，国や県などが設置している研究機関といったものも含まれることになる。また，業務範囲については，学説上で議論があるものの，会社の定款に記載されている目的といった事柄とは関係なく，使用者が現に行っている，あるいは将来行うことが具体的に予定されている全業務を意味するものとして理解することが適切であろう。

　「発明をするに至った行為」については，具体的な発明の創作行為そのものはもちろん，それに関連して，発明完成に至る行為も広く対象となるものと解される。発明行為とは，技術的思想という発明を創作する行為であることから，アタマを使った精神的活動が中心となるものといえるが，それだけではなく，それに付随した実験作業といった物理的な行為も含まれうるものと理解することができる。そして，これらの行為のすべてについて，従業者の勤務時間中に勤務地内においてなされることが必要とされるものではなく，主として従業者の勤務中に行われれば足りるものと解される。したがって，たとえば企業の研究者が通勤途中の電車の車内で思いついたアイデアが，結果的にある発明の創作に大きく結び付いたというような場合であっても，その発明は職務発明と評価されうるということである。

　なお，職務発明に該当するには，それを発明した者が従業者等でなければならない。従業者等とは，いわゆる企業の従業者に限られるものではなく，法人役員，公務員（国家・地方）も含まれるし，常勤・非常勤，嘱託といった雇用形態の違いにかかわらず含まれるものと解される。

　また，派遣社員や出向社員についても，従業者等には含まれるものと解されるものの，このような場合は誰が使用者であるのかの判断が困難となることも考えられる。この点については，基本的には当該発明が創作されるに際して中心的な援助や管理を行った者が誰であるのかという観点から使用者が決定され

るものと解される。使用者が誰であるのかを判断するための具体的な考慮要素としては，従業者の給与支給者，研究施設等の提供，指揮命令系統等が重要であると考えられる。もっとも，給与を支払っているだけで，実質的な創作活動へのコントロールをまったく行っていないような場合には，その者を使用者と評価することは困難な場合も考えられる。基本的には，発明奨励という職務発明制度の目的を念頭に置いて，物的・資金的提供者と技術的思想の創作を行う環境の提供者間での利益調整のあり方を考えるということになろう。

　また，発明の創作行為が従業者等の「現在又は過去の職務に属する」ことが職務発明の要件とされていることから，その従業者が，現在は経営管理部門に勤務しており発明の創作活動はまったく行っていないような場合でも，以前，研究開発業務に従事していた際に創作された発明については職務発明となりうるといえる。一方，退職後に創作された発明については，原則として職務発明とはならないものの，退職直前に，実質的に当該発明が完成していたという場合には，在職中の発明と解されることもありうる。

(3)　職務発明制度の効果①――権利の承継

　従業者等による発明が「職務発明」に該当する場合の効果の一つは，職務発明についての特許を受ける権利等については，当該発明が完成する前の段階で，発明者である従業者から使用者が権利を譲り受ける（承継）ことをあらかじめ決めておくこと（予約承継）が認められるというものである（35条2項反対解釈）。そして，より重要であるのは，平成27年法改正により，あらかじめ「特許を受ける権利」を使用者等に取得させる旨の規定を置いている場合には，その権利が原始的に使用者に帰属するという効果が発生するとされた点である（同条3項）。以下，より詳しくみていくことにしたい。

　まず，ある会社に雇用されている従業者が，いまだ何らの特許発明も創作していない段階で，将来に創作されるかもしれないあらゆる発明に対する特許を受ける権利や特許権をすべて会社側に譲渡するという契約を，その会社との間であらかじめ締結したとしても，そのような契約の法的効果は認められない（無効）ことになる（35条2項）。仮にこのような契約が成り立つことを認めてしまうとすれば，使用者である会社が，従業者の雇用主である立場を利用して，従業者が本来の職務とは無関係に創作した発明についての特許を受ける権利や

特許権の譲渡を一方的に従業者に強いることになり，事実上は「取り上げる」ことが許され，妥当ではないからである。

　他方，特許法で定義されている「職務発明」に該当する場合には，その定義内容からも明らかなように，使用者の提供した環境の下で従業者が自らの職務の一環として創作を行って生み出した発明であることから，実際に発明が創作される前の段階で，仮に発明が創作された場合には当該発明に対する特許を受ける権利や特許権を使用者が譲り受けることをあらかじめ決めておくこと（予約承継）は可能とされているのである。

　さらに，平成 27 年改正により，職務発明についての特許を受ける権利について，あらかじめ使用者に帰属させる旨の定めを置いている場合には，その権利が従業者から使用者に移転するのではなく，「はじめから」使用者に帰属するものとされた。その趣旨として，以下の二つの問題を解消するためであると説明されている。

　第一は，複数の会社が共同で研究開発を行い，発明が創作された場合に，その発明の特許を受ける権利が別々の法人の従業者間で共有される場合が少なくない。しかし，特許を受ける権利が共有の場合，共有者全員の同意がなければ移転することはできないため（33 条 3 項），使用者が確実に権利を取得できるかについての不安が生じていた。

　第二に，職務発明についての特許を受ける権利の予約承継を規定している場合であっても，従業者が特許を受ける権利を他者に譲渡してしまう場合が考えられるが，特許を受ける権利の二重譲渡については，出願をした者が権利を取得することとされており（34 条 1 項），規定の内容によっては使用者が権利取得できない可能性が残っていた。

　なお，「あらかじめ決めておく」の具体的な形式としては，特許法の条文上は，「契約，勤務規則その他の定め」を設けておくこととされているから，従業者と使用者の間での合意がなされた上で，契約や勤務規則といった取り決めが作成されることが必要とされているようにも解することができる。しかしながら，従業者が自らの創作によって発生した特許を受ける権利や特許権を使用者に譲渡することに合意していなくても，使用者側が承継を受けるという一方的な意思表示があれば，その内容について従業者が「知り得るような合理的な

方法で明示されていれば，足りる」[31] ものと解されている。

　このように解したとしても，発明を創作した従業者には，次に述べる相当の利益請求権が付与されているため，これが適切に運用される限り，従業者にとって特段の不利益はないと理解されている。

(4)　職務発明制度の効果②──相当の利益請求権

　使用者が職務発明についての特許を受ける権利を原始的に取得した場合，あるいは特許権等について譲渡を受けた場合には，当該職務発明を創作した従業者は，使用者から相当の金銭その他の経済上の利益（相当の利益）の支払いを受ける権利を有すると定められている（35 条 4 項）。従業者の受け取る利益が金銭的利益に限定されないことが明文で規定されているが，あくまでも経済上の利益である必要があるから，単なる表彰などは相当の利益には含まれない。

　相当の利益の額や内容については，使用者が自由に決めることができるわけではなく，利益の算定方法や内容に関する規定を置く場合でも，①相当の利益の内容を決定するための基準の策定に際して使用者と従業者との間で行われる協議の状況，②策定された基準の開示の状況，③相当の利益を決定する際の従業者からの意見の聴取の状況などを考慮して[32]，その規定にもとづいて支払うことが不合理であってはならないとされている（35 条 5 項）。

　そして，不合理であると判断された場合や，相当の利益に関する定めがない場合には，相当の利益の内容は，その発明により使用者が受けるべき利益の額，その発明に関連して使用者等が行う負担，貢献及び従業者等の処遇その他の事情を考慮して裁判所によって決定されることになる（35 条 7 項）。

> ### *Column 6*　特許法の平成 27 年改正にいたる経緯
>
> 　平成 27 年改正前は，特許を受ける権利は，職務発明についても発明者（従業者）に原始的に帰属するものとされており，使用者は，予約承継等によって当該権利を取得することが可能であるとされていた（旧 35 条 2 項・3 項）。そして，発明を創作した従業者には，自己の有する権利を使用者に移転させたことの効果として，相当の対価を請求する権利が付与され（旧同条 3 項），使用者から受けた対価

---

31)　東京地判平成 14・9・19 判時 1802 号 30 頁〔青色発光ダイオード事件中間判決〕。
32)　35 条 5 項により，考慮すべき状況等に関する事項について，経済産業大臣がガイドラインを定めるものとされている（35 条 6 項）。

の額が相当の対価に満たない場合には，不足額を請求しうることが判例[33]上も肯定されていた。

　そのため，従業者が，自らが発明者として創作した職務発明にかかる権利を使用者に承継させているにもかかわらず，相当の対価を受けていないとして，使用者を相手方として相当の対価を請求する訴訟が数多く提起されるようになった。なかには，かなり高額の補償金支払請求を認めた裁判例もみられるようになったこともあって，職務発明制度のあり方をめぐる議論が生じ，その結果，まず平成 16 年特許法改正による 35 条の改正へとつながった。

　平成 16 年法改正前には，相当の対価の額の算定に関して，「その発明により使用者等が受けるべき利益の額及びその発明がされるについて使用者等が貢献した程度を考慮して定めなければならない。」（平成 16 年改正前 35 条 4 項）との定めしかなく，「使用者等が受けるべき利益の額」と「使用者等が貢献した程度」という考慮要素しか示されていなかったため，具体的な対価額の算定は裁判所の判断に一方的に委ねられていたといえる。

　この点，平成 16 年法改正では，「契約，勤務規則その他の定めにおいて前項の対価について定める場合には，対価を決定するための基準の策定に際して使用者等と従業者等との間で行われる協議の状況，策定された当該基準の開示の状況，対価の額の算定について行われる従業者等からの意見の聴取の状況等を考慮して，その定めたところにより対価を支払うことが不合理と認められるものであってはならない。」（平成 16 年改正後 35 条 4 項）と改められ，さらに新たに 35 条 5 項として，「前項の対価についての定めがない場合又はその定めたところにより対価を支払うことが同項の規定により不合理と認められる場合には，第 3 項の対価の額は，その発明により使用者等が受けるべき利益の額，その発明に関連して使用者等が行う負担，貢献及び従業者等の処遇その他の事情を考慮して定めなければならない。」という規定が設けられた。このように，平成 16 年法改正以降は，対価額の決定については，まず，従業者と使用者の間で行われる協議や意見聴取を通じた対価基準の策定・決定に委ねることとし，その策定・決定の過程が不合理であると裁判所が判断した場合にはじめて，相当の対価額が裁判所の判断によって定められるという構造へと改められたことになる。さらに，裁判所が対価額を決定する場合であっても，従業者等の処遇やその他の事情といった，平成 16 年改正前には，必ずしも考慮できるのか否かが明らかでなかった事項も考慮しうることが明文で規定された。

　平成 27 年法改正では，新 3 項で，事前に規定を置いている場合には，特許を受ける権利が使用者等に原始的に帰属するとした。他方，従業者の技術開発のインセンティブを阻害しないよう，新 4 項では，従業者が「相当の金銭その他の経済上の利益」（従来の規定における「相当の対価」を改めた）を受ける権利を有するこ

---

33)　最判平成 15・4・22 民集 57 巻 4 号 477 頁〔ピックアップ装置事件〕。

とは維持された。ただし，従業者の受け取る対価が金銭的利益に限定されず，その他の経済上の利益でもよいことが条文上明らかにされた。

Ⅵ　特許権を取得するための手続

　ここでは，特許権を取得するための一連の手続の概要，審判制度の種類と役割，審決取消訴訟について理解する。

1　特許出願から権利取得までの流れ

(1)　特許出願手続の概要と原則

　特許権は，発明を創作することによって直ちに発生するものではない。発明を創作した者は，当該発明の完成と同時に，特許を受ける権利を得るにとどまる。その権利を根拠として発明者等が特許庁に対して特許出願を行い，特許庁における審査の結果，特許権を設定することを肯定する判断（特許査定）がなされ，所定の手続が完了されることによってはじめて，特許権が発生することになる。そのため，特許権を取得するためには，特許を受ける権利を有する者による「出願」という手続が必要となる。

　日本における特許出願手続の基本的考え方として審査主義がある。これは，特許出願されている発明について，所定の特許要件を充足しているか否かを国の専門行政機関である特許庁の専門職員が実体的な審査を行い，権利付与に値する発明であるか否かの判断を行うというものである。もちろん，出願の方式的要件・形式的要件の充足についての審査（方式審査・形式審査）もあわせて行われる。審査主義の下で付与された特許権の信頼性は一般的には高いといえる反面，審査を行う専門官庁の維持運営にコストがかかるとか，権利付与までに時間を要するといった問題がある。

　これに対して，上記のような出願内容に立ち入った実体的な審査を行うことなく，書類の形式等についての形式審査・方式審査を行うだけで権利を付与するという考え方として，無審査主義という立場もある。日本の知的財産法では，実用新案法が平成5年改正により無審査主義を導入し，他にも半導体集積回路の回路配置に関する法律（半導体集積回路法）が無審査主義を導入

している。

　また，誰に権利を付与するのかという点では，特許法は先願主義という考え方を採用している。先にみたように，発明者は発明の完成によって当該発明について特許を受ける権利を原始的に取得するわけであるが，同じような内容の発明を他者も完成させていた場合，発明が創作された時期にかかわらず，特許庁に対して最初に出願を行った者に対して特許権を付与するという考え方が先願主義である。これに対して，あくまで最初に発明を創作した者に対して特許権は付与されるべきとする考え方が，先発明主義である。先発明主義は，長らくアメリカでとられていたが，2013年から先願主義へと移行した。

　特許出願手続を特徴づけるものとしては，その他に次のようなものがある。

　(a)　書面主義　　特許出願は書面で行わなくてはならないとされている（36条）。もっとも，紙媒体としての書面の提出ではなく，電子的方法によるオンライン出願を行うことはできる。ただし，例外として，微生物，動植物等にかかる発明で，当該微生物，生物体について当業者が容易に入手できない場合には，試料の分譲を条件とした，当該微生物，生物体の寄託機関への寄託が出願人に義務づけられている（ブダペスト条約にもとづく寄託制度）。

　(b)　一件一通主義　　特許出願にかかる書面は，原則として，一出願毎に一通作成しなくてはならない。また，従来は，一発明ごとに一つの出願をする必要があるという考え方（一発明一出願の原則）がとられてきた。しかしながら，現行法では，このような考え方は緩和されており，一定の技術的関連性があるといった特許法37条の要件（単一性）を充たす複数発明については，一つの出願で行えるものとなっている。

　(c)　到達主義　　出願書類提出の効力発生時は，原則として当該書類が特許庁に到着した日時を原則とする。

　(d)　日本語主義　　特許出願に関する書面は，原則として日本語で書かれることを要する。外国語の書面については翻訳文の添付を要する。ただし，平成6年法改正により外国語書面出願制度が導入され，出願審査手続の一定の段階までは外国語書面での出願も可能となっている。

　(2)　出願書類の構成

　特許出願書類は，願書，明細書，特許請求の範囲，図面，要約書から構成さ

図表 2-5　特許出願から特許取得までの流れ

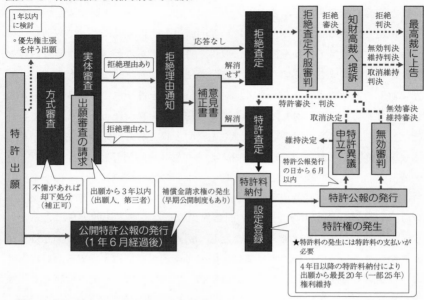

＊特許庁『知的財産権制度入門〔2022 年度〕』31 頁の図を基に作成。

れている。それぞれに記載すべき事柄については，特許法で詳細に定められている（章末の**資料 2-1**「**特許公報の例**」も参照）。

　願書には，①特許出願人の氏名又は名称，住所又は居所，②発明者氏名，住所又は居所といった事柄を記載する（36 条 1 項）。

　明細書は，発明の技術内容を第三者が理解できるように正確に公開するための技術文献としての役割を担っていると共に，後述する特許請求の範囲と相まって，特許権によって独占的権利が行使できる技術的範囲を明確にするという役割も果たしている重要な書類である。

　明細書の記載事項としては，①発明の名称，②図面の簡単な説明，③発明の詳細な説明がある。明細書には，発明の技術分野の平均的な専門家（当業者と呼ばれることも多い）が明細書の記載を基に発明の実施ができる程度に「明確かつ十分に」記載されることを必要とするという要件（**実施可能要件**。36 条 4 項 1号）をはじめ，記載内容には様々な要件が課せられている（同条 2 項〜6 項）。

　特許請求の範囲は，特許権によって保護を受けられる具体的な内容を特定するとともに，特許権という独占的権利を行使しうる技術的範囲を画定する基本となる役割を果たすもので，出願書類の中で最も重要な意味を有している（→Ⅳ）。請求項毎に区分して発明の内容を記載して，特許を受けようとする発明の特定に必要な事項すべてを記載することが要求されている（36条5項）。具体的な記載要件は，36条6項各号に規定されている。このうち特に重要なものは，同項1号に規定されている**サポート要件**と呼ばれるものであって，特許請求の範囲に記載されている発明は，明細書における「発明の詳細な説明」の部分に記載されている発明であることを要するという要件である。すなわち，「特許請求の範囲」に記載された発明が，非常に広い技術的範囲を有する記載となっているのに，その具体的な実施態様を説明している「発明の詳細な説明」には，そのうちのごく一部の実施態様しか記載されていない場合には，サポート要件を充たさないものとして，特許権の付与は認められないことになる。このような要件が置かれている理由について，裁判例[34]では，発明の詳細な説明に記載していない発明を特許請求の範囲に記載することを認めることは，公開されていない発明に対する独占的・排他的な権利の発生を認めることにつながり，その結果として，一般公衆からその自由利用の機会を奪い，産業の発達を阻害するおそれを生じさせるのであって，結果的に特許制度の趣旨に反するからである，という説明がなされている。

　図面は，発明内容を理解しやすくするための補助としての意義を有する。多くの発明の場合，言葉だけを用いて，発明の技術的内容を十分に説明することは極めて困難であると考えられることから，図面の添付が不可欠といえる。図面は，特許法施行規則に規定された書式により作成される。

　要約書とは，高度化・複雑化する技術内容に対応して，特許情報の効率的利用，公開公報による特許情報提供の円滑化を意図しているものである。検索の便宜のために作られるものであるから，特許権の独占的権利が及ぶ技術の範囲を確定する役割は有していない（70条3項）。要約書は特許庁が発行する公開公報に掲載されており，これによって第三者は特許出願された発明内容につい

34）　知財高判平成17・11・11判時1911号48頁〔偏光フィルム製造法事件〕。

ての的確な把握が迅速に行える。

　(3)　出願公開

　特許庁に係属しているすべての特許出願は，原則として出願から1年6か月経過後に特許庁長官により公開される（64条1項。ただし，「日米技術協定」に基づくアメリカ秘密特許出願に係る日本出願等は除く）。このような出願公開制度の意義は，いかなる発明が特許出願されているのかという情報を公開することにより，第三者が特許出願を行うかどうかを判断する際に考慮できるようにしたり，出願人が後述する審査請求をするかどうかの判断を行う際に考慮できるようにしたりすることによって，審査の遅延の緩和に寄与すること，及び，技術情報の公開による一般的な技術水準の向上を図ることが期待できる点にある。

　他方，出願内容が公開されることによって，いまだ特許権が付与されていない段階で，特許出願人は，第三者にその出願内容にかかる発明を実施されてしまう危険にさらされることになる。こうした不利益から出願人を救済するために，特許出願人には，特許権が付与される前であっても，出願公開がされた後に，出願にかかる発明を業として実施した第三者に対して，一定の要件の下で補償金を請求する権利が付与されている（65条）。

　(4)　出願審査請求・審査・特許査定

　特許出願についての審査は，審査請求がなされることによって行われる（48条の2）。そのため，出願したのみで，審査請求がなされない場合には，特許査定され登録を受けることはない。

　こうした制度が採用されているのは，すべての特許出願が特許登録されることを目的としているわけではないことによる。すなわち，特許出願の中には，自身が出願して先願としての地位を獲得することにより，他者が特許出願をして権利を取得することを阻止することを主な目的とした，いわば防衛的な出願も多く存在している。また，技術進歩や経営戦略の変化など特許出願後の状況変化によって，出願人が必ずしも特許登録を必要としなくなる場合も考えられる。このようなことから，すべての特許出願を審査するよりも，審査について請求のあった出願のみを審査する方が，審査の遅延解消や質の向上にもつながるものと考えられているのである。

　審査請求は，原則として特許出願の日から3年以内になされることを要する

（48条の3第1項）。審査請求自体は，特許出願をした者に限られず，何人でも
なしうる（同項）。

　審査請求にもとづき審査手続が開始される場合，審査は，特許庁の専門職員
である特許庁審査官によって行われ，出願書類の形式的要件の充足をチェック
する方式審査（審査請求によらずに特許庁の方式審査専門官によりなされる）の後，
特許法に定められた要件を充たすか否かという実体審査が行われる（47条1
項）。すなわち，特許請求の範囲の請求項毎に，特許要件を充足しているかど
うか，具体的には，49条各号に規定された拒絶理由に該当するかどうかが判
断される。たとえば，新規性や進歩性（29条）を欠く発明は，拒絶理由に当た
るとされているので（49条2号），先行技術調査，技術内容の評価等を行い，
こうした拒絶理由の有無を判断することになる。審査官が，いずれかの拒絶理
由を発見したときには，まず，請求項毎にその理由を出願人に通知（拒絶理由
通知）して相当期間を指定の上，意見書提出の機会を与えなくてはならないと
されている（50条）。

　出願人は，拒絶理由に応じて，意見書を提出したり，出願書類の修正（補正
と呼ばれる）を行ったりして対応することになるが，その結果をさらに審理し
ても拒絶理由が解消しないと認められる場合には，審査官は当該出願を拒絶す
る旨の査定（拒絶査定）を下す（49条）。逆に拒絶理由を発見しないときには，
審査官は特許すべき旨の査定（特許査定）を下す（51条）。

　ところで，特許出願の審査は，原則として，書面を通じて行われる（書面主
義，書面審査主義）が，書面主義の原則を補うものとして，実務上は，審査官と
出願人（代理人たる弁理士）との間で，いわゆる面接という形で，両者の意思疎
通を図る手段が適宜とられている。

　特許査定を受けた場合，特許料の納付等の特許法の定める手続をとることに
よって，特許登録がなされる（66条2項）。同時に特許原簿に記載され，特許
公報に掲載される。このような形で設定登録されたことをもって，特許権が発
生する（同条1項）。

（5）　審判・審決取消訴訟

　拒絶査定や特許査定のように，特許庁審査官によっていったん下された判
断について，不服があるような場合や判断を覆す事実が発見されたような場

合に，その判断の再審理を求める制度が設けられている。これらは，審判制度と呼ばれている。また，特許査定の判断に対しては，審判とは別に，平成26年改正により，特許異議申立制度（113条以下）も設けられている。

審判制度には，その目的や性質が異なる3類型（拒絶査定不服審判，無効審判，訂正審判）が存在する。無効審判には，無効審判と存続期間延長登録無効審判の二つがあるから，実質的には4種類（拒絶査定不服審判，無効審判，存続期間延長登録無効審判，訂正審判）の異なる審判制度が存在する。これらについては別途詳しくみることにして，まずは審判手続と審判の判断に対する不服申立ての制度である審決取消訴訟の概要を確認しよう。

2　審判・審決取消訴訟総論

審判手続は，裁判と同様の公正性が要求されるため，審査官による審査に比べてより厳格な手続で行われ，3人又は5人の特許庁審判官の合議体によって，口頭審理又は書面審理を行い，過半数で合議を決する（136条。なお，口頭審理については，新型コロナウイルス感染症対策及びユーザーの利便性向上の観点から，令和3年改正後の145条7項によって，当事者等のオンラインによる出頭が可能となった）。そして，手続規定の多くは，民事訴訟手続を準用している。このようなことからも，審判手続は行政機関たる特許庁に置かれている仕組みであるにもかかわらず，準司法手続であると解されている。

審判の判断は審決と呼ばれる。審決も特許庁という行政庁の下におかれた審判官の判断であることから，その判断に不服がある場合には，その審決の取消しを求めて，司法の判断を受けるべく裁判所に提訴できる。このように，審決の判断内容を不服として，その取消しを求め，裁判所で再度審理する訴訟類型は，一般に審決取消訴訟と呼ばれている。

審決取消訴訟の場合，先に述べたように審判手続自体が準司法手続的性質をもって慎重に審理されており，審判が実質的には第一審としての役割を担うものとして位置づけられていることから，出訴先は，通常の地方裁判所ではなく，東京高等裁判所の専属管轄とされ（178条1項），とりわけ，その技術的専門性から，東京高裁の支部に位置づけられている知的財産高等裁判所の専属管轄となっている。

　審決取消訴訟は，審決の送達を受けた日から 30 日以内に提起しなければならない（178 条 3 項）。その審理手続は，行政事件訴訟法の規定に従う。

　審決取消訴訟の判決では，審決が実体法たる特許法あるいは手続法の適用として違法であるか否かについての判断が示される。その結論として，請求棄却判決が出され，それが確定した場合には，元の審決はそのまま確定する。逆に，審決を取り消す旨の判決が下され確定すると，審判における審理が再開され，再度審判が行われることになる（181 条 2 項）。

　ところで，後者の場合，審決取消訴訟の確定判決は，特許庁の判断を拘束するとされている（行政事件訴訟法 33 条 1 項）ために，特許庁の審判で再度審理を行うに際しては，判決で取り消すとされた元の審決と同一の理由・判断にもとづいて同一の処分を行うことは許されない。しかしながら，「同一の理由・判断」とは具体的にどこまでを意味するものであるのかという判断は極めて難しい問題である。

3　審判・審決取消訴訟各論

(1)　特許出願が拒絶された場合——拒絶査定不服審判・審決取消訴訟

　出願審査の結果，拒絶査定を受けた場合，出願人はどのような対応をとることが可能であろうか。拒絶査定とは，特許出願された発明について特許法の要件を充たすか否かについて，あくまでも特許庁審査官によってなされた判断であるので，その判断に不服がある場合には，特許出願をした者は，あらためてその判断について特許庁の再審理を受けることができる。

　この場合の手続は審判制度の下で行われる。拒絶査定に対する審判は，「拒絶査定不服審判」と呼ばれている。審査官から拒絶査定を受けた出願人は，拒絶査定の謄本送達があった日から原則として 3 か月以内に審判を請求できる（121 条 1 項）。拒絶査定不服審判は，当該特許出願を行っている者だけが請求できる。審判の結果として，出願をした者の請求に理由のない場合には，審決において，請求は棄却され，元の拒絶査定が維持されることになる。逆に請求に理由のある場合には，審決において，元の拒絶査定を取り消し，審査に差し戻すことができる（160 条 1 項）。この判断は，再審査段階で審査官を拘束する（同条 2 項）ことから，審査官は審決と矛盾する理由で再び拒絶査定という判断

をすることは許されないことになる。また，その出願に拒絶理由がないと判断される場合には，審判において直ちに特許すべき旨の審決を下すこともできる（159条3項）。

　拒絶査定不服審判の審決に対して不服がある場合，審判の当事者等は，当該審決の取消しを求めて，司法の判断を受けるべく審決取消訴訟を提起できる。

(2)　特許権が事後的に消滅する場合①──特許異議の申立制度

　いったん発生した特許権であっても，その後，実は特許法の定める要件を充足しないことが明らかになったような場合，そのまま権利が維持されることは，本来，法的に保護されない発明に対して，特定の者による独占的な利用を認めることになってしまい，公益上は望ましくない。そこで，事後的にそのような特許権を消滅させる仕組みが用意されている。

　一つは，特許異議の申立制度である。これは，特許権の早期安定化を目指して，特許権の発生後の早い時期にその有効性について簡易かつ迅速に審理する手続として平成26年法改正で導入されたものである。

　具体的には，特許権が発生して当該特許を掲載した公報が発行された日から6か月以内であれば，誰でも当該特許がされていることについての異議を特許庁長官に対して申し立てることができるとされている（113条）。すなわち，その特許権が特許法の定める要件を充足しないもの（同条各号の取消事由に該当するもの）であることを指摘して，書面をもって申立てがなされる。これを受けて，審判官の合議体によって，書面審理によって申立てについての審理がなされる（114条）。審理の結果，その特許が取消理由に該当すると判断された場合には，当該特許を取り消すべきとする決定（取消決定）を下すことになる。取消決定に対して不服がある場合には，特許権者等は，当該取消決定の取消しを求めて，司法の判断を受けるべく裁判所に対して取消訴訟を提起することができる（178条）。ただし，特許を維持する旨の決定（維持決定）が下された場合に，異議申立人が不服を申し立てる制度は用意されていない（114条5項）。この場合は，次に述べる無効審判を利用することが可能であるからである。

　取消決定が確定した場合には，当該特許権は初めからなかったものとみなされ（114条3項），特許権はさかのぼって消滅する（遡及効）ことになる。すなわち，確定した取消決定は，申立人だけでなく，万人に対してその効果を有する

（対世効）。

(3)　特許権が事後的に消滅する場合②——特許無効審判・審決取消訴訟

(a)　無効審判概要　　いったん発生した特許権を事後的に消滅させる，もう一つの仕組みは，「特許無効審判」である。平成26年法改正で特許異議の申立制度が創設されるまでは，いったん発生した特許権を遡って消滅させる唯一の法的手続であった。

無効審判は，いったん発生した特許権であっても特許法の定める要件を充足しないものについては，その発生自体を消滅させるための一般的な手続であることから，特許権が存続期間の満了等の理由で現に消滅してしまっていても無効審判を請求することは可能である（123条3項）。

また，平成26年法改正によって特許異議の申立制度が創設される前までは，特許権が誰に帰属するのか否かという点をめぐって当該特許権の無効が争われる場合（共同出願要件違反，冒認出願）以外の無効事由については，何人でも請求できるものとされていたが，平成26年法改正によって，特許が無効になることについての利害関係人のみが請求できるものとされた（123条2項）。なお，共同出願要件違反，冒認出願違反については，特許を受ける権利を有する者のみが請求できる（同項）。

無効審判における審理の結果，特許法が定める無効理由（123条1項1号～8号）に該当すると判断された場合には，無効とすべき旨の審決（無効審決）が下される。拒絶査定不服審判と同様に，無効との審決を不服として無効審決取消訴訟を提起できる。

無効であるとの審決が確定すると，当該特許権は当初からなかったものとみなされる（125条）。すなわち，無効審決が確定した場合，特許異議の申立制度における取消決定が確定した場合と同様に，その効果は，広く万人に対しても効果（対世効）をもち，かつ，遡及効を有する。したがって，無効審決確定後は，何人に対しても当該特許権の存在を主張できないことになる。

なお，無効審判の審決確定後は，当該審判の当事者及び参加人は，同一の事実及び同一の証拠にもとづいて無効審判を請求することができないとされている（一事不再理効。167条）。審判手続が繰り返されることによる紛争の長期化を防止するためである。

(b) 無効審判と審決取消訴訟の関係　　無効審決の場合，無効審決取消訴訟において元の審決が取り消される場合も少なくなく，審判と訴訟における審理と判断の関係をめぐって，様々な議論すべき点がある。

たとえば，無効審判の手続において審理された事実の範囲と無効審決取消訴訟の手続において審理されることのできる事実の範囲の関係については，最高裁大法廷判決[35]が，審決取消訴訟の下では，審判で審理判断された争点のみが，当該審決取消訴訟における審理対象となるという判断を示している。審判手続においては特定された無効原因をめぐって当事者らの関与の下で審理がなされており，それを根拠として審決取消訴訟の事実審が1審分省略されていると解されることなどがその理由として述べられている。したがって，特許が無効となることを根拠づける事実が複数存在している場合に，元の審決において判断が示されていない事実については，無効審決取消訴訟の段階になって初めて審理することは許されないということになる。

(c) 無効審判と特許権侵害訴訟の関係　　なお，侵害訴訟の手続の流れでもみたように（→Ⅳ），明らかな無効事由のある特許権の権利行使が権利濫用に当たることは，平成12年の最高裁判決[36]において認められたが，特許法は，このような考え方を明文でも規定した。すなわち，侵害訴訟において，無効審判で無効とされるべきものと認められる特許権については，その権利行使ができないと規定されている（104条の3第1項）。したがって，いまだ無効審判手続において無効審決が確定していない場合であっても，当該特許権について，仮に無効審判で審理されたとするのであれば無効との審決を得られると裁判所が判断する場合には，その特許権の行使が認められず，特許権者等の請求は認められないことになる。ただし，侵害訴訟における裁判所の無効判断は，当該訴訟の当事者間でのみ効力を有するものであり，無効審決と異なり，対世効をもつものではない。

(d) 存続期間延長登録無効審判　　無効審判には，特許権存続期間延長制度に対応するものとして，存続期間の延長登録の無効審判という類型もある。これは，一定の特許発明については，延長登録出願によって特許権の存続期間の

---

35) 最大判昭和51・3・10民集30巻2号79頁〔メリヤス編機事件〕。
36) 前掲注23) キルビー特許事件。

延長が認められているところ（67条の2），特許法の定める延長登録の要件を充足しておらず，本来は存続期間が延長されるべきではない特許権について，延長登録自体の無効を争う審判を請求できる（125条の2・125条の3）とするものである。

　延長登録無効審判も利害関係人のみが請求でき（125条の2第2項・125条の3第2項），無効にすべき旨の審決が確定した場合には，存続期間の延長は，初めからなかったものとみなされる（125条の2第4項・125条の3第3項）。

　(4)　特許権の内容を後で修正できる場合——訂正審判・審決取消訴訟

　訂正審判とは，特許登録後に特許権者が明細書，特許請求の範囲及び図面を訂正しようとする際に，それが認められるか否かを判断する審判である。

　特許出願された出願内容について修正を加えること（補正と呼ばれている）は，その出願が特許庁に係属中である場合には，厳格な条件を充たす範囲で認められている（17条の2）。

　他方，いったん設定登録された特許権については，その権利範囲を確定し法的安定性を確保するという観点からは，特許請求の範囲，明細書，図面といった各書面に記載されている事項は原則として一切修正がなされないことが望ましいところである。

　しかしながら，一部に誤った記載等が含まれた状態でこれらの書面が放置されることによって，第三者に対してかえって混乱を招く可能性もあり，望ましい状況ともいえないものと考えられる。このため，審判手続という，厳格な手続を経由することにより，特許権の権利範囲に関する第三者の予測可能性を害さないような限られた範囲でのみ，特許権の設定登録後における特許内容の訂正を認めているのが訂正審判制度である。

　特許権者が訂正審判を請求できる範囲は，特許請求の範囲の減縮，誤記又は翻訳の訂正，明瞭でない記載の釈明などに限定され（126条1項），明細書又は図面に記載された事項の範囲内でなされなくてはならず（同条5項），特許請求の範囲を実質的に変更・拡張するものとなってはならない（同条6項）。これは，第三者の利益を害さない範囲で訂正を認めるという訂正審判の基本的な考え方を反映するものである。なお，特許異議の申立て又は無効審判が係属している場合には訂正審判を請求することはできず（同条2項），後述のように，異議申

立てや無効審判の手続の中で訂正を認める制度が用意されている（120条の5第2項・134条の2）。なお，特許権に質権（→Ⅶ2）又は専用実施権（→Ⅶ3(2)）が設定されている場合には，訂正審判の請求にはこれらの権利者の承諾を要する（127条）。通常実施権が設定されている場合には，令和3年法改正により権利者の承諾を要しなくなった。

　訂正審判の結果，訂正を認める旨の審決が下されると，出願時に遡って訂正後の明細書又は図面で特許出願手続がなされ，特許権の設定登録がなされたものとみなされる（いわゆる遡及効と呼ばれている。128条）。訂正を認めない旨の審決が下された場合には，その判断に不服がある特許権者は，訂正不成立審決取消訴訟を提起することができる。

　(5)　無効審判，訂正審判と審決取消訴訟，特許権侵害訴訟との関係

　無効審判と訂正審判，及びそれらの審決の取消訴訟については，本来はそれぞれが別々の役割を果たすものとして存在している。しかしながら，実際にはそれぞれの場面における判断が他の審決や判決に相互に影響する形で複雑に関わりあう状況が生じることが多い。それぞれの審決と判決の相互関係について，二点ほど極めて簡単に整理してみよう。

　第一に，既に発生している特許権の無効をめぐって生じる攻防であり，具体的には，無効審判と訂正審判の関係である。無効審判は，既に発生している特許権を遡及的に消滅させようとする手続であることから，無効審判が請求された場合，特許権者としては，その特許権を維持するために訂正審判を請求し，特許請求の範囲を縮減等することによって，無効となるべき理由を解消させようとする。そこで，無効審判あるいは無効審決取消訴訟の手続と並行して，訂正審判あるいは訂正審決取消訴訟の手続が行われるという事態が生じうる。

　無効審判系の手続と訂正審判系の手続が何らの連携もなく進行するとなると，いったん無効審判により無効と判断されたはずの特許について，無効審決取消訴訟の審理中に訂正審決が確定し，特許の内容自体が遡及的に変わる，という事態が生じる可能性がある。この場合，元の特許の内容を基に進行していた無効審判系の手続が無駄となって，紛争の解決が長期化する可能性もあろう。同様のことは，異議申立てと訂正審判との関係でも生じうる。

　そこで，特許法では，無効審判や異議申立てが特許庁に係属して，その審決

等が確定するまでの間，訂正審判は請求できない（126条2項）と規定して，両手続間の調整をしている。

　しかし，そうすると，特許権者としては，無効審判等が請求されてしまうと，訂正によって特許権を維持するための手段を講じえないことになってしまう。そこで，特許権者の無効理由を排除するための手段を保障するために，無効審判や異議申立ての中で，訂正請求を行うことができるようにし，無効審判等の手続の中で，訂正の可否についてもあわせて対応する制度を設けた（120条の5第2項・134条の2）。さらに，審決取消訴訟の中では訂正ができないことから，特許権者が無効審判等の手続の中で必要な訂正請求を行うことができるよう，無効審判における審理の状況が審決に熟したと考えられる段階で審判長が審決予告を行い，それを受けて特許権者が訂正請求する機会を保障する仕組みが導入されている（164条の2）。

　第二に，特許権侵害訴訟における特許無効の主張と訂正審判を通じた有効性の維持をめぐる攻防である。

　特許権侵害訴訟においては，既に述べたように，特許権侵害を主張された側は，104条の3第1項により当該特許権は無効審判で無効と判断されるべきものであり，その権利行使は許されないとの抗弁（特許無効の抗弁）が可能である。これに対して，特許権者としては，侵害訴訟と並行して訂正審判を請求することによって，無効となるべき事由をできるだけ解消させ，当該特許権が無効とされるべきものではないことを再抗弁として主張（**訂正の再抗弁**と呼ばれることもある）することがある。場合によっては，侵害訴訟における同条第1項による無効主張とは別に，特許無効審判が同時並行的に請求されることも考えられる。

　以上のような，侵害訴訟の判決，無効審決，訂正審決のそれぞれの確定時期が前後することによって，極めて複雑な状況が生じ，全体としての結論も，いずれの判決，審決が確定するのかによっても差異が生じうることが考えられる。とりわけ，特許権侵害訴訟の判決が確定してしまった後に，その訴訟にかかる特許権について無効審決が確定した場合や特許の内容を変更する訂正審決が確定したような場合，確定の効果には遡及効があることから，その後の取扱いをめぐって議論が生じていた。

　その手当ての一つとして，平成 23 年改正により 104 条の 4 が設けられた。104 条の 4 では，特許権侵害訴訟等の当事者であった者は，当該特許権侵害訴訟等の判決確定後は，当該特許を無効にすべき旨の審決（無効審決），特定の訂正審決（政令で定められる訂正認容審決），が確定したことを理由として，確定した特許権侵害訴訟等の判決をあらためて争い（民事訴訟法では再審と呼ばれている），主張することはできないことを規定している。

　なお，政令で定められる訂正認容審決とは，先の特許権侵害訴訟等において，訴訟の当事者として，当該特許の有効性や範囲についての主張立証をする機会が十分に与えられていたと考えられる範囲のものが該当する。すなわち，特許権侵害訴訟等が特許権者勝訴の判決である場合には，当該訴訟において立証された事実以外の事実を根拠として当該特許が特許異議の申立制度又は特許無効審判により無効にされないようにするための訂正にかかる審決（特許法施行令 8 条 1 号）とされている。また，特許権者敗訴の判決である場合には，当該訴訟において立証された事実を根拠として当該特許が特許異議の申立制度又は特許無効審判により無効にされないようにするためのものである審決（同条 2 号）とされている。これらの事実については，先の特許権侵害訴訟等において主張立証をする機会が十分に与えられていたはずであるから，その訴訟の結論が判決として確定しているのであれば，あらためて，当該特許の有効性や内容の訂正を争うことを認める必要性はなく，これを認めると，かえって紛争の蒸し返しを引き起こすことになるからである。

Ⅶ　特許権を財産権として活かす仕組み

　　ここでは，財産権としての特許権の特徴，特許権の譲渡，実施権といった事項について理解する。

1　財産権としての特許権

　最初にみたように，特許権とは，発明という技術情報の特定の利用行為（業としての実施行為）について，一定期間（特許出願から原則 20 年）に限って，特許権者だけが独占的に行えることを裏づける権利であった。ところで，技術情報という情報は，土地や家，クルマや本といった有体物と異なって，その利用

に際しての大きな違いが存在している。

　第1章でみたように，情報は多くの者が同時に利用することが可能であり（共有可能性），有体物とは違って，特定の者によって独占あるいは占有することが著しく困難である（占有困難性）。そこで，発明という技術情報が本質的に有している，これらの特徴に対応するため，特許法では，特許権という権利を付与することで法律上は特許権者という限られた者しか利用ができない独占状態を創設するべく，法制度を用いた修正を行うことによって，あたかも有体物と同じように振る舞わせているものと理解することができる（→**第1章**Ⅱ1）。

2　特許権の譲渡・質権設定等

　このように，特許権は，発明という技術情報についての特定の利用行為（業としての実施行為）を特許権者だけが独占的に行うことのできる権利として構成することによって，特許権者は，たとえば土地の所有権や本やクルマの所有権などと同様に財産権として自由に譲渡することが可能となる。そして，特許権の譲渡を受けた者は新たな特許権者として，その特許発明を業として実施する行為を独占的に行う権利を獲得することになる。もっとも，特許庁に備えられている特許原簿に特許権者や特許権の対象となっている発明の内容について記載した特許請求の範囲や明細書，図面といった書類が登録されていることから，特許権の譲渡を受けた者が特許原簿への登録を行わなければ，譲渡による特許権の移転という効果は生じない（98条1項1号）。

　また，特許権には，質権を設定することもできる（95条）。質権を設定した場合には，契約により特段の定めをした場合を除いては，質権者は特許発明の実施をすることができない（同条）。これは，特許発明を実施するに際しては相応の設備投資・技術等を要することが一般的であることから，質権者に一時的に実施を認めるよりも質権設定者（すなわち基本的には特許権者）に実施をさせる方が合理的であるという理由による。そのため実質的な意味では抵当権に近い性質をもっているといえる。質権設定についても，その効力が発生するには特許原簿への登録を要する（98条1項3号）。

3 実施権の設定——特許権者以外でも「発明」を実施できる仕組み

(1) 実施権とは

先にみたように，特許権とは，発明についての特定の利用行為（業としての実施行為）を，一定期間（特許出願から原則 20 年）に限って，特許権者だけが独占的に行えることを裏づける権利であることから，原則としては，特許権者しか特許発明を業として実施できないことになる。

しかしながら，特許権者がその特許発明を実施する能力に乏しい場合（商品化に必要な技術や設備が乏しい場合や，商品の生産能力が低い場合）には，自ら実施しても十分な収益を得ることはできないだろう。また，特許権者が個人や大学のように製品等を生産する能力をそもそも有さないこともありうるが，その場合は実施自体が現実にはできないことになる。そのような特許権者が特許発明の創作への投資を回収すべく収益を得るには，どうすればよいだろうか。

その答えのひとつは，特許発明の実施能力を有する他人へ特許権を譲渡することである。もうひとつの答えは，特許権を行使しないことを約束して，十分な実施能力を有する他人に特許発明を実施してもらうことである。特許権は原則として特許権者以外の他人が特許発明を業として実施することを排除できる権利であるが，実施能力をもっている他人に対して，その他人に特許発明の実施をしてもらい，その見返りとして金銭等の対価を受け取ることにすれば，特許権者自らが実施しなくても特許発明から収益を得ることができる。この考え方は，特許権に限らず，著作権や商標権といった他の知的財産権についても同じように当てはまる。このように，知的財産権を有する者が，他人に知的財産権の対象の利用を認めること（知的財産権を行使しないと約束すること）を，一般に「ライセンス」と呼び，ライセンスを受けた他人が知的財産権者に支払う対価を「ライセンス料」，ライセンスや対価の内容について定めた契約を「**ライセンス契約**」と呼ぶ。

ライセンスをすることで，特許発明を最も活用できる者が実施を担うことが可能になる。発明は実施によって社会に幅広く便益をもたらしうることから，ライセンスを通じた発明の実施は特許権者にとってだけでなく，社会にとっても有益といえる。そこで，特許法では，特許権者が自ら以外の者に対して，発明の利用行為を行うことを認める仕組みを用意している。特許法におけるライ

センスは,「実施許諾」と呼ばれ,他人が特許権の行使を受けずに特許発明を実施できる法的地位は「実施権」と呼ばれている。実施権は,専用実施権,通常実施権に大別され,後者の中には後述の通り実施許諾なく法律上当然に認められるものもある。

(2)　専用実施権

専用実施権とは,設定行為で定めた範囲内で特許発明を独占的に実施しうる権原(77条1項・2項)である。すなわち,設定行為の範囲内では,特許権者と同等の権利を有する(同条2項)のであって,専用実施権が設定された範囲内では,特許権者といえども業としての実施はできないし(68条但書),同一の設定範囲について複数の専用実施権を重畳的に設定することもできない。

その意味では,専用実施権とは,特許権者が有している,特許発明の独占的な実施を行う権利の一部の範囲について,実質的には専用実施権者だけが独占的に実施できる権原を認めるというものである。たとえば土地の所有権を例にすると,そこに設定された地上権に相当する。したがって,当該特許権の侵害行為(間接侵害を含む)に対しては,専用実施権者自らが,差止請求権,損害賠償請求権を単独で行使できる(100条1項・102条各項)。専用実施権の設定は,特許権者と第三者の間の契約によってなされる場合がほとんどである。

専用実施権の効力が発生するためには,特許原簿への登録が必要である(98条1項2号)。その理由としては,権利侵害の局面における法的救済に際し,専用実施権者は特許権者と同様の地位を与えられる(たとえば,100条の差止請求権,101条の間接侵害,102条の損害額算定等)ことから,第三者への影響が大きいため,特許権者と同様に公示の必要性があることが挙げられる。

(3)　通常実施権

(a)　法的性質　　通常実施権とは,特許権者以外の者が特許発明を業として実施しうる権利である(78条)。その法的性質は,その特許権にもとづく差止請求権及び損害賠償請求権の行使をしないことを特許権者に請求できる,不作為請求権を中心とするものとしてとらえられており,このような理解は裁判例[37]でも肯定されている。専用実施権と異なって,通常実施権とは,通常実

---

37)　最判昭和48・4・20民集27巻3号580頁〔墜道管押抜工法事件〕。

施権者が他人の特許発明を一定の範囲で業として実施する行為について，特許権者が権利行使を行わないことを裏づける法的地位にすぎない。

　したがって，特許権者としては，一人の通常実施権者に設定したものと同じ範囲の通常実施権を複数の者に対して重畳的に設定することも原則として可能であって，通常実施権者に対しては，特許法の下で，独占的な実施は保証されていない。なぜなら，一つの特許発明に対して重複する内容の通常実施権者が複数存在するとしても，個々の通常実施権者にとっては，先にもみた技術情報の特性（共有可能性，占有困難性）から，自らの実施自体が阻害されることはなく，特許権者から権利行使を受けないという，その法的地位はなんら害されることはないからである。

　　なお，特許権者から権利行使を受けないという通常実施権者の法的地位は，たとえ特許権が譲渡されて特許権者が代わった場合であっても影響を受けない（99条）。たとえば，特許権者Ａから通常実施権の設定を受けて，Ｂが特許発明を実施していたところ，特許権がＡからＣに譲渡されて，特許権者がＣに代わったとしよう。仮にＣがＢのことを何らＡから知らされていなかったとしたら，ＣはＢの実施行為を特許権の侵害行為であると考えるだろう。しかし，ＣがＢに対して特許権侵害訴訟を起こしたとしても，Ｂは旧特許権者Ａから通常実施権の設定を受けていたことさえ証明できれば，新特許権者であるＣに「対抗」できる（つまり，Ｂの行為は侵害にならないことになる）。

　(b)　独占的通常実施権　　他方，一人の通常実施権者が，特許権者との間で，自らの通常実施権の範囲について他の通常実施権は一切設定しないと契約上取り決めることによって，一つの通常実施権の範囲において独占的な実施を実質的に実現することも考えられる。このような通常実施権は，独占的通常実施権と呼ばれている。もっとも，独占的通常実施権とは，先の専用実施権とは異なって，特許権者との間で，重畳する他の通常実施権を設定しないとする契約上の効果をもつにすぎないことに注意を要する。したがって，特許権者によって，仮に競合する他の通常実施権が設定されたとしても，独占的通常実施権者の権原として他の通常実施権者を排除できないのであって，原則的には特許権者に対して契約上の責任（民法上の債務不履行責任）を問えるにとどまる。

　(c)　通常実施権の設定　　通常実施権は，特許権者との任意の契約にもとづ

116

いて設定（ライセンス契約に代表される）されることが最も一般的である。この場合は，特許権者が，自らの意思で通常実施権の設定内容を決定することになり，独占的通常実施権とするか否か，通常実施権を設定する対価である実施料額，実施権の具体的内容に関する事項（製品の種類，販売地域，実施権設定期間等々）等については，通常実施権の設定を受けようとする者との交渉によって決められることになる。

(d)　裁定通常実施権・法定通常実施権　　ここまでにみてきたもの以外にも，通常実施権が設定される法的な構造をもつ類型がある。

まずは特許権者と通常実施権設定を求める者との協議を行うことが期待されているが，協議が成立せずに実施権設定が実現しない場合がある。そのような場合であっても，当該特許発明の実施を認める必要性が高い特定の類型（特許権者による不実施，他人の特許発明の実施の確保，公共の利益）においては，特許庁長官や経済産業大臣の判断（裁定）によって，特許権者の意思にかかわらず実施権が設定されうるものとして，裁定通常実施権がある（83条・92条・93条）。

さらに，先にみた先使用による法定実施権に代表されるように，特許法上の一定の要件を充たす場合には，特許権者の意思によらず，当然に通常実施権が発生する法定通常実施権といった態様がある（79条の2・80条・81条・82条）。

117

資料 2-1　特許公報の例

(19) 日本国特許庁（JP）　　　　(12) **特許公報（B2）**　　　　(11) 特許番号

特許第 4111382 号

（P4111382）

(45) 発行日　**平成 20 年 7 月 2 日（2008.7.2）**　　　(24) 登録日　平成 20 年 4 月 18 日（2008.4.18）

(51) Int. Cl.	FI
A23L　1/10 (2006.01)	A23L　1/10　102

請求項の数 2

(21) 出願番号	特願 2002-318601（P2002-318601）	(73) 特許権者	593201958
(22) 出願日	平成 14 年 10 月 31 日（2002.10.31）		越後製菓株式会社
(65) 公開番号	特開 2004-147598（P2004-147598A）		新潟県長岡市呉服町 1 丁目 4 番地 5
(43) 公開日	平成 16 年 5 月 27 日（2004.5.27）	(74) 代理人	100091373
審査請求日	平成 15 年 8 月 6 日（2003.8.6）		弁理士　吉井　剛
審判番号	不服 2006-3586（P2006-3586/J1）	(74) 代理人	100097065
審判請求日	平成 18 年 2 月 27 日（2006.2.27）		弁理士　吉井　雅栄
		(72) 発明者	星野　一郎
			新潟県長岡市呉服町 1 丁目 4 番地 5
			越後製菓株式会社内
		合議体	
		審判長	西川　和子
		審判官	井上　彌一
		審判官	橋本　栄和

最終頁に続く

(54)【発明の名称】餅

(57)【特許請求の範囲】

【請求項1】

　焼き網に載置して焼き上げて食する輪郭形状が方形の小片餅体である切餅の載置底面又は平坦上面ではなくこの小片餅体の上側表面部の立直側面である側周表面に，この立直側面に沿う方向を周方向としてこの周方向に長さを有する一若しくは複数の切り込み部又は溝部を設け，この切り込み部又は溝部は，この立直側面に沿う方向を周方向としてこの周方向に一周連続させて角環状とした若しくは前記立直側面である側周表面の対向二側面に形成した切り込み部又は溝部として，焼き上げるに際して前記切り込み部又は溝部の上側が下側に対して持ち上がり，最中やサンドウィッチのように上下の焼板状部の間に膨化した中身がサンドされている状態に膨化変形することで膨化による外部への噴き出

しを抑制するように構成したことを特徴とする餅。

【請求項2】

　焼き網に載置して焼き上げて食する輪郭形状が方形の小片餅体である切餅の載置底面又は平坦上面ではなくこの小片餅体の上側表面部の立直側面である側周表面に，この立直側面に沿う方向を周方向としてこの周方向に一周連続させて角環状の切り込み部又は溝部を設けたことを特徴とする請求項 1 記載の餅。

【発明の詳細な説明】

【0001】

【発明の属する技術分野】

　本発明は，例えば個包装されるなどして販売される角形の切餅に関するものである。

【0002】

【従来の技術及び発明が解決しようとする課題】

餅を焼いて食べる場合，加熱時の膨化によって内部の餅が外部へ突然膨れ出て下方へ流れ落ち，焼き網に付着してしまうことが多い。

【0003】

そのためこの膨化による噴き出しを恐れるために十分に餅を焼き上げることができなかったり，付きっきりで頻繁に餅をひっくり返しながら焼かなければならなかった。古来のように火鉢で餅を手元に見ながら焼く場合と異なりオーブントースターや電子レンジなどで焼くことが多い今日では，このように頻繁にひっくり返すことは現実なかなかできず，結局この突然の噴き出しによって焼き網を汚してしまっていた。

【0004】

このような膨化現象は焼き網を汚すだけでなく，焼いた餅を引き上げづらく，また食べにくい。更にこの膨化のため餅全体を均一に焼くことができないなど様々な問題を有する。

【0005】

しかし，このような膨化は水分の多い餅では防ぐことはできず，十分に焼き上げようとすれば必ず加熱途中で突然起こるものであり，この膨化による噴き出し部位も特定できず，これを制御することはできなかった。

【0006】

そのため，この餅のどこからともなく噴き出る膨化は焼き餅においては仕方ないものとされており，それ故一度に多く食する場合は，煮て食べざるを得なく一度に沢山焼いて食べることは難しいとされていた。

【0007】

一方，米菓では餅表面に数条の切り込み（スジ溝）を入れ，膨化による噴き出しを制御しているが，同じ考えの下切餅や丸餅の表面に数条の切り込みや交差させた切り込みを入れると，この切り込みのため膨化部位が特定されると共に，切り込みが長さを有するため噴き出し力も弱くなり焼き網へ落ちて付着する程の突発噴き出しを抑制することはできるけれども，焼き上がった後その切り込み部位が人肌での傷跡のような焼き上がりとなり，実に忌避すべき状態となってしまい，生のつき立て餅をパックした切餅や丸餅への実用化はためらわれる。

【0008】

本発明は，このような現状から餅を焼いた時の膨化による噴き出しはやむを得ないものとされていた固定観念を打破し，切り込みの設定に

よって焼き途中での膨化による噴き出しを制御できると共に，焼いた後の焼き餅の美感も損なわず実用化でき，しかも切り込みの設定によっては，焼き上がった餅が単にこの切り込みによって美感を損なわないだけでなく，逆に自動的に従来にない非常に食べ易く，また食欲をそそり，また現に美味しく食することができる画期的な焼き上がり形状となり，また今まで難しいとされていた焼き餅を容易に均一に焼くことができ餅の消費量を飛躍的に増大させることも期待できる極めて画期的な餅を提供することを目的としている。

【0009】

【課題を解決するための手段】

添付図面を参照して本発明の要旨を説明する。

【0010】

焼き網に載置して焼き上げて食する輪郭形状が方形の小片餅体 1 である切餅の載置底面又は平坦上面ではなくこの小片餅体 1 の上側表面部 2 の立直側面である側周表面 2A に，この立直側面 2A に沿う方向を周方向としてこの周方向に長さを有する一若しくは複数の切り込み部 3 又は溝部を設け，この切り込み部 3 又は溝部は，この立直側面 2A に沿う方向を周方向としてこの周方向に一周連続させて角環状とした若しくは前記立直側面部 2A の対向二側面に形成した切り込み部 3 又は溝部として，焼き上げるに際して前記切り込み部又は溝部の上側が下側に対して持ち上がり，最中やサンドウィッチのように上下の焼板状部の間に膨化した中身がサンドされている状態に膨化変形することで膨化による外部への噴き出しを抑制するように構成したことを特徴とする餅に係るものである。

【0011】

また，焼き網に載置して焼き上げて食する輪郭形状が方形の小片餅体 1 である切餅の載置底面又は平坦上面ではなくこの小片餅体の上側表面部 2 の立直側面である側周表面 2A に，この立直側面 2A に沿う方向を周方向としてこの周方向に一周連続させて角環状の切り込み部 3 又は溝部を設けたことを特徴とする請求項 1 記載の餅に係るものである。

【0012】

【発明の実施の形態】

好適と考える本発明の実施の形態（発明をどのように実施するか）を，図面に基づいてその

作用効果を示して簡単に説明する。

【0013】

小片餅体1の上側表面部2には，長さを有するあるいは長さが短くても複数配置された切り込み部3又は溝部（以下，単に切り込み3という）が予め形成されているため，小片餅体1を焼く場合には単に焼き網に小片餅体1を載せて加熱するだけで，膨化による噴き出しが生じない。

【0014】

即ち，従来は加熱途中で突然どこからか内部の膨化した餅が噴き出し（膨れ出し），焼き網に付着してしまうが，切り込み3を設けていることで，先ずこれまで制御不能だったこの噴き出し位置を特定することができ，しかもこの切り込み3を長さを有するものとしたり，短くても数箇所設けることで，膨化による噴出力（噴出圧）を小さくすることができるため，焼き網へ垂れ落ちるほど噴き出し（膨れ出）たりすることを確実に抑制できることとなる。

【0015】

しかも本発明は，この切り込み3を単に餅の平坦上面（平坦頂面）に直線状に数本形成したり，X状や+状に交差形成したり，あるいは格子状に多数形成したりするのではなく，周方向に形成，例えば周方向に連続して形成してほぼ環状としたり，側周表面2Aを周方向に沿って形成するため，この切り込み3の設定によって焼いた時の膨化による噴き出しが抑制されると共に，焼き上がった後の焼き餅の美感も損なわない。しかも焼き上がった餅が単にこの切り込み3によって美感を損なわないだけでなく，逆に自動的に従来にない非常に食べ易く，また食欲をそそり，また美味しく食することができる焼き上がり形状となり，それ故今まで難しいとされていた焼き餅を容易に均一に焼くことができることとなる。

【0016】

即ち，例えば，側周表面2Aに切り込み3を周方向に沿って形成することで，この切り込み部位が焼き上がり時に平坦頂面に形成する場合に比べて見えにくい部位にあるというだけでなく，オーブン天火による火力が弱い位置に切り込み3が位置するため忌避すべき焼き形状とならない場合が多い。

【0017】

また，この側周表面2Aに形成することで，

膨化によってこの切り込み3の上側が下側に対して持ち上がり，この切り込み部位はこの持ち上がりによって忌避すべき焼き上がり状態とならないという画期的な作用・効果を生じる。

【0018】

即ち，この持ち上がりにより，図2に示すように最中やサンドウィッチのような上下の焼板状部の間に膨化した中身がサンドされている状態，あるいは焼きはまぐりができあがりつつあるようなやや片持ち状態に開いた貝のような形状に自動的に膨化変形し，自動的に従来にない非常に食べ易く，また食欲をそそり，また美味しく食することができる焼き上がり形状となる。またほぼ均一に焼き上げることが可能となる。

【0019】

本発明の方形（直方形）の切餅の場合，立直側面たる側周表面2Aに切り込み3をこの立直側面に沿って形成することで，たとえ側周表面2Aの四面全てに連続して角環状に切り込み3をめぐらし形成しなくても，少なくとも対向側面に所定長さ以上連続して切り込み3を形成することで，膨化によって流れ落ちる程噴き出すことなく，この切り込み3に対して上側が持ち上がり，前述のように最中やサンドウィッチのような上下の焼板状部間に膨化した中身がサンドされている状態，あるいは焼きはまぐりができあがったようなやや片持ち状態に開いた貝のような形状となり，自動的に従来にない非常に食べ易く，また食欲をそそり，また美味しく食することができる焼き上がり形状となる。

【0020】

特にこの切り込み3を側周表面2Aに，小片餅体1の輪郭縁に沿った周方向に連続してほぼ四角環状に形成すれば，一層前記作用・効果が確実に発揮され，極めて画期的な餅となる。

【0021】

【実施例】

本発明の具体的な実施例について図面に基づいて説明する。

【0022】

本実施例は，つき立ての餅を急冷して個包装パックし袋詰めして市販する餅（例えばオーブントースターで焼いたり，電子レンジで加熱したりして食する餅）に本発明を適用したもので，切餅に適用した実施例である。

【0023】

切餅における小片餅体1は，長方体状で輪郭

形状は四角形である。

【0024】

　本実施例では，この直方形状の小片餅体1の上側表面部2の立直側面である側周表面2Aに，この立直側面2Aに沿う方向を周方向としてこの周方向に連続させてほぼ角環状とした切り込み部3を設けている。

【0025】

　即ち，外側四面の側周表面2Aに切り込み3を連続してこれに沿ってめぐらすことで四角環状の切り込み3を形成している。

【0026】

　この四面の立直側面（側周表面2A）に切り込み3を形成することで丸餅における実施例より更に前記作用・効果は顕著に発揮される。

【0027】

　即ち，立直側面たる側周表面2Aに切り込み3をこの立直側面に沿って形成することで，図2に示すように，この切り込み3に対して上側が膨化によって流れ落ちる程噴き出すことなく持ち上がり，前述のように最中やサンドウィッチのような上下の焼板状部間に膨化した中身がサンドされている状態（やや片持ち状態に持ち上がる場合も多い）となり，自動的に従来にない非常に食べ易く，また食欲をそそり，また美味しく食することができる焼き上がり形状となる。

【0028】

　従って，例えば図3に示すように対向二側面の側周表面2Aに刃板5によって切り込み3を形成することで，（前後に切り込み3を殆ど形成せず環状に切り込み3を形成しないが）四面に全てに連続させて形成して四角環状とする場合に比して十分ではないが持ち上がり現象は生じ，前記作用・効果は十分に発揮される。

【0029】

　即ち，刃板5に対して小片餅体1を相対移動するだけで小片餅体1の両側の側周表面2Aに周方向に十分な長さを有する切り込み3を簡単に形成でき，前記作用・効果が十分に発揮されると共に，量産性に一層秀れる。

【0030】

　尚，本発明は，本実施例に限られるものではなく，各構成要件の具体的構成は適宜設計し得るものである。

【0031】

　例えば，切り込み3は先鋭なカッターや回転する刃板5などによって形成したが，凹条部を押圧形成し，切り込み3に代えて溝部としても良い。

【0032】

【発明の効果】

　本発明は上述のように構成したから，切り込みの設定によって焼き途中での膨化による噴き出しを制御できると共に，焼いた後の焼き餅の美感も損なわず実用化でき，しかも切り込みの設定によっては，焼き上がった餅が単にこの切り込みによって美感を損なわないだけでなく，逆に自動的に従来にない非常に食べ易く，また食欲をそそり，また現に美味しく食することができる画期的な焼き上がり形状となり，また今まで難しいとされていた焼き餅を容易に均一に焼くことができ餅の消費量を飛躍的に増大させることも期待できる極めて画期的な餅となる。

【0033】

　しかも本発明は，この切り込みを単なる餅の平坦上面に直線状に数本形成したり，X状や＋状に交差形成したり，あるいは格子状に多数形成したりするのではなく，周方向に形成，例えば周方向に連続して形成してほぼ環状としたり，あるいは側周表面に周方向に沿って対向位置に形成すれば一層この切り込みによって焼いた時の膨化による噴き出しが抑制されると共に，焼き上がった後の焼き餅の美感も損なわず，しかも確実に焼き上がった餅は自動的に従来にない非常に食べ易く，また食欲をそそり，また美味しく食することができる焼き上がり形状となり，それ故今まで難しいとされていた焼き餅を容易に均一に焼くことができることとなる画期的な餅となる。

【0034】

　また，切り込み部位が焼き上がり時に平坦頂面に形成する場合に比べて見えにくい部位にあるというだけでなく，オープン天火による火力が弱い位置に切り込みが位置するため忌避すべき焼き形状とならない場合が多く，膨化によってこの切り込みの上側が下側に対して持ち上がり，この切り込み部位はこの持ち上がりによって忌避すべき焼き上がり状態とならないという画期的な作用・効果を生じる。

【0035】

　特に本発明においては，方形（直方形）の切餅の場合で，立直側面たる側周表面に切り込みをこの立直側面に沿って形成することで，たと

【図1】

【図3】

【図2】

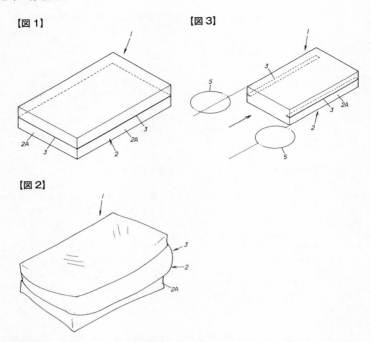

え側周面の周面全てに連続して角環状に切り込みを形成しなくても，少なくとも対向側面に所定の長さ以上連続して切り込みを形成することで，この切り込みに対して上側が膨化によって流れ落ちる程噴き出すことなく持ち上がり，しかも完全に側面に切り込みは位置し，オーブン天火の火力が弱いことなどもあり，忌避すべき形状とはならず，また前述のように最中やサンドウィッチのような上下の焼板状部で膨化した中身がサンドされている状態，あるいは焼きはまぐりができあがったようなやや片持ち状態に開いた貝のような形状となり，自動的に従来にない非常に食べ易く，また食欲をそそり，また美味しく食することができる焼き上がり形状となる。

【図面の簡単な説明】

【図1】　第一実施例（切餅に適用した一実施例）を示す斜視図である。

【図2】　第一実施例（切餅に適用した一実施例）を示す焼き上がり状態の斜視図である。

【図3】　第二実施例（切餅に適用した別実施例）を示す斜視図である。

【符号の説明】
1　小片餅体
2　上側表面部
2A　側周表面（立直側面）
3　切り込み部（切り込み）

フロントページの続き

(56) 参考文献　特開平07—250636（JP，A）
　　　　　　　　特開2004—97063（JP，A）
　　　　　　　　特許第3817255（JP，B2）

(58) 調査した分野（Int.Cl.，DB名）
　　　A23L1/10-1/105

＊原本を基に形式・体裁に変更を加えるとともに，文字の表記を一部改めた。

第3章　著作権法

Ⅰ■著作権法の全体像

　ここでは，他の知的財産法と比較した著作権法の特徴を挙げながら，著作権
法がどのような内容を定めているのか，その全体像を把握する。

1　著作権法の目的

　著作権法の目的は，著作物等の公正な利用に留意しつつ，著作者等の保護を
図ることにより，文化の発展に寄与することである（1条）。多くの著作物が社
会に生み出され，人々がその価値を享受できることは，芸術や学問をはじめと
する文化の発展を促すための重要な要素である。そこで著作権法は，著作物を
創作した著作者に対し，著作物に関する権利を与えることによって，著作物の
創作活動を促進することを意図している。また，著作物は，それが広く頒布さ
れ利用されることによって，多種多様な情報を社会にもたらすものであり，文
化の発展に寄与するものとなる。そこで，法の目的においても，著作者を保護
することと同時に，著作物の公正な利用にも配慮することが謳われている。

(1)　保護の対象——著作物

　著作権法は，著作物と呼ばれる，多種多様な創作物（小説，映画，音楽，絵画，
写真，建築物，地図など）を保護する法律である。私たちは，これらの著作物を，

123

様々な方法で見たり，聞いたり，使用したりして生活している。こうした著作物の利用に関するルールを定めているのが**著作権法**である。

　ただし，著作「物」といっても，著作権法が保護の対象としているのは，有形的に存在する「物」ではない。たとえば，小説は，印刷・製本され，書籍という物（＝**有体物**）として存在するが，小説の文章表現自体は，有形的な形をもたずに存在している（＝**無体物**）。この無体物である表現こそが著作物であり，著作権法は，無体物である表現を保護している。その表現が固定された有体物（上記の例でいう書籍）については，民法上の所有権という別の権利により利用のルールが定められている[1]。そのため，購入した書籍を焼却する場合には民法（所有権）が，その書籍の文章の一節を利用する場合には著作権法が，それぞれ適用されることになる。前者はその書籍の有体物の側面が，後者は無体物の側面が利用されているからである（→第1章 I 2 も参照）。

> 　もっとも，両者の権利が重複する場合もある。たとえば，彫刻の所有者が，展示の際の安全を考えて，その一部を切除した場合，有体物としての側面を利用していると同時に，彫刻の表現である無体物の側面も利用（改変）していることになる。著作権法は，有体物としての利用が，その無体物としての利用にも当たる場合には，所有権者であっても，その処分権限が制限されるとしている（詳細は，頒布権・譲渡権・貸与権，同一性保持権の箇所→IV 1 (2)(c)，及びVI 4 等を参照）。

　創作物を保護する法制度としては，**特許法**（→第2章参照）も存在するが，特許法が産業上利用される技術的な思想（アイデア）を保護対象としているのに対し，著作権法は，文化的な創作物の表現を保護対象としている点で，対象とする創作物の性質が異なる。

(2)　著作者等の保護——著作権と著作者人格権

　著作者には，**著作権**と**著作者人格権**という2種類の権利が付与されている。著作権は，著作者の財産的利益を，著作者人格権は，著作者の精神的利益を保護する権利である。

　これらの権利を取得するのは**著作者**（＝著作物を創作した者〔2条1項2号〕）である（17条1項）。一つの著作物に対して，複数の著作者が存在することもあ

---

1)　最判昭和59・1・20民集38巻1号1頁〔顔真卿自書建中告身帖事件〕。

る（**共同著作物**〔2条1項12号〕。→Ⅲ2参照）。このように，著作権法は，著作物を創作した者に権利を帰属させることを原則としているが，一定の要件を充たした場合には，実際に著作物を創作した者ではなく，その使用者である法人等が著作者となることも認めている（**職務著作**〔15条〕。→Ⅲ3参照）。

　なお，著作権は譲渡できるが（61条1項），著作者人格権は著作者の一身に専属するものとされ，譲渡することはできない（59条）。そのため，著作権を有する者（**著作権者**）が，著作者であることもあれば，著作者以外の者であることもある。これに対し，著作者人格権は常に著作者が有することになる。

　著作者は，これらの権利にもとづき，自分の作った著作物を勝手にコピーされて販売されたり，改変されたりすることを禁止できる。

　では，なぜ，著作者にこうした権利が与えられるのだろうか。著作権等が付与される根拠については，様々な考え方が示されている。大別すれば，著作物には創作者の思いや才能など，その者の人格が反映されているから，創作者がその利用に対して権利を有することが正当化されるとの考え方（人格権的理解）と，自らが創作した著作物の利用に対して対価を取得する手段を与えることにより，著作物の創作や公表が促進され，より多くの富が社会に生じるという観点から，これを正当化する考え方（功利主義的理解）がある。多くの著作物が商品として経済的価値を有し，実際に市場で取引されていることを考えれば，後者の視点が不可欠であることは否定できないが，わが国の著作権法は，著作者の人格的利益についても保護しており，いずれかの見解にのみ与するのは適切とはいえないだろう。具体的な権利範囲の判断においては，文化の発展という法目的から，いずれの側面を重視すべきかを個別に考えていく必要がある。

(3)　著作物の保護と公正な利用

　では，著作権，著作者人格権とは，どのような権利であろうか。17条1項によれば，著作者人格権とは，18条から20条に定められた権利であり，著作権とは，21条から28条に定められた権利である。ここから分かるように，著作権，著作者人格権とは，これらの個別の条項が定める権利の総称にすぎない。個別の条項では，それぞれの権利の対象となる具体的な利用行為（たとえば，18条では著作物の公表，21条では著作物の複製）が定められており，これらの利用に関する権利は，著作者が独占的に有するものとされている（なお，これらの条

125

項で定められた個々の権利は，**支分権**と呼ばれている。→Ⅳ1**図表 3-3** 参照）。

　そのため，著作者以外の者が，支分権で定められた利用行為を無断で行うことは，その支分権の侵害となる。言い換えれば，著作物を使用していても，支分権が対象とする行為に該当しなければ侵害ではない。たとえば，著作物を視聴する行為についての支分権は存在しないので，著作権法上は，著作物を見たり聞いたりする行為は誰もが自由に行うことができる（著作権法上，権利の対象となる行為は，一般に「利用」と呼ばれ，「使用」と区別されている）。このように，個別の支分権を定めることによって，同法は，侵害となる行為と侵害とならない行為とを明確にしている（詳細は，→Ⅳ参照）。

　加えて，支分権の対象に含まれる行為であっても，たとえば，学術論文中に，他人の論文の一部を引用して掲載する場合などのように，著作物の利用を認めた方が学問や文化の発展に資すると考えられる行為については，支分権の権利範囲から除外する規定（＝**制限規定**）が定められており，一定の要件の下で，権利者の許諾なく著作物を利用することが許されている（詳細は，→Ⅴ参照）。

　さらに，著作権法（や著作権等管理事業法という法律）は，多数の定型的な利用が予想される著作物や利用態様については，より簡便に利用の許諾等を受けることができるように，権利行使や権利管理の一元化（＝**権利の集中管理**）についても定めている。これは，特定の団体が個々の権利者に代わって利用の許諾等を行うことによって，許諾等にかかる手続やコストを軽減し，著作物の利用が円滑になされるようにするための工夫である。

　また，たとえば，古い著作物であるために権利者が不明になっているなど，権利者の許諾を得ることが難しい場合には，文化庁長官の裁定を受けることによって，著作物を利用することが可能となる制度（＝**裁定制度**）も設けられている（以上について，詳細は，→Ⅸ参照）。

　著作権にも，産業財産権と同様に**存続期間**が定められており（51条以下。詳細は，→Ⅷ参照），存続期間満了後は誰でも自由にその著作物を利用できる。

　このように，著作権法は，一方で，著作者の著作物の利用に関する独占的権利を定め，他方で，著作物の利用者の利益を確保するための様々な規定をおくことによって，著作者の保護と著作物の利用とのバランスを図っている。

(4)　著作隣接権

　著作権法には，著作権，著作者人格権のほかに，**著作隣接権**という権利も規定されている（89条以下）。これは，俳優や演奏家，テレビ放送局等のように，著作物を広く伝達，流通させる行為を行っている者のうち，特に重要な役割を果たしていると考えられる特定の者（実演家，放送事業者，有線放送事業者，レコード製作者の四者）に対して与えられる権利である（このうち，実演家には，実演家人格権も与えられている）。

　そのため，たとえば，CD に録音された音源を使って，ある歌手のヒット曲をインターネット上にアップロードする場合，その詞や曲に関する著作権や著作者人格権の他にも，歌を歌っている歌手（実演家）や CD を製作したレコード会社（レコード製作者）の著作隣接権についても目配りをする必要がある。

　もっとも，著作隣接権は，著作物の伝達や流通の安定化を目的とする権利であり，著作物の創作によって生じる著作権や著作者人格権とはその性質が大きく異なる。そのため，その権利範囲は著作権等よりも狭く定められている。

2　権利取得の手続

　著作権法は，著作権や著作者人格権を取得するために，何らの手続も要求していない（＝**無方式主義**。17条2項）。したがって，保護の要件を充たすもの（＝著作物）が創作されると同時に，これらの権利が自動的に発生する（51条1項）。この点は，権利取得のために出願や登録を要求する産業財産権法との大きな違いである。

　もっとも，著作権法にも登録制度自体は存在する。しかし，著作権法上の登録制度は，権利の所在を明確にしたり，権利の変動を第三者に対抗することを可能にしたりすることを目的として設置されているものであり（77条・88条等を参照），権利発生・取得の要件ではないという点で，産業財産権法における登録制度とはその役割が大きく異なっている。

3　著作権法の保護の対象となる著作物

　わが国の著作権法が保護の対象とする著作物には，日本国民の著作物や最初に日本国内で発行された著作物のほか，条約によって保護の義務を負う著作物

も含まれる（6条）。映画や音楽を想起すればわかるように，著作物は容易に国境を越えて流通，利用されるものであることから，早くから国際的保護が図られてきた。たとえば，わが国をはじめ，世界170か国以上が加盟するベルヌ条約[2]では，各国が定めるべき最低限の保護の内容等が定められており，同盟国の国民の著作物はわが国の著作権法で保護され，日本国民の著作物も各同盟国において保護されることとなっている。

　ただし，わが国の著作権法が妥当する地理的範囲は，わが国の領土内のみであり，各同盟国内での利用行為には，当該同盟国の著作権法が適用される。

Ⅱ　著作物の要件

　ここでは，「著作物」の概念について取り上げる。著作物に当たるかどうかは，その創作物が，著作権法上保護されるか否かを決する基準である。もっとも，裁判例において，いかなるものが「著作物」に当たるのか（すなわち，著作権法で保護されるのか）という問題は，創作物全体がそっくりそのまま利用（デッドコピー）された事案を除き，実質的には侵害が成立するかどうかの判断において検討されることが多い。侵害の成立には，利用された部分が，著作物として保護される部分に当たることが必要とされているからである（→Ⅶ1(2)参照）。また，著作物とは何かという問題は，権利者となる「著作者」は誰か（→Ⅲ参照）という判断にも影響を与える。このように，「著作物」は，著作権法の制度全体に関わる重要概念であるが，その定義が抽象的であるがゆえに，理解が難しい概念の一つでもある。

1　著作物とは何か

　著作物とは，「思想又は感情を創作的に表現したものであって，文芸，学術，美術又は音楽の範囲に属するもの」をいうと定義されている（2条1項1号）。創作物のうち，この定義に該当するもののみが著作権法により保護される。後で詳しくみるように，著作権法にいう「著作物」には，多種多様なものが含まれており，私たちが通常「著作物」と考えているものよりも，かなり広い。

　もっとも，著作物の定義は非常に抽象的であるため，その具体例が即座には

---

2)　文学的及び美術的著作物の保護に関するベルヌ条約。→第1章Ⅳ2(2)参照。

イメージしにくい。そこで著作権法は，著作物を例示する規定を設けている（10 条 1 項）。そこでは，小説・脚本などの言語の著作物や，絵画・彫刻などの美術の著作物のほか，写真の著作物，図形の著作物，プログラムの著作物も挙げられている。ただし，10 条 1 項で列挙された著作物の種類は例示にすぎないので，問題の創作物が著作物か否かの判断においては，それがどの種類に該当するのかについて検討する必要はない。あくまでも，著作物に該当するかどうかは，2 条 1 項 1 号に定められた著作物の定義の要件を充たしているかどうかによって判断される。

　しかし，10 条 1 項の著作物の種類が，著作権法上，何ら意味を有しないかというと，そうではない。著作権の支分権や，著作権の制限規定の中には，特定の種類の著作物にのみ適用されるものが存在し（たとえば，支分権については 25 条，制限規定については 46 条を参照），また，「映画の著作物」については，権利の帰属や保護期間に関する特別規定（16 条・29 条・54 条）が存在している。したがって，これらの規定の適用を受けるかどうかを判断するためには，問題の著作物が特定の種類に属するかどうかを検討する必要が生じることになる。そのため，一部の著作物の種類については，その概念に関する規定がおかれている（2 条 2 項〜4 項等を参照）。

2　著作物の各要件

　著作物の要件は，「思想又は感情」を「創作的に」「表現したもの」であって，「文芸・学術・美術又は音楽の範囲に属するもの」の四つに分けることができる。ここからわかるように，著作物に該当するためには，その表現が何らかの物に固定されていること（たとえば，CD やハードディスクに録音されていること）は必要とされていない（ただし，後述するように，映画の著作物に該当するには固定性が要求されている〔2 条 3 項〕）し，市場で商品として取引されるものであることも必要とされていない。

　以下では，著作物の四つの要件の内容を順番に確認していく。

（1）「思想又は感情」の表現であること

（a）思想又は感情　　著作物に該当するためには，その創作物に，創作者の思想又は感情が表現されていることが要求される。もっとも，ここでいう「思

想・感情」は，哲学的思想や芸術的感情といった高度なもののみを意味しているのではなく，何らかの「人間の精神活動」[3] が表れていれば足りると解されている。したがって，落書きや日記なども，通常，創作者の何らかの考えや気持ちは表れているので，この要件を充たすと解されている。

では，この要件の充足が否定されるのはどのような場合だろうか。

まず，単なる事実や出来事そのものは，思想又は感情には当たらず，表現されていても著作物には当たらない。たとえば，ある県の市町村別の人口や，ある月の最低気温と最高気温といったデータそのものは事実であり，それを表した者の思想や感情は含まれていないため，著作物には該当しない。たとえ，そのデータの獲得に多大な労力を要した場合であっても，著作権法では保護の対象とはならない[4]。また，特殊な形をした石や木の枝，風の音といった自然の産物も思想・感情の要件を充たさないことになる。

ただし，事実や出来事等を素材とする創作物であっても，同要件を充たすものが多数存在することには注意しなければならない。たとえば，新聞記事は，事実や出来事を素材とする創作物であるが，その事実を伝達する具体的な文章表現（どの事実を重視し，どの順序で，どのような言葉を使うか）には，記者の視点，判断，工夫等が表れていると評価でき，思想又は感情の要件を充たすといえる。

(b)　10条2項との関係　　10条2項は，「事実の伝達にすぎない雑報及び時事の報道」は著作物ではないと規定する。ここでいう「事実の伝達にすぎない雑報及び時事の報道」とは，人事異動や死亡記事等のように，事実を端的に記した報道記事を指すと理解されている。事実をそのまま表現したにすぎないものは，前述のように「思想又は感情」の要件を充たさない（また，後述の「創作性」要件も充たさない）ため，同項の規定がなくとも，2条1項1号にもとづいて著作物性は否定されることになる。そのため，10条2項は確認規定と解されている。

---

3)　東京高判昭和62・2・19判時1225号111頁〔当落予想表事件〕。

4)　だたし，それが無断で流用された場合には，不法行為の成否が別途問題となりうる（東京地中間判平成13・5・25判時1774号132頁〔自動車データベース事件中間判決〕，知財高判平成17・10・6平成17（ネ）10049号〔読売新聞記事見出し事件〕等を参照）。

⑵　「創作的に」表現されたものであること

　著作物に該当するためには，その表現が創作的でなければならない。ここで要求される「**創作性**」の概念について，法は定義規定を置いていないが，裁判例では，「著作者の個性が何らかの形で現れていること」[5]であるとか，「誰が著作しても同様の表現となるようなありふれた表現のものは，創作性を欠〔く〕」[6]と解されている。この説示から分かるように，創作性の要件には，新規性や独創性，学術的価値・芸術的価値といった高いレベルは要求されていない。創作者独自の何らかの特徴が表されていればよく，別の人が創作したならば同じものにはならないと考えられる場合には，原則として創作性が認められる。そのため，幼稚園児の描いた絵や，小学生の作文も著作物たりうると解されている。

　このように創作性の概念が低いレベルでよいと解される理由としては，次のような説明がなされている。著作権法が規律する文化的領域は，特許法等が規律する技術的領域とは異なって，必ずしも発展の方向性が一方向に集約するものではなく，多方向への発展が可能である。そのため，できるだけ多様な創作物が生み出される方が，文化の発展に資するものと考えられる。そこで，創作者の個性が表れているという意味で，他の人では作られなかったであろう創作物が作られた場合には，それを保護することとし，多様な創作活動の促進を図ったのである。また，個性の表れを創作性の基準とする限り，一人ひとりの個性が異なることを前提とする以上，その表現が偶然一致する可能性は非常に低いと考えられるので，当該表現を一人の者に独占させたとしても，他者の創作活動に対する大きな弊害はないと考えられている。

　　学説には，創作性概念について，個性の表れではなく，「表現の選択肢の幅」ととらえるべきだとする見解もある（中山信弘『著作権法〔第3版〕』〔有斐閣，2020年〕70頁以下等を参照）。すなわち，表現の選択肢が多数考えられる場合に特定の表現を選択したのであれば，創作性が認められるが，表現の選択肢が限定されている場合には，他の者もその選択肢を採用する可能性が高いため，創作性は認められないというのである。これは，コンピュータプログラムのような機能的著作物も保

5)　前掲注3）当落予想表事件，東京地判平成17・5・17判時1950号147頁〔通勤大学法律コース事件〕等。
6)　東京地判平成7・12・18判時1567号126頁〔ラストメッセージ事件〕。

護対象となっている現行法においては，創作性判断において，創作者の人格の反映という意味での個性を問題とするのではなく，他に表現の選択の余地があるかどうかを検討した方が，他者の創作活動等を阻害することを回避できるとの発想にもとづく考え方であり，著作物該当性判断において，独占的権利を付与する場合の弊害の有無を直接に考慮すべきことを提案するものといえる。

(3)　表現であること

(a)　総　論　　次に，著作物とは，「表現」であると定義されている。したがって，頭の中で思いついただけで，それが外部に現れていないために他者が認識できないものは，表現されているとはいえず，保護の対象とはならない。

この要件は，次の二つの意味を有する。一つは，前述の創作性の要件は，創作物の「表現」について充たされなければならないこと，もう一つは，著作物として保護の対象となるのは「表現」であり，創作物に表れた思想やアイデアそれ自体ではないこと，である。

第一の意味から，アイデアがどんなに独創的であっても，そのアイデアを表現しようとすれば，誰が創作しても同じような表現になってしまう創作物は，著作物には該当しない。逆に，アイデアはありふれたものであっても，その具体的な表現に創作者の個性が表れている場合には，著作物たりうる。

第二の意味が示している原則は，**アイデア・表現二分論**，**思想・表現二分論**などと呼ばれ，著作権法の基本原則の一つである。以下で詳しくみていこう。

(b)　アイデア・表現二分論　　アイデア・表現二分論とは，著作物として保護されるのは「表現」であり，創作物に表れた思想やアイデア自体ではないという原則である。裁判例においては，研究論文において示された命題の解明過程と方程式[7] や，研究対象である「城」についての定義[8] は，研究の成果である研究者の独創的な知見を表してはいるが，思想そのものであるため，著作権法においては保護されないと判断されている[9]。

しかし，上記の例からもわかるように，創作物の中には，それがどのように

---

7)　大阪高判平成 6・2・25 判時 1500 号 180 頁〔脳波数理解析論文事件〕。
8)　東京地判平成 6・4・25 判時 1509 号 130 頁〔日本の城の基礎知識事件〕。
9)　学説や思想そのものは保護対象ではないことを示したその他の裁判例として，東京地判昭和
　　59・4・23 判タ 536 号 440 頁〔三浦梅園事件〕。

表現されているかということよりも，そこに示された独創的な思想やアイデア自体に大きな価値があるものが存在する。著作権法が思想やアイデア自体を保護しないというのでは，こうした創作物の保護としては不十分ではないか，との疑問も生じよう。

このような指摘に対しては，次のように考えることができる。

アイデア・表現二分論が採用されている理由は，思想やアイデア自体は誰でも自由に利用できるとすることにより，多様な研究活動，創作活動を行うことを可能とすることにあるとされている。上記の裁判例も，学問的思想そのものを保護し，その独占を認めることは，その思想が新しいものであったとしても，同領域の学問がさらに発展することを妨げる危険性が高いことを指摘している。

新規な思想や独創的アイデアの創出が文化の発展に資することは間違いないが，他者の研究によって明らかになった知見を批判したり改良したりすることや，既存の著作物のアイデアから刺激を受けて創作物を生み出すことは，学問の発展や創作活動において不可欠であり，文化の発展に資するものといえる。著作権法は，こうした行為を可能とするために，思想・アイデア自体の保護を否定していると考えられている。

もう一つの理由として，仮に思想・アイデア自体を保護すべきであるとしても，著作権法が，その保護制度として適していないことが挙げられる。創作性，すなわち，何らかの個性が認められるという低いハードルで思想やアイデアまで保護した場合，あらゆるアイデア等に権利が生じることになってしまい，創作活動の大きな阻害要素となるだろうことは容易に想像できる。しかし，アイデア等の実質的価値（新規性や独創性）を判断しようにも，無方式主義をとる著作権法では，その判断をする専門機関は存在していない。また，文化的領域においては，新規性がない表現だからといって文化的な価値が低いとは必ずしもいえないであろうから，多くの場合，その評価基準を策定すること自体が困難であろう。加えて，存続期間が原則として著作者の死後70年という長期であることも，思想・アイデア自体の保護制度として著作権法が適切ではない理由として挙げられている。

（c）10条3項　　10条1項の著作物の例示には，コンピュータプログラム（詳細は，→3⑴(i)参照）も列挙されているが，同条3項は，コンピュータプロ

グラムに対する保護は，プログラム言語，規約及び解法に及ばないことを規定
する。これらは，プログラムの作成に不可欠な要素であるから万人が利用でき
るようにすべきであり，アイデアに該当するものと解すべきである。そのため，
3項は，確認規定と位置づけられることになろう。

　(4)　文芸・学術・美術又は音楽の範囲に属すること

　(a)　総　論　　著作物に該当するには，その創作物が，文芸・学術・美術・
音楽のいずれかの範囲に属することが要求される。この要件は，著作権法が，
文化的所産である創作物を保護対象としていることを明らかにしており，産業
財産権法の保護対象との棲み分けを図ったものと位置づけられている。

　上記の四つの類型は，「美術」の範囲を除けば，非常に広く解されている。
言語表現による創作物は，原則として文芸の範囲に含まれると考えられており，
創作に専門的知識を必要とする地図やコンピュータプログラムは，学術の範囲
に含まれるものと解されている。また，音（旋律，リズム等）によって構成され
る創作物は，音楽の範囲に含まれる。そのため，この要件を充足しない創作物
はさほど多くはない。

　また，たとえば研究論文は，文芸の範囲にも学術の範囲にも属しうるが，ど
ちらに該当するかにより法的効果は変わらないので，いずれに属するのかを議
論することに実益はなく，四つの範囲はそれぞれ排他的（いずれか一つだけに属
するもの）ではないと理解されている。そのため，学説には，四つの概念を明
確に区別する必要はないとの見解もある。しかし，下記に見るように，美術の
範囲については，特に実用品に使用される美的要素の保護をめぐって，その解
釈に議論があり，検討の前提として，各概念の内容を明確にしておく必要性は
あるだろう。

　(b)　「美術」の範囲をめぐる議論　　(i)　応用美術　　絵画，彫刻，版画な
ど，もっぱら鑑賞の対象となる創作物（＝**純粋美術**）が美術の範囲に属するこ
とについては争いがない。他方，実用品（たとえば，皿，机，かばん等）に使用
されるデザイン（＝**応用美術**），特に量産される実用品に使用されるデザインに
ついては，視覚的な美的要素は有しているが，「美術」の範囲に属すると解す
べきかどうかが，裁判例上争われてきた。

　もっとも，純粋美術や応用美術といった概念自体は著作権法には存在せず，

134

この二つは，議論の便宜のために使用されている区分にすぎない。著作権法は，2条2項において，**美術工芸品**は美術の著作物に含まれることを規定するのみである。美術工芸品とは，（学説において議論はあるものの，立法時の議論においては）実用的用途を有してはいるが，美的鑑賞の対象ともなる一品製作品をいうものと解されており，たとえば，陶芸家が作成した壺，絵皿やガラス職人が作成したガラス工芸品等の一品製作品が該当する。美術工芸品も実用品であるので，上記の区分では応用美術に該当するともいえるが，そうであるとしても，美術工芸品は著作権法の保護対象とされている（2条2項）。

　残された問題は，量産される実用品の美的要素が「美術」の範囲に属するといえるかどうかである。

　この問題の背景には，量産される物のデザインを保護対象とする**意匠法**の存在がある [10]。意匠法（詳細は，→**終章Ⅱ**参照）は，意匠権の取得に登録を必要とし，登録には，その意匠が，今までにない新しいものであり，その業界で平均的水準にあるデザイナー（当業者）が容易には創作することができないものであること等を要求している。権利の取得にこうした高いハードルが課されているのは，実用品の場合，実用性や機能の点からそのデザインには一定の制約があり，低い基準での保護を認めた場合，あらゆる商品に権利が発生することになり，商品開発や市場における競争をかえって阻害してしまうと考えられたためである。仮に，量産される物品のデザインに著作権法の適用を認めるとすると，登録も必要なく，創作性という基準をクリアすれば保護が認められることになるので，意匠法を設けた意義を無にしてしまうことにもなりかねない。そのため，意匠法と著作権法との保護対象の棲み分けの必要性が意識されることになる。

　この問題を考える際には，まず，美術工芸品について規定する2条2項の性質をどのようにとらえるかという問題を確認する必要がある。同項を，応用美術の中でも美術工芸品については特別に保護されることを明示したもの（創設的規定）と解する場合，大量生産品のデザインについては，こうした規定がな

---

10)　美術の著作物該当性判断において，こうした問題背景に言及するものとして，神戸地姫路支判昭和54・7・9昭和49（ワ）291号〔仏壇彫刻事件〕，東京地判昭和56・4・20判時1007号91頁〔Tシャツ図柄事件〕。

い以上，保護されないと理解することになろう。しかし，裁判例，学説の多く
は，同項は確認規定であり，大量生産品のデザインの保護の可否は，解釈に委
ねられると解している[11]。

　その上で，従来の裁判例の多数は，原則として，大量生産される実用品の美
的要素は意匠法の保護対象とされるべきであり，著作権法上の保護を付与すべ
きではないとするが，純粋美術に該当すると認めうる高度の美的表現を備えて
いる場合や，純粋美術と同様にもっぱら美的鑑賞の対象と認められる場合には，
著作権法の保護対象となると判示してきた[12]。すなわち，大量生産品で実用
的な用途を有するものであっても美術の著作物に該当するものがあることを認
めているが，そのためには，純粋美術と同様に，実用的な目的を離れて，それ
自体が独立に美的な鑑賞の対象に足るものであることが必要であるという。

　こうした基準にもとづいて，博多人形については著作物性が肯定され（→**資
料 3-1**），帯の図柄については，著作物性が否定されている（→**資料 3-2**）。ま
た，実用的機能との分離に関しては，タコを模した滑り台に関し（→**資料 3-
3**），タコの足を模した部分は，座って滑走する遊具としての利用のために必
要な構成であり機能と分離することはできず，他方，タコの頭部を模した部分
のうち天蓋部分は，滑り台としての実用目的を達成するために必要な構成と分
離して把握できるが，その形状自体は単純でありふれたものであるから創作性
がないとして，全体として著作物性を否定した裁判例がある[13]。

　他方，こうした伝統的解釈を否定し，幼児用の椅子のデザイン（→**資料 3-
4**）について，応用美術の著作物性判断も一般の著作物と同様の基準に基づい
て行うべきであると述べたうえで，著作物性を認める裁判例が現れた[14]。す

---

11)　前掲注 10）仏壇彫刻事件等。ただし，大阪高判平成 2・2・14 平成 1（ネ）2249 号〔ニーチ
　　ェア事件〕は，応用美術でありながら著作物として保護されるのは美術工芸品に限られるとし，美
　　術工芸品とは，実用性はあるものの，その実用面及び機能面を離れて，それ自体として，完結した
　　美術作品としてもっぱら美的観賞の対象とされるものをいうと解すべきとする。

12)　前掲注 10）仏壇彫刻事件，前掲注 10）Tシャツ図柄事件，京都地判平成元・6・15 判時
　　1327 号 123 頁〔佐賀錦帯事件〕，東京高判平成 3・12・17 判時 1418 号 120 頁〔木目化粧紙事
　　件〕，大阪高判平成 17・7・28 判時 1928 号 116 頁〔チョコエッグフィギア事件〕等。

13)　知財高判令和 3・12・8 令和 3（ネ）10044 号〔タコの滑り台事件〕。

14)　知財高判平成 27・4・14 判時 2267 号 91 頁〔TRIPP TRAPP 事件〕。ただし，類似性が否定
　　されたため，結論として侵害は否定されている（→侵害要件については，後述Ⅶ1（2）参照）。

肯定例

資料 3-1

博多人形（長崎地佐世保支決昭和 48・2・7）

資料 3-4

幼児用の椅子（知財高判平成 27・4・14）

否定例

資料 3-2

佐賀錦帯（京都地判平成元・6・15）

資料 3-3

タコ滑り台（知財高判令和 3・12・8）

なわち，応用美術に対して一律に「美的鑑賞の対象となりうる美的特性」といった高い基準を課すべきではなく，創作者の個性が発揮されているかという基準により判断すべきであるという。こうした見解は，意匠法と著作権法の目的や保護範囲の違い等から，両者を重複して適用したとしても，意匠登録のインセンティブが害されるとはいえず，応用美術について両法の棲み分けの必要性はないとの理解に基づいている。

　もっとも，その後の裁判例において，後者の見解が広く取り入れられている

という状況にはなく，依然として，伝統的解釈を採用するものが多数を占めている。応用美術の著作物性判断に関しては，学説上も様々な見解が示されており，今後の裁判例における解釈とともに，具体的な著作物性判断（あてはめ）についても注視する必要がある。

　　(ⅱ)　印刷用書体（タイプフェイス）　　印刷用書体は，その創作に多くの労力と費用等を要するといわれるが，著作物として保護されるだろうか。

　文字の形状（たとえば「あ」の形）は既に決まっているものであるから，それ自体が著作物に当たらないのは当然であるが，文字を素材とする書画については，全体の構成や筆の勢い，墨の濃淡などの要素により，一般に著作物に該当すると解されている[15]。印刷用書体の創作においても，既存の文字の形にいかなる美的工夫を施すかという点に，作成者の思想又は感情が表れるであろうし，凝ったデザインの印刷用書体の中には，その美的表現に創作性を認めうるものも存在するようにも思われる。

　しかし，多数の下級審裁判例は，結論として，印刷用書体について著作物性を否定してきた[16]。その主な理由は，印刷用書体は実用的機能を有するものであり，その機能を離れて美的創作物であるとはいえない以上，保護は認められないというものである。

　この問題について最高裁は[17]，印刷用書体に著作物性が認められるためには，①従来の印刷用書体に比して顕著な特徴を有するといった独創性を備えており，②それ自体が美術鑑賞の対象となりうる美的特性を備えている必要があるとの判断を示し，結論として**資料 3-5** の書体につき著作物性を否定した。

　最高裁は，上記二つの要件が必要とされる理由を，印刷用書体の特性から導いている。すなわち，印刷用書体について，独創性よりも緩和した基準で著作物性を認めると，その書体を用いた印刷物の出版・複製に印刷用書体の権利者の許諾が必要となり，また，印刷用書体の改良も阻害することになり，結果として著作権法の目的に反するという。加えて，印刷用書体は，文字としての情

---

15)　東京地判昭和 60・10・30 判時 1168 号 145 頁〔動書 1 事件〕，東京地判平成元・11・10 判時 1330 号 118 頁〔動書 2 事件〕等。
16)　東京地判昭和 54・3・9 判時 934 号 74 頁，東京高判昭和 58・4・26 判時 1074 号 25 頁，大阪地判平成元・3・8 判時 1307 号 137 頁，東京高判平成 5・11・18 平成 5（ネ）1972 号。
17)　最判平成 12・9・7 民集 54 巻 7 号 2481 頁〔ゴナ書体事件〕。

資料 3-5

東五時四あいうえ

原告書体

資料 3-6

東五時四あいうえ

被告書体

報伝達機能を発揮する必要があるために，必然的にその形態には一定の制約を受けるものであり，これが一般的に著作物として保護されるものとすると，わずかな差異を有する無数の印刷用書体について著作権が成立することとなり，権利関係が複雑となり，混乱を招くと説明している。

　上記①②の要件をいずれも充たす印刷用書体は，現実にはほとんど存在しないであろうと思われるので，最高裁判決の基準の下では，著作権法による印刷用書体の保護は実際には困難といえる。

　　学説においては，印刷用書体は，情報伝達機能という実用的用途を有しているため，その形態が制約されるという点では，応用美術と同様の問題を有しているとの指摘がなされていた。上記②の要件は，応用美術に関する著作物性判断で紹介した，従来の裁判例が示してきた基準と同様のものといえよう。たしかに，印刷用書体は，情報を伝達するという実用的用途を有しているという点で，応用美術と同様の特性を有しているが，印刷用書体自体は，「物品」の形状等ではないと解されているため，意匠法にいう意匠には該当せず，意匠法との棲み分けという問題が生じない点で，応用美術とはその問題の背景を異にする。

　　他方，①の要件は，印刷用書体の創作性について，一般に要求される創作性基準よりも高いレベルを要求しているようにみえる。

　　最高裁の説示からは，上記の理由中，どの部分が①の要件を導く根拠であるのかは必ずしも明確ではなく，学説においても，①の要件を，創作性の基準に言及したものと理解するのか，あるいは，美術の範囲に属するか否かの判断に関して，印刷用書体に独自の基準を付加したものと理解するのかについては，見解の一致がない。前者の理解をとるならば，従来の創作性の概念に対して再考を迫る契機を含んでいるものといえるが，その場合，同様に実用的用途を有する建築物やデータベース等の著作物該当性判断との関係も念頭に入れて検討する必要があろう（これらの著作物については後述する）。

3 著作物の種類

既に述べたように，著作物に該当するかどうかの判断においては，2条1項1号の要件を充たすかどうかを判断すれば足りる。ただし，著作権法には，特定の種類の著作物にのみ付与される権利（たとえば，映画の著作物に関する頒布権）や，特定の種類の著作物にのみ適用される権利制限が規定されていたり，映画の著作物には権利の帰属についての特則が存在したりするので（→**図表3-1**参照），これらの規定の適用が問題となる場合には，その著作物が当該種類に属するかどうかについても判断する必要が生じる。

以下では，具体的にどのような創作物が保護されるのかについて，著作物の種類ごとに確認していく。

(1) 著作物の例示（10条1項）

(a) 言語の著作物　　小説や論文，詩，手紙などのように，言語により表現された著作物をいう。小説や詩などの場合，独自に創作したものであれば，著作物の要件を充たすものがほとんどであろうし，短歌や俳句などのように表現の形式が限定されているものであっても，言葉の選択や組み合わせの仕方は様々考えられるため，多くのものは著作物に該当しよう。これに対し，書籍のタイトル，新聞記事の見出し，キャッチコピーのように，極めて短文であり，かつ，その表現の自由度が小さいものについては，創作的表現に該当しないと判断され，著作物性が否定されるものが少なくない [18]。

(b) 音楽の著作物　　音（旋律，リズム等）によって表現された著作物をいう。他の著作物と同様，固定されている必要はないので，即興演奏された楽曲も著作物となりうる。

(c) 舞踏又は無言劇の著作物　　身振りや動作により表現された著作物をいう。著作物となるのは振り付け自体であり，それを踊る行為は，実演として著作隣接権の対象となる（2条1項3号・89条）。

スポーツ競技（フィギュアスケート，新体操，シンクロナイズドスイミング等）における振り付けは，競技の性質上，一定の動きを取り入れることが要求されていることなどから，創作性や美術の範囲に属するものという要件を欠くとして，

---

18) 記事見出しの著作物性について，前掲注4）読売新聞記事見出し事件，スローガンについて，知財高判平成27・11・10平成27（ネ）10049号〔エスプリライン事件〕。

図表 3-1　著作物の種類と関連する規定

著作物の種類	著作物の例	関連規定		
		概念等・帰属	支分権	制限規定
言語の著作物	小説，論文，詩，短歌，手紙		口述権（24 条）	
音楽の著作物	交響曲，ジャズ，創作和太鼓			
舞踏または無言劇の著作物	バレエ，パントマイム			
美術の著作物	絵画，彫刻，版画，イラスト	2 条 2 項	展示権（25 条）	45 条・46 条・47 条
建築の著作物	城，宮殿，塔			46 条
図形の著作物	地図，設計図，図表			
映画の著作物*	劇場用映画，テレビドラマ，CM	2 条 3 項 / 16 条・29 条	頒布権（26 条）	38 条 5 項
写真の著作物	フィルム写真，デジタル写真	2 条 4 項	展示権（25 条）	45 条
プログラムの著作物	ワープロソフト，コンピュータゲームソフト	2 条 1 項 10 の 2・10 条 3 項	（みなし侵害 113 条 5 項）	47 条の 3

＊映画の著作物については，→**図表 3-2** も参照。

一般に著作物には当たらないと解されているが，観賞用に構成されているものについては著作物性を肯定する見解もある[19]。

　(d)　美術の著作物　　絵画や彫刻などのように，形状，色彩，線などにより表現された，美的観賞の対象となる著作物をいう。美術工芸品（→前述 2(4)参照）は，2 条 2 項において美術の著作物に含まれることが明記されている。また，書画[20]，漫画，ポスターなども美術の著作物に含まれると解されており，その範囲は広い。

　美術工芸品以外の実用品の美的要素については，いわゆる応用美術の問題として，著作物該当性について前述の議論がある（→2(4)参照）。

　(e)　建築の著作物　　建築された構造物（建築物）の著作物をいう。もっと

---

19)　社交ダンスの振り付けについて著作物性を否定した裁判例として，東京地判平成 24・2・28 平成 20（ワ）9300 号〔Shall we ダンス？事件〕。

20)　前掲注 15）動書 1 事件，前掲注 15）動書 2 事件，東京高判平成 14・2・18 判時 1786 号 136 頁〔カタログ書画事件〕等。

も，建築物が著作物たるためには，「建築芸術」に該当しうる芸術性，美術性を備えている必要があると解されている。そのため，宮殿や城のような歴史的建造物は著作物に該当するが，一般住宅については，その外観に何らかの工夫が施されていても，著作物には該当しないと判断されている[21]。

　建築物は，実用性・機能性を有する創作物であり，こうした制約から，特に一般的住宅は類似した外観とならざるをえない。この場合，デザインに何らかの工夫が凝らされているという程度で著作権法上の保護を付与してしまうと，その後の建築物の設計や建築行為等への弊害が大きいと考えられたために，建築物が著作物たるためには，高い芸術性が必要と理解されたのであろう。

　このように考えるならば，建築の著作物に建築芸術と同様のレベルが要求されていることは，応用美術について，独立に美的観賞の対象となりうることが要求されていることと同様の理由によるものと理解することができ，この要件は，著作物の要件のうち，「美術……の範囲」の解釈にかかるものと位置づけることができる。

　（f）　図形の著作物　　地図，設計図，図表，模型等も，著作物となりうる。もっとも，これらの創作物が著作物に該当するには，その表現が創作的でなければならない。

　たとえば地図は，既存の地理的現象を所定の記号などによって平面に記述するものであるから，正確な地図を創作しようとする場合，同じような表現とならざるをえない。そのため，創作者の個性が発揮される余地は限定される。しかし，存在するすべてのものから，いかなる要素を選択し，どのように表記するかという，各種素材の取捨選択，配列及びその表示方法には，作成者の個性，学識，経験が現れうることから，その点に創作性を肯定することができると解されている[22]。

　また，設計図は，それを見た者が設計図に描かれた対象物を製作することができるように，一定のルール（製図法）に従って作成される。そのため，対象物が決定されれば，その表現は同様のものになることが多く，創作性が否定さ

---

21)　大阪地判平成15・10・30判時1861号110頁，大阪高判平成16・9・29平成15（ネ）3575号〔グルニエ・ダイン事件〕。

22)　富山地判昭和53・9・22判タ375号144頁〔住宅地図事件〕。

れる場合も少なくない[23]。

　なお，建築の著作物とその建築物の設計図は，異なる著作物であることに注意する必要がある。

　設計図については，対象を平面図として表した部分が「表現」として保護の対象となる。そのため，設計図自体を複製することなく，設計図に示された建築物を造ったとしても，設計図の表現は利用されていないので，「設計図の著作物」に関する侵害とはならない。

　ただし，建築の著作物については，図面に従って建築物を完成する行為も「建築の著作物」の複製（2条1項15号ロ）に該当するとされているので，建築行為は「建築の著作物」に関する侵害となる。

　(g)　映画の著作物　　映画の著作物の典型的なものは，劇場用映画であるが，この他にも，映画の効果に類似する視覚的・視聴覚的効果を生じさせる方法で表現され，物に固定された著作物も，著作権法上は映画の著作物に含まれる（2条3項）。映画の効果に類似する視覚的効果とは，映像が動きをもって見える効果をいうと解されているので[24]，テレビドラマやアニメーション，CMの映像等も映画の著作物に該当する。

　ゲームソフトについては，プレイヤーの操作によって現れる映像が異なり，常に一定の映像が再現されるわけではないため，物に固定されている（固定性）という要件を充足するかが問題となりうる。固定性の要件は，著作物が物と結びつくことによって，同一性を保ちながら存在し，かつ再現されることが可能である状態を指すと解されている[25]。ゲームソフトも同じ操作をすれば決められた影像が再生されるように設定されているから同要件を充たし，映画の著作物に該当する。固定性の要件を充たさないものは，テレビの生放送番組等で，放送と同時に録画がされていないものということになる。

　なお，**図表3-2**にあるように，映画の著作物については，権利の帰属や支分権等について，その他の著作物とは異なる規定が設けられている（→Ⅲ4及

23)　東京地判平成9・4・25判時1605号136頁〔スモーキングスタンド事件〕。
24)　東京地判昭和59・9・28判時1129号120頁〔パックマン事件〕。
25)　前掲注24)パックマン事件，最判平成14・4・25民集56巻4号808頁〔ゲームソフト中古販売事件最高裁判決〕。

図表 3-2　映画の著作物に関する規定

	概　念	権利帰属	支分権・制限	存続期間
映画の著作物に関する規定	2 条 3 項	16 条・29 条	26 条	54 条
		2 条 1 項 10 号	2 条 1 項 19 号	
			38 条 5 項	

びⅣ 1 (2)(c)⑦参照）。

　裁判例において映画の著作物該当性が争点とされる背景には，映画の著作物に対するこれらの特別規定の多くが劇場用映画を念頭に規定されたものであったため，劇場用映画と同様の特性を有しないゲームソフト等の映像に対し，これらの規定の適用を認めることがはたして妥当なのかという問題意識がある。

　（h）写真の著作物　　写真の著作物は，カメラ等の機器を用いて被写体を像として表現したものをいう。被写体をフィルムに焼き付け，現像処理を行ったものはもちろん，デジタルカメラによって撮影された写真も写真の著作物に含まれる（2 条 4 項）。

　写真の創作は，撮影する機械に大きく依存するため，撮影者の個性が発揮される余地は小さいように思われるが，既存の被写体を撮影する場合にも，撮影時刻，露光，陰影の付け方，レンズの選択，シャッター速度の設定，現像の手法などに撮影者の工夫を凝らすことができ，この点が写真の表現に反映されるため，創作性を認めうると理解されている[26]。

　被写体の選択や配置に関する撮影者の判断は，一般に，それのみでは写真の創作性を根拠づけないと解されている。これを認めた場合，他者が，同一の被写体を同様に配置して撮影する行為を著作権法が禁止しうることになり，他者の創作活動への弊害が大きいため，こうした判断はアイデアにすぎないと考えられているからである。しかし，被写体が，風景や人物等の現在するものではなく，**資料 3-15**（212 頁）の写真のように，撮影のために人為的に作られたものである場合，被写体に施された工夫を写真の創作性判断において考慮することが許されるかどうかについては争いがある。

26）　東京高判平成 13・6・21 判時 1765 号 96 頁〔スイカ写真事件控訴審判決〕。

　裁判例には，被写体自体に独自性がある場合に限り，被写体の有する創作的な表現も写真の創作性の判断において考慮されると判断したものがある[27]。他方，学説においては，被写体自体が著作権法により保護される創作性を有するのであれば，それ自体独立の著作物として保護されると解すべきであり，写真の著作物性判断において考慮すべきではないとする見解や，写真は，被写体を再現する一連の行為により著作物性を肯定するものであることから，被写体の選択や配置を写真の創作的表現と評価すべきではないとする見解もある。

　(i)　プログラムの著作物　　（コンピュータ）プログラム（2条1項10号の2）は，昭和60年法改正において，著作物の例示に追加された。著作物とは創作的表現であるから，その保護対象は，プログラムの機能ではなく，コンピュータに対する指示を記述するための人工言語（プログラミング言語）を使って，どのように記述されているかという表現の部分である。ゲームソフトは，画面に現れる映像表現は映画の著作物に該当しうるが，コンピュータへの指示を記述した表現部分は，プログラムの著作物に該当することになる。

　プログラムの重要な価値はその機能にあると考えられるが，機能自体は技術に関するものであるから，特許法の保護対象とはなりうるとしても，著作権法においてはアイデアと解され，保護の対象とならない。機能自体は保護されないにもかかわらず，プログラムに対して著作権法による保護を認めることの実益は，海賊版作成のようなデッドコピー行為に対して，登録等を要せずに法的保護を受けることができるという点にある。なお，10条3項については，前述の説明を参照されたい（→**2**(3)(c)）。

　(2)　編集著作物・データベースの著作物

　(a)　総　論　　10条1項の著作物の例示とは別に，12条及び12条の2には，編集著作物，データベースの著作物に関する規定が存在する。

　編集著作物とは，素材の選択又は配列に創作性を有する著作物をいう（12条1項）。**データベースの著作物**とは，情報の選択又は体系的構成に創作性を有する著作物をいう（12条の2第1項）。

　たとえば，絵画を素材とする画集，論文を素材とする論文集，商品写真や説

---

27)　前掲注26) スイカ写真事件控訴審判決。

明を素材とする商品カタログなどがこれに該当しうる。素材や情報自体は著作物である必要はないため，数値やデータを収集・整理したものや，著作権法では保護されない判決文（→4 参照）を編集した判例集であっても，その選択又は配列（体系的構成）のいずれかに創作性が認められれば，著作物として保護される。

　　　著作権法上，編集物の定義規定はないが，データベースについては，情報を電子計算機を用いて検索することができるようにしたものと定義されているので（2 条1 項 10 号の3），紙媒体のものは編集物，電子媒体のものはデータベース，と考えられている。たとえば，同じ内容の電話帳が，冊子体のものは編集物，CD-ROMやインターネット上で検索可能となっているものはデータベースとなる。

　もっとも，編集物やデータベースが著作物に当たるためには，素材の「選択又は配列」に創作性がなければならないため，誰が創作しても同様の選択や配列になる場合には創作性が認められず，保護されない。たとえば，ある年の著作権侵害に関する裁判例をすべて収録した判例集には，選択の創作性は認められないし，年月日順の配列である場合には，配列の創作性も認められない。職業別電話帳であるタウンページも，個々の電話番号・会社名の選択（掲載を希望したものすべてを選択している）や，それらを五十音順に配列している点には，創作性が認められないことになる。ただし，職業を分類する項目に着目すれば，1800 もの詳細な職業分類項目が三つの階層に分けられて構成されており，こうした体系的構成には創作性が認められるとして，タウンページデータベースは著作物に当たると判断した裁判例がある[28]。

　編集物やデータベースが著作物として保護されるとしても，そこに収録された素材や情報自体の著作者の権利には影響を及ぼさない（12 条2 項・12 条の2第2 項）。そのため，編集著作物（たとえば，画集）の利用には，編集物の著作者（画集の著作者）に加えて，素材等の著作者（収録された絵画の著作者）の許諾も必要となる。

　　　ただし，画集に掲載された絵画を1 点だけ利用する場合のように，編集著作物の

---

28)　東京地判平成 12・3・17 判時 1714 号 128 頁〔タウンページデータベース事件〕。

選択・配列の創作性がまったく利用されていない場合には，編集著作物としての創作的表現を利用するものではないので（侵害の成立には，著作物の「創作的表現」が利用されたことが要求されている。詳細は，→Ⅶ1(2)参照），素材の著作者からのみ許諾をとっておけばよいということになる。

(b) 「素材」及び「情報」の意義　　素材（情報）の選択又は配列（体系的構成）における創作性を判断するにあたっては，編集物の様々な要素のうち，何を「素材（情報）」ととらえるのかを確定する必要がある。

たとえば，前述のタウンページのような創作物の場合，各電話番号ではなく，抽象度を上げて，職業分類項目を「素材（情報）」ととらえて著作物性を判断することが認められるのだとすると，編集物等において，素材等に当たる要素は，階層的に複数存在すると考えることができる。

もっとも，編集物等においても，著作物として保護されるのはあくまでも表現であり，アイデアに当たる編集方針そのものは保護されないと理解されている。そのため，素材等を抽象的な階層でとらえることを認めるとしても，アイデア自体を保護することは認められず，その抽象化にも限界がある。

たとえば，個々の「判例百選」は，裁判例の選択や配列に創作性がある編集著作物といえようが，各法の重要な裁判例を100選び，見開きで一つの裁判例の解説を掲載するという方針自体はアイデアであり，保護の対象とはならない。また，「知恵蔵」という用語事典の紙面レイアウトについては，1頁の段数や字数，行間，タイトル・ページ番号・見出しの位置等は素材とはいえず，保護の対象とはならないと判断されている[29]。

(3) 二次的著作物

(a) 二次的著作物と原著作物　　**二次的著作物**とは，著作物を翻訳し，編曲し，若しくは変形し，又は脚色し，映画化し，その他翻案することにより創作した著作物をいう（2条1項11号）。たとえば，小説を映画化した映画や，小説を翻訳した翻訳物が，小説の二次的著作物に該当する。この場合，利用された著作物（小説）は，その二次的著作物の**原著作物**と呼ばれる。

二次的著作物の特徴は，既存の著作物（原著作物）を利用して創作される著

---

29)　東京地判平成10・5・29判時1673号130頁〔知恵蔵事件〕。

作物であるという点である。原著作物（例：小説）とその二次的著作物（例：映画）はそれぞれ独立の著作物であり，それぞれの著作物にそれぞれの権利が発生する。二次的著作物が保護されるとしても，原著作物の著作者の権利には何ら影響を与えない（11 条）。

　また，二次的著作物の利用には原著作者の権利も及ぶとされているので（28条），二次的著作物には，原著作物の著作者と二次的著作物の著作者の双方の権利が関わることになる。そのため，既存の著作物を利用して作られた創作物が，その二次的著作物に該当するのか，既存の著作物を複製したものにすぎないのか，それとも，原著作物の創作的表現がもはや維持されていない新たな著作物であるのか，という区別は，でき上がった創作物に関する権利関係を確定するという意味で重要である。

　また，二次的著作物は原著作物とは独立の著作物であるから，原著作者であっても，二次的著作物の著作者に無断で二次的著作物を利用することはできない。

　(b)　二次的著作物の要件　　既存の著作物を利用して作られた創作物がすべて二次的著作物に該当するわけではない。

　まず，二次的著作物というためには，元の著作物の創作的表現が新たな著作物にも維持されていることが必要であり，大きく改変されたことによって，元の著作物の創作的表現を感得できない状態になっている場合には，新たに創作されたものは二次的著作物ではなく，まったく別の新たな著作物となる。でき上がった創作物に元の著作物の創作性が維持されていないのであれば，その創作物に元の著作者の権利を及ぼすことに合理性はないからである。

　次に，二次的著作物も著作物である以上，翻案等の行為が加えられることによって，2 条 1 項 1 号の要件を充たす思想又は感情の創作的表現が新たに付加されたことが必要である。そのため，たとえば，「です・ます」調の文章を「である」調に変更しただけでは，変更後の文章には，新たな創作性が付加されたとはいえないため，変更後の文章は，元の文章の二次的著作物ではなく，その複製物である。この区別は，後述する著作権の支分権である複製権と翻案権（21 条・27 条。→Ⅳ1(1)①，(3)⑩）の違いにも関係する。

　先取りして説明すれば，翻案権は，著作物を翻訳，編曲，翻案等する権利で

あるため，小説の著作者に無断でそれを基にした脚本（二次的著作物）を創作する行為は，小説の翻案権の侵害となる。ただし，著作権法は，二次的著作物に該当するための要件として，適法に作成されたことは要求していないので，翻案権の侵害に当たる行為により作成されたものであっても，二次的著作物と認められる。

　　著作物である彫刻を撮影した写真が，著作物性の要件を充たす場合，彫刻と写真はどのような関係にあるだろうか。この場合，写真は彫刻の二次的著作物に該当するとの見解がある。確かに，写真は，彫刻の創作的表現を維持し，かつ，写真独自の新たな創作的表現も有している。しかし，二次的著作物の定義においては，著作物を「翻訳し，編曲し，……その他翻案することにより」創作した著作物とされており，既存の著作物の表現に何らかの改変を加えることを要求しているようにも読める。後者のように解した場合，彫刻の表現自体には何ら変更は加えられていないから，写真は彫刻の二次的著作物ではなく，彫刻の複製物にすぎないと理解されることになろう。これは，「翻案」の概念の理解と，著作物の確定の問題に関わる論点である。

4　保護の対象とならない著作物

13条は，著作物の要件を充たす場合であっても，憲法その他の法令（1号），国や地方公共団体が発する告示，訓令等（2号），裁判所の判決，決定等（3号），これらの翻訳物及び編集物で，国又は地方公共団体の機関が作成するもの（4号）については，広くその内容を頒布，周知させる必要があるため，著作権法の保護の対象としないことを規定している。

　ただし，13条により法令や判決が著作権法で保護されないとしても，民間の出版社が作成した法令集や判例集については，その選択・配列に創作性が認められるのであれば，編集著作物（→3(2)）として保護される。

Ⅲ 権利の帰属

　ここでは，著作物に関する権利を誰が有するのかについて説明する。著作権法は，原則として，著作物を創作した者にその著作物に関する権利を帰属させるという制度（創作者主義）を採用している。ただし，会社内で職務上作成される著作物や，映画の著作物については，その特性に応じた特別規定が設けられている点に注意する必要がある。

　著作物に関する権利として，著作権法上，**著作権**と**著作者人格権**という二種の権利が存在する（17条）。著作権法は，原則として，これらの権利は，「**著作者**」（＝著作物を創作した者）が有するとしている（同条1項）。この原則は，**創作者主義**と呼ばれる。

　もっとも，著作権については譲渡が可能であるから（61条），**著作権者**が，著作者であることもあれば，著作者以外の者であることもある。これに対し，著作者人格権は一身に専属し，譲渡ができないため（59条），著作者人格権は，常に著作者が有している。

1　著作者

　著作者とは，著作物を創作する者（2条1項2号）である。

　著作物とは，先に述べたように，思想又は感情の創作的表現で文芸等の範囲に属するもの（2条1項1号）であるから，著作者となるのは，著作物に当たる「創作的表現」を作出した者ということになる。したがって，創作に携わった者であっても，創作的表現部分の作出に関与していない者は，著作者ではない。たとえば，アイデアを提供したにすぎない者や，著作物に収録する情報のみを提供したにすぎない者，他者の指示に従って補助的に作業を行ったにすぎない者などは，著作者ではない。

　そのため，著作者の認定にあたっては，問題の著作物とその創作的表現とを確定し，誰がどの部分について，どのように創作に関与したのかを明らかにする必要がある。

　アイデアを提供したにすぎない者　　智恵子抄という詩集（編集著作物）について，企画・原案を作成した出版社の担当者と，最終的な詩集の内容を確定した詩の作者である高村光太郎のいずれが著作者に該当するかが争われた事案において，最高裁は，著作者は光太郎のみであると判断した（最判平成 5・3・30 判時 1461 号 3頁〔智恵子抄事件〕）。詩集の創作性は，詩の選択と配列にあるが，本件事案において，最終的にこれを決定したのは光太郎自身であるというのがその理由である。本件では，光太郎の妻である智恵子に関する詩を掲載するというコンセプトから，その選択や配列の選択肢がさほど多くなかったことと，担当者が選択・配列の決定について，光太郎の意向に全面的に従う立場にあったという事情が，その結論に影響したものと理解できる。

　情報のみを提供したにすぎない者　　雑誌に掲載された SMAP のインタビュー記事について，実際の記事を書いたライターのほか，口述者である SMAP のメンバーも当該記事の著作者に該当するかが争われた事件において，裁判所は，インタビュー記事については，文書作成の関与の態様や程度により，口述者が，インタビュー記事の単独の著作者又は原著作者となる場合，記事の執筆者とともに共同著作者となる場合，著作者とはならない場合に分けられると述べた（東京地判平成 10・10・29 判時 1658 号 166 頁〔SMAP インタビュー事件〕）。すなわち，口述の内容をそのまま記した記事の場合や，記事の文章作成に口述者が関与した場合には，口述者が単独で，又はライターと共同で著作者となりうるが，あらかじめ用意された質問に口述者が答え，それを元に，ライターが企画方針により取捨選択し，表現上の訂正等をしており，その過程で口述者が何ら表現の作出に関与していない場合には，口述者は単に文書作成のための素材を提供したにすぎず，当該記事の著作者には該当しないとされた。

2　共同著作者

　一つの著作物に複数の著作者が存在する場合もある。こうした著作物で，一定の要件を充たしたものは，著作権法上，**共同著作物**と呼ばれる。共同著作物に関する著作権や著作者人格権は，複数の著作者で共有することになる。こうした著作者は**共同著作者**と呼ばれる。共同著作物には，その著作権の持ち分を他の共有者に無断で譲渡できないなど，著作者の権利行使や権利の処分等に一定の制約がかけられている。

(1)　共同著作物の要件

　共同著作物に該当するための要件は，①二人以上の者が共同して創作した著

作物であること，及び，②各人の寄与を分離して個別的に利用することができないことである（2条1項12号）。いずれかの要件を欠く場合には，共同著作物に該当しない。

　まず，①の要件（共同創作性）について，多数的見解は，共同でその著作物を創作するということを著作者同士が認識していることが必要であると解している。この要件により，二次的著作物には該当しても，共同著作物には該当しない著作物が存在することになる。たとえば，Aの小説を勝手にBが翻訳した場合，翻訳についてAとBの共同創作の意思が存在しないため，その翻訳物はAとBの共同著作物とはならない（Bが翻訳物の著作者であり，Aはその原著作者である）。

　　　著作者同士の認識については，具体的な意思の合致までが要求されるわけではな
　　　く，客観的にみて，当事者間にお互いに相手方の意思に反しないという程度の関係
　　　の存在をもって，必要かつ十分であると解されている（大阪高判昭和55・6・26昭
　　　和52（ネ）1837号〔平家物語事件〕）。

　②の要件により，たとえば，作詞家と作曲家が共同で一曲の歌謡曲を作ったとしても，歌詞とメロディは，それぞれを個別に利用することができるため，その歌謡曲は共同著作物ではない（歌謡曲は，講学上，歌詞とメロディの**結合著作物**と呼ばれる）。そのため，歌詞については作詞家が，メロディについては作曲家がそれぞれ著作者となる。

　共同著作物の要件として上記の二要件が課されているのは，共同著作物は，以下にみるように，その権利行使等が制約されるためである。共同創作の意思がない場合や，個別利用が可能な場合は，それぞれの著作者が自由に権利行使できるようにした方が，著作物の利用の観点から適切であると考えられたのである。

(2)　共同著作物に該当した場合の効果

　共同著作物にかかる権利は共同著作者の共有となる。この場合，権利を行使する（たとえば，共同著作物の出版を許諾する，映画化を許諾する）には，共有者全員の合意が必要とされる（著作者人格権について64条1項，著作権について65条2項）。さらに，著作権の持ち分の譲渡や質権の設定にも，他の共有者の同意が

必要とされている（65条1項）。これらの行為は，他の著作者の利害に影響を及ぼすと考えられるため，共有者の同意が要求されているのである。

　ただし，著作物の利用を過度に妨げることのないように，共同著作者は，著作者人格権の行使に関しては信義に反して合意を拒むことはできず，著作権の行使に関しては正当な理由がない限り合意の成立を妨げることができない（64条2項・65条3項）。

　なお，共同著作者は，共同著作物の権利を侵害した第三者に対して，単独で差止請求や自己の持ち分についての損害賠償請求等を行うことができると明記されている（117条1項）。この規定からもわかるように，64条及び65条において単独で行うことが認められていない権利の行使とは，著作物の利用許諾等といった積極的行使を意味しており，侵害行為に対する救済は含まれない。

　　65条3項の合意を拒む「正当な理由」の有無の判断について，下級審裁判例（東京地判平成12・9・28平成11（ワ）7209号〔経済学書事件〕）では，「この『正当な理由』については，正当な理由が認められれば共有著作権の行使を望む他の共有者の権利行使を妨げる結果となることにかんがみ，当該著作物の種類・性質，具体的な内容のほか，当該著作物に対する社会的需要の程度，当該著作物の作成時から現在までの間の社会状況等の変化，共同著作物の各著作者同士の関係，当該著作物を作成するに至った経緯，当該著作物の創作への各著作者の貢献度，権利行使ができないことにより一方の共有者が被る不利益の内容，権利行使により他方の共有者が不利益を被るおそれなど，口頭弁論終結時において存在する諸般の事情を比較衡量した上で，共有者の一方において権利行使ができないという不利益を被ることを考慮してもなお，共有著作権の行使を望まない他方の共有者の利益を保護すべき事情が存在すると認められる」かどうかにより判断すべきと判示されている。

3　職務著作

　著作者とは，著作物の創作を行った者であるから，著作者となりうるのは自然人である。しかし，著作権法は，法人の従業員等が作成した著作物について，一定の要件を充たした場合に，実際には創作行為は行っていない法人が著作者となることを認めている。**職務著作**（法人著作）と呼ばれる制度である。

(1)　職務著作制度の趣旨

　こうした制度が設けられた趣旨については，以下のように考えられている。第一に，権利を法人等に一元的に帰属させることにより，権利処理を簡便・容

易にし，著作物の利用の促進を図るためである。

　法人内で作成される著作物には，複数の従業員がその創作に関わっていることも少なくなく，誰が創作したかを厳密に特定することが困難な場合がある。また，当該著作物が共同著作物である場合，その著作物の利用には，すべての著作者の許諾を必要とするから，個々の従業員が著作者となる場合には，利用の許諾を得るために多くの手間がかかる。もっとも，著作権については譲渡が可能であるから（61条1項），法人が従業員から著作権の譲渡を受けることによって問題の解決は可能であるが，著作物を改変して利用する場合には，著作権の他，著作者人格権に関する許諾も必要となる。著作者人格権は譲渡できないとされている（59条）ため，著作権と同様の解決を図ることはできない。そこで，法人等を著作者として，その権利を法人等に一元化し，利用許諾に伴う手続を容易にし，著作物の利用の促進を図っているのである。

　第二に，著作物の創作を促進するためである。法人内で著作物が作成される場合，通常，その作成にかかる費用等は，法人が負担するのが一般的である。一方，従業員は，その作成行為の対価としての報酬（給与等）を法人から受け取っている。そのため，著作物の創作にかかった費用を回収する必要があるのは法人であり，法人に権利を帰属させて著作物の利用を可能とする方が，法人がより安心して著作物の創作を行うことができると考えられているのである。

　⑵　職務著作の要件と効果

　15条1項は，法人等が著作者となるための要件として，①法人（著作権法上の法人には，法人格を有しない社団や財団も含まれうる〔2条6項〕）その他の使用者（法人等）の発意に基づいて，②法人等の業務に従事する者が，③職務上，作成した著作物であり，④法人等の著作名義の下に公表するものであること，⑤作成時における契約等に別段の定めがないこと，を定める。なお，プログラムの著作物については，別途規定が置かれており（15条2項），④の名義要件は必要とされていない。

　著作物が上記の要件を充たした場合には，法人等がその著作物の「著作者」となる。すなわち，法人等は，著作権を取得するだけではなく，著作者人格権も原始的に取得する（17条1項）。言い換えれば，著作物を実際に創作した従業員は，著作権だけでなく，著作者人格権も有しないこととなる。

　著作権だけでなく，著作者人格権についても法人等に帰属させる制度としたのは，先に述べたように，著作者人格権は譲渡ができないため，作成者である従業員が著作者人格権を行使しうる状況は，著作物の利用の弊害となると考えられたためである。また，職務著作物に関しては，その社会的な評価や信頼を得るのは法人であるということから，著作者人格権についても法人に帰属させることを肯定する見解もある（ただし，法人に対しても，自然人と同様の内容の著作者人格権を認めるべきかどうかについては，学説上，議論がある）。

　すべての権利を法人等に帰属させている点で，職務著作制度は，権利の一元化という観点からは徹底された制度ということができる。

(3)　各要件の内容

(a)　「法人等の発意」に基づくこと　　法人等から創作に関する直接的な指示があった場合のほか，著作物の創作についての意思決定が，法人等の判断に何らかの形でかかっていることが認められる場合には，この要件は充足されると解されている。したがって，従業員が自己の判断で創作した著作物であっても，そうした著作物の作成が業務上予想される場合には，同要件は充たされる。通常，法人等の従業員が職務上創作した著作物（以下の(b)(c)の要件を充たす場合）については，この要件の充足が否定されることはほとんどない。

(b)　「法人等の業務に従事する者」　　法人等と雇用関係にある者が「法人等の業務に従事する者」に該当することに争いはない。法人等が，社外のフリーランスのカメラマンやライターなどに創作を委託した場合は，原則として，同要件は充たさないと解される。通常，これらの者は，その法人等とは独立して創作活動を行っており，従業員と同様の勤務実態がなく，法人等からの指揮監督も受けてはいないからである。

　法人等の業務に従事する者の要件については，最高裁がRGBアドベンチャー事件において，その判断基準を示している。

RGBアドベンチャー事件最高裁判決（最判平成15・4・11判時1822号133頁）
　中国国籍のデザイナーであるXが，Y社で研修中に作成したアニメーションのキャラクター（図画）について，職務著作が成立するかが争点となった。Xは，研修中，Y社の従業員宅に居住し，Y社のオフィスにおいて作成作業をしており，

Y 社から給与も受けていたが，1，2 回目の来日の際は観光ビザで来ており，Y 社から就業規則の提示を受けたり給与から雇用保険料などの控除等がされたりはしなかった。そのため，1，2 回目の来日において作成した図画について，X が「法人等の業務に従事する者」に該当するかどうかが争われた。

最高裁は，法人等の業務に従事する者の概念について，雇用関係にある者がこれに該当することは明らかであるとしたが，「雇用関係の存否が争われた場合には」，両者の関係を実質的にみたときに，

① 法人等の指揮監督下において，労務を提供するという実態があり，

② 法人がその者に対して支払う金銭が労務提供の対価であると評価できる

場合に，雇用関係の存在を認めることができると判示し，雇用関係を否定した原審の判断を破棄し，差し戻した。

もっとも，この最高裁の一般論は，「雇用関係の存否が争われた場合」の判断基準を述べたものであり，雇用関係が認められない場合についての判断基準について言及したものではないことに注意する必要がある。

では，法人等と雇用関係にない者が同要件を充たすことはあるだろうか。派遣社員等のように，派遣先の法人とは雇用関係にはないが，実質的には雇用関係にある者と同様にその法人内で職務に従事している者も存在するため，同要件の解釈が問題となる。

裁判例では，雇用関係にある場合だけではなく，法人と創作者との間に著作物の作成に関する指揮命令関係があり，法人に著作権を原始的に帰属させることを当然の前提としているような関係にある場合も業務従事者に含まれるとの解釈を示すものがある [30]。もっとも，これらの裁判例は，実際の創作者と法人との間で権利の帰属が争われた事案ではなく，著作物を無断利用した第三者と法人との間での侵害事件であったことには留意する必要があろう。

学説も，雇用関係がない場合であっても，一定の要件の下で業務従事者該当性を認めるものが多数といえる。ただし，具体的にどのような場合であれば業務従事者性が認められるのかについては，必ずしも見解の一致がない。実質的な指揮監督関係が必要であるとする見解，実態としてみた場合に従業員として業務を行っていると認められることを要求する見解，指揮監督関係に加え，原

---

30) 東京地判平成 8・9・27 判時 1645 号 134 頁〔四谷大塚事件〕，東京地判平成 10・10・29 判時 1658 号 166 頁〔SMAP インタビュー記事事件〕。

始的に法人に著作権を帰属させることを前提としている関係であることを要求する見解などが存在する。

(c) 「職務上」　職務著作に該当するには，従業員等が，その著作物を自己の職務の一環として作成したことが必要である。従業員等が個人的趣味で作成した著作物のように，職務と無関係に作られた著作物や，当該従業員等の業務とはまったく関係のない業務に関わるものは，職務著作には該当しない。

(d) 法人等の著作名義での公表　職務著作に該当するためには，その著作物が法人等の著作の名義の下に公表されるものであることが要求されている。著作物に法人名が記載されている場合であっても，たとえば，創作者の肩書として記載されているにすぎず，著作の名義として表示されているのではない場合には，この要件は充足されない[31]。したがって，著作物に複数の名称が付されている場合には，いずれが著作名義であるのかを著作物の性質や表示の慣行等を考慮して判断する必要がある。

では，問題の著作物が公表されていない，又は公表される予定がない（たとえば，会社の内部資料や営業秘密を文書化したものなど）場合に，この要件の充足は認められるだろうか。

裁判例[32]には，公表を予定されていない著作物について，「仮に公表するとしたならば法人名義である」と認められる場合は，この要件を充たすと解したものがある。15条1項の条文は「公表するもの」と規定しており，実際に公表されたかどうかではなく，法人名義での公表を予定しているかどうかを問題にしていること，また，公表されない著作物が同要件を充たさないとすると，従業員個人が著作者となってしまい，前述の職務著作制度を設けた趣旨が害されることから，こうした解釈が示されたものと理解できる。

なお，プログラム著作物については，名義を付さずに，又は他の法人の名義の下で公表されることも多いという実態を考慮し，職務著作の成立に公表名義の要件は課されていない（15条2項）。

(e) 別段の定めの不存在　以上の(a)～(d)の要件を充たす著作物であっても，

---

31)　知財高判平成18・10・19平成18（ネ）10027号〔工業会講習会資料事件〕。
32)　東京地判昭和60・12・4判時1190号143頁〔新潟鐵工事件〕。ただし，この事件は著作権侵害事件ではなく，業務上横領事件の中で，秘密文書に関する著作権等の帰属が判断されている。

著作物の作成時に，契約等において，実際の創作者に権利を帰属させる等の定めがある場合には，創作者個人が著作者となる。この点で，職務著作の制度は，著作権法が原則として創作者主義を採用していることを重視し，当事者の権利帰属に関する意思を尊重しているといえる。

ただし，これとは逆に，上記(a)～(d)の要件を充たさない著作物について，契約により，創作者ではなく法人等を著作者とすることはできないと解されている。この場合，法人等は創作者から著作権の譲渡を受けることによって権利を取得することになる。

4　映画の著作物に関する権利の帰属

映画の著作物（→Ⅱ3(1)(g)）については，著作者の認定と著作権の帰属のそれぞれについて特則が置かれている。

(1)　映画の著作物の著作者

映画の著作物の著作者は，映画の著作物の「全体的形成に創作的に寄与した者」とされる（16条）。

また，映画の原作である小説や脚本，映画で使用された音楽等の著作者は，映画の著作者とはならないとされている（同条かっこ書）。ただし，これらの著作物の著作者は，映画の著作者としての権利は有しないが，二次的著作物である映画の原著作物の著作者，あるいは，映画に複製された著作物の著作者として，映画の著作物の利用に対して自己の権利を行使することができる（原著作者の権利について詳細は，→Ⅳ1(3)⑪参照）。

著作者と認定されるためには，その著作物の創作的表現を作出していなければならないが，映画の著作物の場合には，映画の一部ではなく全体に創作的に関与した者のみが著作者とされている。その趣旨は，映画の創作には，多数の人が関与することが通常であるから，その一部の創作的表現を作出したにすぎない者を映画の著作者から除外することにより，権利関係が複雑化することを回避することにあると理解されている。

全体的形成に寄与した者と考えられる例として，製作，監督，演出等が挙げられており，プロデューサーや映画監督，撮影総監督などがこれに該当しうる。ただし，監督という地位が与えられている者であっても，実質的な製作過程に

おいて，一部分の創作に関わったにすぎず，全体的に関与していない者は，映画の著作物の著作者には該当しない[33]。

　なお，職務著作規定（15条）が適用される場合には，16条ではなく，15条により，著作者が決せられる（16条但書）。

　(2)　著作権の帰属

　(a)　著作権の一元化　　16条の規定によっても，映画の著作物の著作者が複数存在することが考えられる。また，通常，劇場用映画の創作には多大な投資を必要とするため，その創作を促進するためには，投資をした者に対して，その回収のための手段が確保される必要があると考えられた。そこで，著作権法は，29条1項において，映画の著作物の著作権については，「映画製作者」に帰属することとし，権利の一元化を図っている。これは，従来，映画については映画製作者が権利行使を行うという慣行があったことを前提に，巨額の製作費が必要とされる映画について，その円滑な流通，利用を可能にするとともに，映画製作者の投資回収を容易にすることを意図したものである。

　映画製作者が著作権を取得するためには，著作者が当該映画の製作に参加することを約束していることが必要である（29条1項）。通常，著作者である映画監督等は，撮影にあたってこの約束をしていると考えられるので，同要件を充たさない場合は稀であろう。なお，29条1項により移転するのは著作権のみであり，著作者人格権については著作者が有することになる。この点は，同様に権利の一元化を図っている職務著作制度（→Ⅲ3）との大きな違いである。

　なお，職務著作規定（15条1項）が適用される場合には，29条ではなく，15条1項にもとづき著作権の帰属が判断される（29条1項かっこ書）。

　(b)　映画製作者　　では，「**映画製作者**」とは，いかなる者であろうか。著作権法は，「映画の著作物の製作に発意と責任を有する者」と定義している（2条1項10号）。

　「製作に発意と責任を有する者」の概念について，裁判例では，29条が設けられた前述の趣旨から，①映画の著作物の製作の意思を有し，②製作に関する法律上の権利義務の帰属主体であって，その反映として製作に関する収入支出

---

33)　東京地判平成14・3・25判時1789号141頁〔宇宙戦艦ヤマト事件〕。

の主体となる者をいう，との一般論が示されている[34]。

　したがって，他社の企画の持ち込みにより製作をする意思を形成した場合であっても，発意の要件は充たされる。責任については，その映画にかかる製作費用等の支出について，自己の判断にもとづきその支払義務を負い，映画の完成・納品義務を負う者はこれを充たすとされている。以上から，映画の創作的表現の作出に関わっていない者，すなわち当該映画の著作者ではない者も映画製作者に該当しうることになる。

5　著作者の推定

　14条は，著作物の原作品や公衆への提供・提示の際に，通常の方法によって著作者として表示されている者がその著作物の著作者と推定されることを規定する。本条は推定規定にすぎないため，著作者として表示されている者とは異なる者が真の創作者であるという証明がなされた場合には，実際の創作者が著作者と認められる。

Ⅳ　著作権の効力

　ここでは，財産的権利である著作権の効力が及ぶ範囲について説明する。著作物を利用する際，その行為が著作権を侵害するか否かを判断するには，著作権の内容を定める21条から28条の支分権が，いかなる行為を権利範囲としているのかを理解することが出発点となる。また，これらの支分権の保護の実効性を図るために規定されている，みなし侵害規定（113条）の内容についても確認する。

　著作権法は，著作権の内容を21条以下に**限定列挙**している。これらの支分権で定められた行為を権利者に無断で行うことは，著作権の制限規定（30条以下。詳細は→Ⅴ参照）に該当しない限り，著作権侵害となる。

　著作権侵害に対して，権利者は，損害賠償請求（民法709条）の他，その行為の停止等を求めることができる（112条1項）ため，権利者は，他者が各支分

34）　東京高判平成15・9・25平成15（ネ）1107号〔マクロス事件Ⅱ〕。

権の定める行為を行うことを法的に禁止できることになる。言い換えれば，各支分権で規定される行為のいずれにも該当しない行為（たとえば，著作物を読む行為）は，著作権法上，自由に行うことができる。すなわち，各支分権は，権利者が禁止できる行為を定めているということになる。

　なお，支分権の中には，特定の種類の著作物のみに関わるものが存在し，また，制限規定には，制限される支分権が特定されているものも多いため（→Ⅴ参照），侵害の成否の判断においては，侵害された著作物と支分権を確定することが必要となる。

　また，法は，著作権を実効的に保護するために，支分権の対象とはなっていない一部の行為を侵害とみなしている（113条）。そのため，侵害とみなされる行為を行う場合も，著作権侵害が成立することになる。

1　各支分権の内容

　著作権の侵害が成立するためには，単に，支分権の対象となる行為を行っただけではなく，その著作物に依拠したこと（依拠性の要件）と，その著作物の創作的表現に当たるものを利用したこと（類似性要件。いずれも詳細は，→Ⅶ1参照）が要求される。したがって，以下に述べる利用行為が侵害となるには，著作物への依拠と，その創作的表現が利用されていることが前提となる。以下では，各支分権を，それがカバーする利用行為に基づき大きく四つに分類して（→**図表3-3**参照）解説する。

(1)　著作物の有形物を作成する行為に関する支分権

①　複製権（21条）　著作物の複製に対する権利は，著作権の中心的な権利と位置づけられてきた。もっとも，著作権法にいう「複製」とは，有形的な著作物の再製行為（2条1項15号）と定義されており，私たちの日常生活で考えられている複製の概念（コピー）とは少し異なることに注意する必要がある。

　「有形的」とは，何らかの物への固定を伴う状態をいう。すなわち，著作物を新たに何らかの物に永続可能な形で化体する行為が，複製に当たる。具体的には，音楽や映画をCD-RやDVD-R，コンピュータのハードディスクに保存する行為，小説や論文をコピー機で紙に複写する行為は複製である。そのため，いわゆる「海賊版」の作成は，複製権侵害となる。ただし，複製に該当する行

図表 3-3　支分権とその特徴

支分権の対象となる行為の類型	支分権	範　囲	有形的再生の有無	
著作物の有形物を作成する行為	①複製権（21 条）	私的範囲の行為も対象	有	
著作物の提示行為	②上演権，演奏権（22 条）	公衆に対してなされる行為のみを対象	無	②〜⑤無形的再生
	③上映権（22 条の 2）			
	④公衆送信権・伝達権（23 条）			
	⑤口述権（24 条）			
	⑥展示権（25 条）			⑥〜⑨著作物の原作品や複製物の使用
著作物の提供行為	⑦頒布権（26 条）			
	⑧譲渡権（26 条の 2）			
	⑨貸与権（26 条の 3）			
二次的著作物の作成，利用行為	⑩翻案権等（27 条）	私的範囲の行為も対象	有形／無形を問わない	
	⑪二次的著作物の利用に関する原著作者の権利（28 条）			
各支分権の実効性を図るために規制される行為	みなし侵害行為（113 条）			

為は，このような機械的にそっくりそのまま著作物をコピーする行為に限定されない。絵画をキャンバスに模写する行為や講演内容をそのまま手書きでノートに書き写す行為等も，著作物の表現を新たな物に永続可能な形で化体しているので，複製に当たる。

　また，21 条は，複製の目的，複製数やその態様等について一切の要件を課していない。営利目的や頒布目的なく行われる複製であっても，1 部のみの複製であっても，後述の制限規定に該当する場合を除いて，すべて複製権侵害に当たる。このように複製行為を広く禁止しているのは，著作物の新たな有形物が作成される場合，それが将来反復して使用される可能性があるので，著作権者の利益を保護するために，広く規制しておく必要があるからだと理解されている。したがって，たとえば，音楽を送信したり再生したりする際に，機器内の RAM に著作物が一時的・過渡的にコピーされるとしても，こうしたコピー

物が将来反復して使用される可能性はないため，著作権法上の「複製」には該当しないと解されている[35]。

(2)　著作物の提示行為・提供行為に関する支分権

(a)　総　論　　以下の②〜⑥，及び，⑦〜⑨の各支分権は，公衆に対してなされる行為のみを対象としている。②③⑤⑥については，「**公に**」（公衆に直接見せ又は聞かせることを目的として）行われる場合のみを権利範囲とし，④については，対象となる「公衆送信」行為の概念が，公衆によって直接受信されることを目的とする送信と定義されている（2条1項7号の2）。

「**公衆**」とは，不特定又は特定多数の者（2条5項参照）をいう。したがって，不特定の者に向けられた行為については，実際にそれを視聴等した者が少数であったとしても権利の対象となる。条文の文言も，公衆に対して享受させることを「目的として」と規定しているので，実際にそれを享受した者が多数であることまでは要求されない。

公衆に対する行為に該当するかどうかは，著作物の種類・性質や具体的な利用態様を考慮して判断すべきであると解されている。裁判例には，ダンス教室の受講生について，実際の受講生は数名（多くとも10名）程度である場合でも，入会を申し込めば誰でも受講でき，また，一度に数十人の受講も可能であることを理由に，不特定多数といえると判断したものがある[36]。

公衆に対してなされる行為のみを対象とする各支分権は，21条の複製権と異なり，新たな有形物を生じさせない態様での利用（無形的利用）行為を規制している。特定少数の者に向けた無形的利用については，これを許容したとしても著作権者の経済的利益への影響は小さいと考えられるし，これを禁止したとしても権利者がそうした行為を発見することが難しいため保護の実効性が確保できず，また，個人の活動の自由を妨げることにもなり適切ではないため，公衆に向けた行為のみを権利の対象としたのである。各支分権の対象となっている無形的利用行為は，有体物の移転を伴わないもの（提示行為）と，伴うもの（提供行為）に分けられる。

---

35)　東京地判平成12・5・16判時1751号128頁〔スターデジオ事件〕。
36)　名古屋地判平成15・2・7判時1840号126頁〔社交ダンス教室事件〕。

（b）　著作物の提示行為——有体物の移転を伴わない利用行為

②　上演権・演奏権（22 条）　　公に著作物を**上演**又は**演奏**する行為は上演権又は演奏権の侵害となる。上演とは，演奏以外の方法で演ずることとされており（2 条 1 項 16 号），たとえば，脚本の著作物を舞台で演ずる行為が該当する。演奏の定義は著作権法上置かれていないが，音楽著作物を演ずる行為と解されており，楽器で音楽を奏でる行為や歌唱行為が演奏に含まれる（同号かっこ書）。

著作物の上演や演奏には，録画されたものや音楽著作物の演奏が録音されたものの再生も含まれるため（2 条 7 項。ただし，③の上映や④の公衆送信に該当する場合は除かれる），生で行う演技や演奏だけでなく，適法に販売された音楽 CD を用いる場合も含まれる（もちろん，それを公に再生する場合に限られる）。

③　上映権（22 条の 2）　　公に著作物を**上映**する行為は，上映権の侵害となる。上映とは，著作物を映写幕等に映写する行為（2 条 1 項 17 号）であり，映画館で行われる映画の上映はもちろん，モニターに写真等を映す行為や，建築物の壁に映像や絵画等を映す行為も上映に当たる。

制限規定との関係

上演，演奏，上映，口述（→後述⑤）については，38 条 1 項に制限規定があり，非営利で，聴衆から対価を徴収せず，かつ，上演等を行った者に対価が支払われない場合には，公にこれらの行為を行った場合でも権利侵害とはならない（→ **V4**(6) 参照）。

④　公衆送信権・伝達権（23 条）　　公衆送信権（23 条 1 項）の対象となる**公衆送信**とは，公衆によって直接受信されることを目的としてなされる送信（2 条 1 項 7 号の 2）であり，送信の態様についての限定はない。したがって，地上デジタル放送やケーブルテレビ放送のように，同一内容の送信が公衆によって同時に受信される態様のもの（著作権法上は，無線で行われる前者の送信は「放送」〔同項 8 号〕，有線で行われる後者の送信は「有線放送」〔同項 9 号の 2〕に当たる）はもちろん，インターネット送信のように，公衆がアクセスした時に，自動的に情報が送信される態様のものも含まれる。

公衆送信のうち，インターネット送信のように，公衆からの求めに応じて自動的に行われる送信は，**自動公衆送信**（2 条 1 項 9 号の 4）とされている。公衆

送信権は，送信行為に権利を及ぼしているため，実際に著作物が送信された時に侵害行為が行われたことになる。ただし，自動公衆送信については，現実に送信がなされた場合だけでなく，自動公衆送信することを可能な状態にする行為（「**送信可能化**」行為。同項9号の5参照）にも権利が及ぶとされている（23条1項かっこ書）。これにより，インターネット上に著作物をアップロードした段階で，公衆送信（送信可能化）権の侵害となる。誰かにアクセスされ，実際に送信されてからでないと差止請求等ができないのでは，権利者の損害を拡大させることになり，保護として不十分であると考えられたためである。

　また，公衆送信される著作物を，テレビなどの受信装置を用いて，公に伝達する行為は，伝達権（23条2項）の侵害となる。たとえば，飲食店などにテレビモニターを設置し，放送されているテレビ番組をその店の客に見せる行為は，公の伝達行為に当たる。伝達権は，その著作物を受信すると同時に提示する行為を権利範囲としているので，放送された番組を一度録画し，それを後日テレビモニターに映して公衆に提示したとしても，伝達権の侵害とはならない。ただし，番組の録画行為は複製権，録画物の映写行為は上映権の対象となる。

　なお，著作物が掲載されているインターネット上のサイトにリンクを張る行為は，当該著作物の有形的な再製が生じないため複製（2条1項15号）に該当しない。また，リンクをクリックした者には，リンク先から直接著作物のデータが送信されるため，リンクを張った者による送信行為はなく，公衆送信行為にも該当しない（同項7号の2参照）と解されている[37]。ただし，違法に著作物がアップロードされたサイトにリンクを張るなどして，リンク先の著作物の権利侵害を誘発等する行為に対しては，令和2年改正により，みなし侵害規定（113条2項〜4項）が新設されている（詳細は，→2(2)参照）。

制限規定との関係

　伝達権については，38条3項に制限規定があり，放送・有線放送された著作物を①非営利で，聴衆から対価を徴収しない場合，又は，②通常の家庭用受信装置（一般家庭で使用されるテレビなど）を用いて行う場合には，公に伝達したとしても権利侵害とはならない（→Ⅴ4(6)参照）。上記の飲食店での伝達は，営利目的だ

37）　大阪地判平成25・6・20判時2218号112頁〔ロケットニュース事件〕，知財高判平成30・4・25判時2382号24頁〔リツイート事件控訴審判決〕。

と解されれば①には該当しないが，一般家庭で使用されるテレビを用いている限り，②に該当し，許容される。

⑤　口述権（24条）　　公に言語の著作物を口述する行為は，口述権の侵害となる。口述とは，口頭で著作物を伝達する行為をいい，実演に該当するものは除かれており（2条1項18号），小説の朗読や講演などがこれに該当する。口述での利用が可能であるのは，事実上，言語の著作物のみであるため，口述権は，言語著作物にのみ付与されている。

制限規定との関係

上記③の「制限規定との関係」を参照。

⑥　展示権（25条）　　展示権は，美術の著作物及び未発行の写真の著作物のみに関わる支分権である。これらの著作物の**原作品**を公に展示する行為は，展示権の侵害となる。美術及び写真の著作物については，観賞という行為によってその価値を享受することが一般的であることから，不特定多数の者が原作品を観賞することを可能とする展示行為に権利を及ぼし，権利者の利益を確保している。原作品の展示行為のみが対象とされ，複製物の展示行為が除外されているのは，一般に，原作品と複製物では観賞における価値が大きく異なり，また，複製物については，その複製の際に権利（複製権）行使の機会が与えられているからであると理解されている。また，写真の著作物について未発行のものに保護が限定されているのは，写真の場合，原作品に当たるものが多数存在しうるためであるといわれている。

制限規定との関係

展示権に関する制限規定として，原作品の所有者等との利益の調整のための45条，展示行為の便宜に資するための47条が存在する（→**V4**(7)参照）。

(c)　著作物の提供行為——有体物の移転を伴う利用行為　　著作権法は，著作物が固定された有体物の流通についても，一定の範囲で権利を及ぼしている。

従来は，映画の著作物にのみ頒布権が付与されており，その複製物の公衆への譲渡や貸与を禁止することができたが，映画の著作物以外の著作物にも昭和

59年に貸与権が，平成11年に譲渡権が新設され，現在では，すべての著作物について，複製物を公衆に対して譲渡及び貸与する行為に権利が定められている。もっとも，以下で詳しくみるように，厳密には，頒布権と，譲渡権・貸与権の権利範囲は同じではないため，その違いを理解することが重要である。

　⑦　頒布権（26条）　　（ⅰ）頒布の概念　　映画の著作物の複製物を**頒布**する行為は，頒布権の侵害となる。条文からも明らかなように，頒布権は，**映画の著作物**にのみ付与されている。

　頒布とは，有償・無償を問わず，複製物を公衆に対して譲渡又は貸与する行為をいう（2条1項19号前段：**前段頒布**）。したがって，映画のDVDの販売やレンタル店が行う貸与は，頒布に当たる。

　加えて，映画の著作物に関しては，譲渡や貸与行為が，公衆に対して行われていない場合でも，それがその著作物を公衆に提示すること（たとえば，**上映**）を目的として行われる場合は，頒布に含まれるとされている（2条1項19号後段：**後段頒布**）。そのため，上映を目的として特定の映画館に上映用フィルムを譲渡，貸与する行為についても，頒布権が及ぶ。

　なお，26条は，権利の対象となる複製物について何ら限定していないので，譲渡や貸与される複製物が，権利者に無断で作成された場合はもちろん，権利者によって適法に作成された物であっても，同条の権利が及ぶことになる。

　映画の著作物に対して，こうした権利が与えられている理由は，その取引形態の特殊性にあると理解されている。映画は，いわゆる配給制度（映画フィルムの配給先，期間等について映画会社が決定，支配する流通形態）によって，権利者が上映場所や上映期間をコントロールすることで，その上映からの対価を獲得するという実態が存在した。そのため，こうした対価の獲得を法的に支援するために，公衆に対する頒布（前段頒布）だけでなく，特定少数に対する頒布についても公衆提示を目的とする場合には権利範囲に含め（後段頒布），映画フィルムの行き先を，権利者がコントロールできるようにしたものといわれている。

　　（ⅱ）頒布権の消尽の可否　　ところが，同じように公衆に対する複製物等の譲渡行為を対象とする譲渡権（映画以外の著作物に付与されている。詳細は，→⑧参照）においては，後述のように，一度，権利者の許諾にもとづいて譲渡された複製物については，その後に公衆に譲渡されたとしても譲渡権の適用がな

いことが明文で規定されている（26 条の 2 第 2 項 1 号）。その理由は，最初の譲渡の際に譲渡権者の権利行使の機会は確保されており，対価獲得の機会を確保するためにその後の譲渡をコントロールする必要性がないと考えられたこと，及び，権利行使を認めた場合，市場での複製物の流通や取引を阻害することになり妥当ではないと考えられたからである。これは，いわゆる「**権利の消尽**」（適法な第一譲渡により権利は尽きたため，その後の譲渡行為に対し権利行使ができないと解する法理）を明文化したものと理解されている。これに対して，頒布権について定める 26 条には，権利消尽に関する規定は存在しない。そのため，頒布権については，適法な第一譲渡によっても権利は消尽しないとするのが，条文上は素直な理解ということになりそうである。

　しかし，著作権法にいう映画の著作物には，ゲームソフトの影像のように劇場用映画以外のものも含まれており（2 条 3 項。→Ⅱ 3(1)(g)参照），これらは，配給制度にもとづかず，音楽 CD や書籍などの他の著作物の複製物と同じように市場で取引されている。ゲームソフトや映画の DVD についてのみ，適法に第一譲渡された場合であっても権利は消尽しないと解し，その後の譲渡に対して権利行使を認めることに妥当性はあるのかという疑問が生じよう。

　この問題については，ゲームソフトの中古品の販売行為が頒布権侵害を構成するかどうかが争われた事件において，最高裁が次のような判断を示している。

ゲームソフト中古販売事件最高裁判決（最判平成 14・4・25 民集 56 巻 4 号 808 頁）

　Y は，ユーザーからゲームソフトの複製物を買い受け，中古品として販売した。Y が販売する中古品は，そのゲームソフトの著作権者である X が適法に市場で販売したものであったが，中古市場においていくらゲームソフトが売れても X にはその利益は還流せず，むしろ，同一の新品のゲームソフトの販売に影響を与えうる。そこで X は，Y の行為が頒布権の侵害に当たると主張し，中古ゲームソフトの販売の差止め等を求めて提訴した。

　Y の中古品の販売が頒布権の侵害に当たるためには，当該ゲームソフトが①映画の著作物に該当し，②26 条の頒布権を有する複製物に該当し，さらに，③頒布権が適法な第一譲渡によっても消尽しないと解されることが必要である。

　最高裁は，①及び②については原審の判断を是認して該当性を認めた上で，③権利消尽の有無について，次のように判断した。

　まず，著作権法においても権利消尽の法理を採用しうると述べ，その理由として，
ⓐ著作権法が，著作権の保護と社会公共の利益との調和を図るべきものであること，
ⓑ市場での商品の自由な流通を確保する必要性があること，ⓒ適法に第一譲渡さ
れた複製物については権利者に二重の利得を得ることを認める必要性がないことを挙
げる。

　次に，頒布権の趣旨に言及し，映画の著作物に頒布権が認められた理由として，
映画製作には多額の資本が投下されており，流通をコントロールして効率的に投下
資本を回収する必要があったこと，法の制定当時，劇場用映画の取引については，
配給制度の慣行が存在していたこと，著作権者の意図しない上映行為を規制するこ
とが困難であるので，その前段階である複製物の譲渡と貸与を含む頒布行為を規制
する必要があったことを挙げている。

　そして，こうした頒布権の趣旨からすれば，「配給制度という取引実態のある映
画の著作物……については，これらの著作物等を公衆に提示することを目的として
譲渡し，又は貸与する権利……が消尽しない」と解されるが，26条は頒布権が消
尽するか否かについて何ら定めていない以上，消尽の有無は解釈に委ねられている
と述べた。その上で，「公衆に提示することを目的としない家庭用テレビゲーム機
に用いられる映画の著作物の複製物」については，上記ⓐ，ⓑ及びⓒの観点から，
「当該著作物の複製物を公衆に譲渡する権利は，いったん適法に譲渡されたことに
より，その目的を達成したものとして消尽し，もはや著作権の効力は，当該複製物
を公衆に再譲渡する行為には及ばないものと解すべきである。」との判断を示した。

　このように，最高裁は，頒布権が対象としている行為のうち，配給制度にも
とづかず，公衆に提示することを目的としない複製物の譲渡については，権利
消尽法理の適用を認めた。判旨の理由づけからすれば，配給制度にもとづかな
い劇場用映画のDVDについてもゲームソフトと同じく権利が消尽すると解さ
れることとなろう。また，ここでいう「公衆への提示」とは，判旨が，頒布権
の趣旨に関して無断上映を実効的に規制することにあると言及していることか
ら，公衆への上映行為を念頭に置いていると理解できる。

　　国外で適法に第一譲渡された映画の著作物の複製物が，国内で販売された場合に，
　頒布権が消尽するかという問題も存在する（国際消尽の可否）。この場合，各国の
　著作権はそれぞれ別個の権利であるから，権利行使を認めたとしても二重の利得と
　はいえないとも考えられ，また，映画のビデオカセットの並行輸入行為について，
　頒布権の侵害を肯定した裁判例も存在している（東京地判平成6・7・1判時1501

号79頁）。しかし，同裁判例後に新設された譲渡権については，国際消尽法理が採用されており（26条の2第2項5号。→⑧参照），著作権法に関しては，各国の権利が独立であるという理由のみで消尽を否定するとの帰結は当然には導かれていない。加えて，前述のゲームソフト中古販売事件最高裁判決が示されたことから，頒布権の趣旨を害しない範囲では，国際消尽も認められると解するのが妥当であろう。

⑧　譲渡権（26条の2）　　映画の著作物以外の著作物について，公衆に対してその原作品又は複製物を譲渡する行為は，譲渡権の侵害となる。

　もっとも頒布権に関する説明でも述べたように，譲渡権については，第2項において，適法に第一譲渡された複製物等については，譲渡権の適用がない旨の規定が置かれているため，譲渡権が実質的に機能するのは，主に違法譲渡物の流通に関してということになる。違法複製者に対しては，複製権侵害を問うことができるが，その複製物の販売者に対しても，本条により譲渡権侵害を問うことができる。

　しかし，取引対象となっている複製物等について適法な第一譲渡があったかどうかを流通業者が確認をしなければならないとすると，円滑な商品流通を妨げることになり，権利消尽を認めた趣旨とも合致しないこととなる。そこで，著作権法は，複製物等の取得時に，それが譲渡権の適用除外の対象とならないことについて善意かつ無過失である者については，その後，当該複製物等を公衆に譲渡したとしても，譲渡権の侵害ではないとみなすことにより（113条の2），取引の安定を図っている。

　　　ただし，違法複製物については，別途113条1項2号の適用がある点に注意する必要がある（→2参照）。

　なお，譲渡権については，国内だけでなく，国外において適法に第一譲渡された著作物の原作品又は複製物についても，適用除外とされている（26条の2第2項5号）。国外での行為に対しては，わが国の著作権法の適用はないが，国外で譲渡された複製物等を国内で譲渡する行為が侵害を構成するかという問題を検討するにあたって，当該複製物等が国外で適法に第一譲渡されたという事実を考慮することを認めたものである。これは，いわゆる**国際消尽法理**の採用が明記されたものと理解されている。

　ただし，商業用レコードについては，一定の要件のもとで輸入行為等を侵害とみなす 113 条 10 項の規定（→**2**(6)）に注意する必要がある。

　なお，特許法においては，国際消尽は解釈の問題と位置づけられ，著作権法とは異なる帰結が導かれている（詳細は，→**第 2 章Ⅲ2**(2)(c)参照）。

　⑨　**貸与権**（26 条の 3）　　映画の著作物以外の著作物について，公衆に対してその複製物を貸与する行為は，貸与権の侵害となる。貸与権は，原則として，適法に作成された複製物の貸与にも及び，また，一度適法に貸与されたことによって権利が消尽することもないと解されている。

　貸与権が設けられた理由は，著作物の利用に見合った対価が著作権者に還流することを確保するためであるといわれている。すなわち，レンタル店が現れたことにより，不特定多数の者に複製物が貸与され，借りた者がそれを個人で複製するなどしたため，一つの複製物に対して多数の利用がなされるという状況が生じることとなった。それにもかかわらず，貸与権の新設以前は，権利者は複製行為にのみ権利行使が可能であり，しかも，個人が使用する目的で行われる複製は，制限規定（30 条 1 項。→Ⅴ**4**(1)参照）によって許容されているため，一つの複製物が何度貸与され利用されても，権利者がその利用に応じた対価を得ることは難しい状況にあった。そこで，権利者の許諾にもとづき適法に作成された複製物であっても，公衆への貸与行為に対しては権利を行使できるようにし，権利者の経済的利益を確保したのである。以上の趣旨から，貸与された回数に応じて権利者に利益を還流させるために，貸与権については，譲渡権とは異なり，原則として権利消尽法理の適用はないと解されている。

　(3)　二次的著作物の作成，利用行為に関する支分権

　⑩　**翻案権等**（27 条）　　27 条は，著作物を翻訳，編曲，変形，脚色，映画化，その他翻案する行為，すなわち，**二次的著作物**（2 条 1 項 11 号。→Ⅱ**3**(3)参照）を作成する行為について，著作者に権利を付与している。そのため，既存の著作物に新たな表現を付加し，別の著作物を作成する行為であっても，元の著作物の権利侵害となる。

　ここでいう**翻案**とは，最高裁によれば，「既存の著作物に依拠し，かつ，その表現上の本質的な特徴の同一性を維持しつつ，具体的表現に修正，増減，変更等を加えて，新たに思想又は感情を創作的に表現することにより，これに接

する者が既存の著作物の表現上の本質的特徴を直接感得することのできる別の著作物を作成する行為」[38]とされている。

　この説示から，27 条の侵害が成立するには，第一に，既存の著作物の創作的表現が，新たに創作された著作物に維持されていることが必要である（**本質的特徴の直接感得性**）。第二に，既存の著作物の表現に改変を加えたことにより，新たな創作的表現が付与されていることが必要である。第一の要件は，同条以外の支分権侵害の成立にも要求されるものであるが（類似性要件。→Ⅷ 1 (2)参照），第二の要件は，同条独自の要件である。改変の程度が新たな創作性の付与に至らない場合には，複製権等の侵害は成立するが，同条の侵害は成立しない。なお，複製権侵害と翻案権侵害のもう一つの差異は，翻案権の侵害には，有形物への再製を伴うことが必要とされていない点である。そのため，音楽の著作物を即興で編曲して演奏する場合にも，翻案権侵害は成立しうる。

　　上記の最高裁の判旨によれば，翻案に該当するには，表現上の本質的特徴の直接感得性が必要である。ここでいう本質的特徴とは，従来，創作的表現（→Ⅱ 2 (2)参照）と同義であると理解され，同要件は，侵害要件の一つである類似性要件を言い換えたものと解されていた。こうした理解は，同最判が，上記の説示に続けて，「（アイデア，事実など）表現それ自体でない部分又は表現上の創作性がない部分において……同一性を有するにすぎない場合には，翻案には当たらない」と述べていることとも整合的と考えられる。

　　もっとも，近時の学説や裁判例（知財高判平成 24・8・8 判時 2165 号 42 頁〔グリー事件〕等）のなかには，本質的特徴の「直接感得性」の要件に独自の意義を認めるものが現れている。すなわち，既存の著作物の創作的表現が維持されているとしても，新たに付加された創作的表現が非常に大きいために，全体として見ると元の著作物を感得できない場合には，翻案権侵害が否定されることを明示した要件とする理解である。この立場によれば，本質的特徴の直接感得性の要件は，類似性要件とは異なる，翻案権独自の要件として位置づけられることになる。

　⑪　二次的著作物の利用に関する原著作者の権利（28 条）　　27 条が，二次的著作物の「創作」行為に対する原著作者の権利を規定するのに対し，28 条は，創作された二次的著作物の「利用」行為に対する原著作者の権利を規定す

---

38)　最判平成 13・6・28 民集 55 巻 4 号 837 頁〔江差追分事件最高裁判決〕。

る。28条では，原著作者は，二次的著作物の利用について，その二次的著作物の著作者が有するものと「同一の種類の権利」を有すると規定されている。

　たとえば，小説の二次的著作物である映画が無断で複製された場合，原著作者である小説の著作者は，28条により，二次的著作物である映画の著作者の有する複製権（21条）を有することになるから，28条を介して自己の権利として複製権の行使ができることになる。

　　　既に権利帰属の節において述べたように（→Ⅲ2，映画の著作物については→Ⅲ4(1)），原著作物の著作者は，二次的著作物の創作的表現の作出に関与していない限り，二次的著作物の著作者とはならず，原著作物の著作者として二次的著作物の利用に関する権利を有することになる。

　(ⅰ)　「同一の種類の権利」の意義　　28条が，同一の権利ではなく「同一の種類」の権利と規定しているのは，次の二つの意味を含むと理解されている。

　一つは，原著作者が二次的著作物の利用に対して権利を有するのは，あくまでも原著作物の著作権の存続期間内に限られるということである。小説の二次的著作物である映画の著作権が存続期間内であっても，小説の存続期間が満了している場合には，小説の著作者は，その映画の利用に対して，28条にもとづく権利行使はできない。

　もう一つは，原著作者が原著作物に関し有していない支分権についても，二次的著作物の著作者が有する支分権であれば，二次的著作物の利用の範囲で，原著作者もその権利を取得できることである。たとえば，小説の著作者は頒布権（26条）を有しないが，小説の二次的著作物が映画である場合，その映画の利用に関する限りで，原著作者である小説の著作者は頒布権を有する。

　(ⅱ)　「同一の種類の権利」の範囲　　では，問題となる二次的著作物の利用行為が，二次的著作物の著作者が新たに付加した創作的表現部分のみを利用するものであり，原著作物の創作的表現を含まない場合であっても，原著作者は，28条にもとづく権利を行使できるのだろうか。

　たとえば，甲が書いた小説Aをもとにして，乙がその二次的著作物である漫画Bを作ったとする。B全体が利用された場合に，甲が28条により権利行使できることに争いはない。ところが，Bから，その主人公のイラストだけが

173

図表 3-4　二次的著作物たる作品の概念図

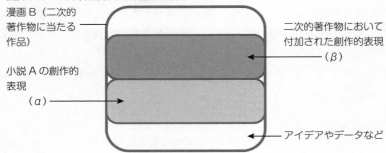

利用された場合，イラストは二次的著作物において新たに付加された創作的表現（**図表 3-4** では，（β）に当たる）ではあるが，原著作物である小説 A の創作的表現（ストーリー等。**図表 3-4** では，（α）に当たる）であるとはいえない。この場合に，甲は，自身が作出した創作的表現が利用されていないにもかかわらず，28 条にもとづき権利行使が可能であろうか。

　（β）の利用に対して，乙は著作権を有しており，28 条の文言自体は，原著作物の創作的表現が利用されたことを要求してはいないので，甲は，（β）のみの利用に対しても，同条により権利行使ができそうにも思われる。

　しかし，著作権法の原則は，「創作的表現」を保護するというものである（→著作物の要件〔Ⅱ〕，著作者の概念〔Ⅲ1〕，侵害における類似性の要件〔Ⅶ1〕等を参照）。（β）の利用に対しても原著作者が権利行使できるとすることは，自身は作出していない創作的表現の利用に対しても権利行使を認めることになり，著作権法の原則と整合しないのではないかという問題が生じる。

　　　ただし，上記の例においては，小説に現れた登場人物（年齢等の設定，性格，特徴等）を，著作物における表現と解するか，アイデアと解するかという問題も，その結論に影響する。登場人物の設定等が創作的表現に当たると解するのであれば，法の原則との齟齬はないことになる。しかし，最高裁や学説の多数の見解は，登場人物の性格や設定は，著作者が登場人物に付与しようとした特定の抽象的概念であって，いまだ表現には至っていないアイデアであると理解している（最判平成 9・7・17 民集 51 巻 6 号 2714 頁〔ポパイネクタイ事件〕参照）。

　また，二次的著作物 B について，その著作者乙が権利行使できる範囲は，

乙が新たに付加した創作的表現部分（β）のみであると解されており（上記〔ポパイネクタイ事件〕参照），（α）のみが利用された場合には，乙の権利侵害は成立しない。そうであれば，原著作者甲といえども，二次的著作物の利用すべてに権利行使ができるのではなく，あくまでも，二次的著作物に存在する自己の創作的表現（α）が利用されている場合にのみ，28条にもとづく権利行使が可能であるとの解釈も説得力があるように思われる。そのため，従来の学説の多数は，権利行使はできないとの解釈を支持していた。

これに対して，最高裁は，次のような判断を示している。

キャンディ・キャンディ事件最高裁判決（最判平成 13・10・25 判時 1767 号 115 頁）

「キャンディ・キャンディ」は，少女漫画雑誌に掲載されていた連載漫画（以下，本件漫画）である。本件漫画は，著述家であるＸが，各回の具体的なストーリーを小説形式の原稿として作成し，これを漫画家であるＹに渡し，ＹがＸの原稿から漫画化できない部分を除いた上で漫画として作成するということを繰り返し，完成された。Ｙが，Ｘに無断で本件漫画のコマ絵等（→資料 3-7）に描かれた主人公キャンディを用いてリトグラフや絵ハガキを作成し，販売したため，Ｘが，Ｙが利用したキャンディを描いた本件漫画のコマ絵や原画について，共同著作者又は原著作者としての権利を有することの確認と，Ｙらの複製・配布等の差止めを求めて提訴した。

最高裁は，本件漫画が，Ｘの原稿を原著作物とする二次的著作物であると認定した上で，「二次的著作物である本件漫画の利用に関し，原著作物の著作者であるＸは本件連載漫画の著作者であるＹが有するものと同一の種類の権利を専有し，

資料 3-7

Yの権利とXの権利とが併存することになるのであるから，Yの権利はYとXの合意によらなければ行使することができないと解される。」と判示し，主人公キャンディを描いた原画をXの合意なくして利用することはできないと結論づけた。

　この事件で利用された部分は，Yのみがその表現を作出した主人公のイラストであり，Xが創作したストーリー（原著作物の創作的表現）は含まれていない。しかし，上記の最高裁の判旨をみる限り，原著作者の創作的表現部分が利用されたことは，28条の権利行使の要件として必ずしも必要ないと解しているように思われる。

　もっとも，最高裁は，こうした解釈を採用する理由については何ら述べていない。最高裁の解釈が，すべての二次的著作物に妥当するならば，小説が映画化された場合，その映画のワンシーンをポスターに利用する行為についても，小説の著作者が，映画の原著作者として禁止権を行使できることになるのではないか，また，二次的著作物である映画から，さらにその二次的著作物（原著作物からみると三次的著作物ともいえる）が作成された場合に，どこまでも原著作者の権利が及ぶことになるのではないかという問題も生じさせる。

　本判決については，創作的表現の範囲で保護を認めるという著作権法の原則との整合性から疑問を示す学説も少なくなく，その射程については，本件事案のように原著作者と二次的著作者とが互いにやりとりをしながら作成がなされたという場合に限定されるとか，ストーリーとイラストが密接不可分な形で存在する漫画の著作物に限定される等の限定的な理解も示されている。

2　侵害とみなされる行為

　著作権法は，前述の各支分権とは別に，侵害とみなされる行為を定めている（113条）。そこでは，たとえば，著作権等の侵害行為によって作られた物について，その後の流通や，（特定の著作物については）その使用が侵害とみなされている。こうした行為に対しても，著作権侵害と同様に，権利者による差止めや損害賠償請求を可能とすることによって，著作権の実効的な保護を図ることを意図したものである。113条は，著作権だけでなく，著作者人格権や著作隣接権等，著作権法上の権利の保護に広く関わるが，ここでは著作権に関する規

定について概説する。

　　特許法では，101 条のみなし侵害規定で規制される行為は間接侵害と呼ばれてい
るが（→**第 2 章Ⅳ 4** 参照），著作権法上のみなし侵害は間接侵害とは呼ばれない。
著作権法において間接侵害といわれる問題については，**Ⅶ 2**(1)で詳しく説明する。

(1)　侵害組成物の輸入・頒布等行為（113 条 1 項）

　113 条 1 項 1 号は，わが国で行ったとしたならば侵害となるべき行為により
作成された物を，頒布目的でわが国に輸入する行為を，侵害とみなすと規定す
る。わが国の著作権の効力は，わが国の領土内で行われた行為にのみ及ぶため，
国外において著作物が無断複製されたとしても，わが国の著作権侵害の問題と
はならない。しかし，こうした無断複製物が多数輸入されると，わが国の市場
における当該著作物の需要が奪われ，著作者等に損害をもたらすと考えられる
ため，頒布目的を有する場合に限り，輸入行為を侵害とみなしている。

　また，2 号は，著作権等の侵害の行為により作成された物を，侵害物である
ことを知りながら（「情を知って」）行う，頒布，頒布目的所持，頒布の申出，
業としての輸出・輸出目的での所持を侵害とみなしている。同号は，国内での
侵害行為により作成された物だけでなく，1 号に規定される行為により輸入さ
れた物にも適用がある（2 号かっこ書）。「情を知って」が要件とされているのは，
その物の外形からは侵害物かどうかを知ることができない第三者に不測の不利
益を与えることを回避するためである。

　なお，侵害物の公衆への譲渡行為は，2 号のみなし侵害のほか，譲渡権侵害
を構成する可能性もある（26 条の 2。ただし，113 条の 2 の善意取得者保護の適用が
ある場合を除く。→**1**(2)(c)⑧参照）。

(2)　リーチサイト等の提供等行為（113 条 2 項・3 項）

　インターネット上に著作物が違法にアップロードされている場合に，そのサ
イトの URL を示す（リンクを張る）行為自体は，既述のとおり，複製（2 条 1 項
15 号）や公衆送信（同項 7 号の 2）に該当しないため，著作権の効力は及ばない。
しかし，こうした URL の情報を多数集約して提供する，いわゆるリーチサイ
トは，侵害コンテンツへのアクセスを容易にし，多数の権利侵害行為を誘発する
ものであり，権利者にも多大な損害を生じさせる。そこで，令和 2 年改正にお

いて，リーチサイトやリーチアプリ（プログラム）を用いて URL 情報等を提供することにより，違法アップロードされている著作物等（侵害著作物等）の利用を容易にする行為について，一定の要件のもと，侵害とみなす規定が新設された（113条2項）。

　もっとも，インターネット上では，情報提供行為として URL 情報の提供が一般的に行われていることから，情報流通を過度に阻害しないよう，みなし侵害の対象となるリーチサイト等は，「公衆を侵害著作物等に殊更に誘導する」または「主として公衆による侵害著作物等の利用のために用いられる」ものに限定されている（113条2項1号・2号）。さらに，リンク先である URL 上のコンテンツが侵害著作物等であることにつき知っていたか，知ることができたと認めるに足る相当の理由がある場合にのみ，みなし侵害が成立する（同項本文）。なお，二次創作を過度に抑制することのないよう，リンク先のコンテンツが翻訳以外の二次的著作物である場合には，原著作物との関係では「侵害著作物等」に該当しないとされている（同項かっこ書）。

　あわせて，上記のリーチサイト等に該当するサイト等を運営・提供する行為に対しても，みなし侵害が規定された（113条3項）。すなわち，提供された URL 上のコンテンツが侵害著作物等であることにつき故意または過失が認められ，当該 URL 情報の提供を防止する（たとえば，当該情報を削除する）ことが技術的に可能であるにもかかわらず，そうした措置を講じない場合には，その不作為により，リーチサイト等の運営行為等が侵害とみなされる。

(3)　違法作成プログラムの業務上使用行為（113条5項）

　プログラムの著作物については，侵害行為によって作成された複製物を業務上使用する行為が著作権侵害とみなされる。ただし，使用者がその複製物を取得したときに，それが違法作成物であることを知っていた場合に限る。

　著作権法上，プログラムの使用に関する支分権は存在しないが，プログラムの著作物の場合，最も重要な活用の手段は，プログラムを実行することであり，違法作成物が業務上使用される場合には，著作権者に与える損害が大きくなることを考慮して，違法に作成されたプログラムに限って，その使用を侵害とみなしている。違法作成プログラムの入手時に，情を知っていた場合にのみ侵害とみなされるので，入手した後，それが違法作成物であるということを知った

としても，その後の使用は適法である。

(4)　技術的利用制限手段・技術的保護手段に関わるみなし侵害（113条6項・7項）

　電子的に蓄積された著作物には，いわゆるアクセスコントロールなど，許諾を受けた者以外がその著作物を視聴することを制限する技術的手段が付加されることがある。著作物の視聴行為自体は，侵害行為には当たらないため，従来，視聴を制限する手段について，著作権法は何らの規制も行っていなかった。

　しかし，こうした手段が回避され，無断で著作物へアクセスが行われてしまうと，著作権者が著作物利用に対する対価を取得することが困難になると考えられるため，TPP11協定に伴う改正では，電磁的方法により，著作物の視聴を制限する手段を「技術的利用制限手段」（2条1項21号）と定義し，これを回避する行為を侵害とみなすこととされた。ただし，技術的利用制限手段の研究等で行われる場合や，権利者の利益を不当に害しない場合は除外されている。

　なお，電子的方法により侵害行為を防止，抑止する手段は，「技術的保護手段」と定義されている（2条1項20号）。技術的保護手段（及び技術的利用制限手段）の回避を可能とする指令符号を公衆に譲渡等する行為は，侵害とみなされているが（113条7項），技術的保護手段の回避行為自体は，侵害とはみなされておらず，その回避により可能となった複製に対して侵害の成立を認めている（詳細は，→Ⅴ4(1)(b)(ii)を参照）。

(5)　権利管理情報の改変行為等（113条8項）

　電子的に蓄積された著作物には，暗号や電子すかし等の方法により，権利者情報や利用条件等のデータが組み込まれていることがある。電磁的方法で著作物に組み込まれたこれらの情報は，2条1項22号に定義される「**権利管理情報**」に該当し，虚偽の権利管理情報を故意に付加する行為，権利管理情報の故意の除去や改変行為，及び同情報が除去・改変された複製物であることを知っての頒布行為等は，侵害とみなされる（113条8項）。

　権利管理情報の付加により，違法複製物の発見や権利処理が簡易になるという利点があるが，こうした情報が改変等されてしまうと，違法複製物の発見などが困難になり，著作権者の利益が害されたり，著作物の流通が阻害されたりする危険性が高まることから，上記の行為を侵害とみなしたものである。

　　技術的利用制限手段や技術的保護手段の回避を可能とする装置やプログラムを公衆に譲渡等する行為や，業としてこれらの手段を回避する行為には刑事罰が科されている（120条の2第1号・2号）。また，113条8項に該当する行為を営利目的で行う場合も，刑事罰の対象となる（120条の2第5号参照）。

(6)　国外頒布専用商業用レコードの輸入行為等（113条10項）

　国外において権利者の許諾の下で流通におかれた著作物の原作品や複製物については，譲渡権は消尽し，これらをわが国に輸入し，販売する行為は自由に行うことができる（26条の2第2項5号。→1(2)(c)⑧参照）。

　しかし，113条10項は，この国際消尽の例外として，国外でのみ頒布することを目的として国外の市場におかれた商業用レコード（国外頒布目的商業用レコード）については，それが権利者により適法に第一譲渡されたものであっても，頒布目的で日本国内に輸入等する行為を侵害とみなしている。

　同じ内容のレコードが，国外において，国内よりも安く販売されている場合に，その商品を日本に輸入して販売する行為は，国内の商業用レコードの販売業者，ひいてはその権利者に経済的打撃を与えうる。そこで，こうした損害から権利者を保護するために本規定が設けられた。もっとも，こうした規制は，市場における複製物の流通や競争を阻害する危険性もあるため，その妥当性には疑問の声もある。そのため，侵害とみなされる範囲は限定されており，国内と国外において同一の商業用レコードが発行されており，権利者の利益が不当に害されることになる場合であって，かつ，国外頒布目的の商業用レコードであることを知っていること等，多くの要件が課されているほか，その保護期間も政令で定める期間（4年。著作権法施行令66条）に限定されている。

　　　著作権法にいう「レコード」とは，物に音を固定したものと定義されているので（2条1項5号），いわゆるレコード盤だけでなく，カセットテープやCD等も含まれる。

V　著作権の制限

　著作権の各支分権の規定によれば，テレビ放送された映画を別の時間に観るために録画する行為や，レポートを書くために他人の論文をコピーする行為も著作権侵害になりそうである。しかし，著作権法は，著作物の利用，普及，ひいては文化の発展に資するよう，各支分権の対象となる行為であっても，一定の利用を許容する規定（制限規定）を別途設けており，制限規定のいずれかに該当する利用は，自由に行うことができる。制限される支分権や利用が許容されるための要件は，各制限規定で異なる。以下では，主な制限規定の内容を概観する。

1　制限規定の役割

　著作権法は，各支分権により侵害となる利用行為を定める一方で，各支分権の効力範囲を制限する規定を置き，著作物の利用に当たる行為であっても，侵害の責任を負わなくてもよい場合を定めている。これらの規定は 30 条以下に定められ，著作権の**制限規定**と呼ばれている。前述のように，各支分権が禁止権の対象とする利用行為は広い範囲に及ぶため，すべてを侵害行為としてしまうと，著作物の利用を過度に妨げ，学問や文化の発展を阻害する場合が考えられる。そこで，同法は，制限規定を設けることにより，一定の行為について，著作物の自由な利用を可能とし，権利者と利用者のそれぞれの利益を適切に保護することを意図している。

　著作権の侵害訴訟では，権利者からの侵害の主張に対し，被疑侵害者が制限規定に該当する事実を抗弁として主張することになる。

　なお，多くの制限規定は，要件を充足する場合には無償で利用することを許しているが，権利者に補償金を支払うことが要件となっているものもある（たとえば 33 条 2 項・34 条 2 項・36 条 2 項等）。補償金支払いの要件は，利用の必要性は高いが，権利者への経済的な影響も無視できない利用態様について，利用者の利益と権利者の利益との調整を図るために設けられている。

　30 条以下の制限規定は，著作権に関する制限であり，著作者人格権を制限するものではない（50 条）。したがって，著作権の制限規定に該当する行為であっても，別途，著作者人格権侵害が成立する場合があることに注意が必要で

ある（詳しくは，→Ⅵ参照）。

2　制限規定のあり方

　著作権の制限規定は限定列挙されており，一般条項を欠いているため，各支分権が対象とする利用行為を行った場合には，30条以下に列挙されたいずれかの制限規定の要件を充足しない限り，（著作権の行使が権利濫用等に該当する場合などを除き）著作権侵害となる。こうした制限規定のあり方は，侵害となる行為及び利用が許される行為について，予測可能性や法的安定性を確保するという点でメリットを有するが，同時に，技術の発展や市場の変化に応じて，柔軟に権利者と利用者の利益の調整を図ることが困難であるというデメリットも有する。こうしたデメリットが，新たなビジネスの創出を妨げているのではないかという指摘もあり，以前から，事案に応じた妥当な利益の調整を図ることを可能とするため，制限規定の一般条項（いわゆるフェアユース〔fair use〕規定〔後述〕）を導入する必要性について議論されてきた。

　また従来は，権利制限規定を，著作権者が有する権利を制限する例外的なものであると位置づけて，例外であるがゆえに，その解釈は厳格に行われるべきであるとの理解が示されていたが，以下にみるように，近時の裁判例の中には，事案に即した柔軟な解釈を示すものも現れている。制限規定のみを厳格に解すべきとする合理的な理由は存在しないとの指摘もあり，司法の場面での柔軟な解釈により，著作権者の保護と著作物の利用のバランスをとるといった解決策を評価する学説も現れている。

　このように，制限規定の解釈や制度のあり方は，制限規定の性質をどのように理解すべきかという問題や，著作権者の保護と著作物の利用のバランスについて，司法と立法がいかなる場面でどのような役割を果たすべきかといった問題とも関連している。

　　アメリカ著作権法107条では，著作物の利用の目的及び性質，利用された著作物の性質，利用された部分の量や実質，利用された著作物の市場や価値に与える影響といった要素を考慮し，その使用が公正使用（fair use）と認められる場合には，著作権の侵害とはならないとする一般条項的制限規定が定められている。そのため，たとえばパロディとしての利用の許容性については，同条文にもとづき判断するこ

とが可能である。これに対し，わが国の著作権法には，直接にパロディを許容する制限規定は存在せず，パロディの可否については議論がある。

こうした議論を受けて，平成30年法改正では，制限規定について，権利者の経済的不利益に着目した3層に分類し（第1層：権利者の利益を通常害さないと評価できる行為類型，第2層：権利者に及び得る不利益が軽微な行為類型，第3層：著作物の市場と衝突する場合があるが，公益的政策実現等のために著作物の利用の促進が期待される行為類型），第1層及び第2層に関わる制限規定については，より柔軟な解釈を可能とする文言が採用された。その意図は，技術の変化等により新たな利用方法が生じた場合などに，立法を経るまでもなく，解釈によって適切な結論を得ることを可能にすることにあるといわれている。

3　各制限規定の趣旨

各制限規定の趣旨について，大きく分類するならば，**図表3-5**のように整理が可能である。ただし，分類の方法は様々考えられ，また，ある制限規定について複数の趣旨が妥当することはありうるため，この分類は，制限規定の内容を概観するための便宜的な分類にすぎない。

制限規定は多数存在するので，本書で個別の規定について詳述することはできないが，本書で詳しく触れない規定についても条文を確認し，その具体的な内容の理解に努めてほしい。

4　主な制限規定の内容

(1)　私的使用のための複製（30条）

(a)　要件（30条1項柱書）　　　複製権（21条）は，公に利用する目的の有無にかかわらず，すべての複製（2条1項15号）行為に及ぶとされている。そのため，通学・通勤中に音楽を聴くために音楽CDをコピーする行為や，お気に入りのテレビドラマを録画する行為などは，複製権の権利範囲に含まれることになる。しかし，こうした個人使用の目的での著作物の利用が，権利者の許諾がない限り複製権侵害に当たるということになると，著作物の視聴や利用を著しく妨げるだけでなく，文化の発展という法の目的も果たせなくなる可能性もあ

る。他方で，従来は，個人的な範囲で行われる著作物の複製は，少数で，かつ，オリジナルよりも品質が劣るものであり，著作権者に与える経済的な損害も微小であると考えられていた。

　そこで，著作権法は，30 条 1 項において，個人的な使用や家庭内での使用を目的とする複製については，これを許容している。

　複製権が制限されるための要件は，次の二点である。

　第一に，その複製が，個人的に，家庭内又はこれに準ずる範囲内で使用される目的で行われることである。家庭内に「準ずる範囲」の理解については，必ずしも定説はないが，多数的見解は，密接なつながりを有する少数者の範囲と解している。また，議論はあるが，企業内での複製など，営利目的が存在する場合には，この要件を充足しないと解されている。

　第二に，その複製が，使用する者によって行われることである。そのため，通説は，個人が使用するためであっても，複製業者に依頼してなされた複製は，30 条 1 項の制限の適用を受けないと解している。

　　　ただし，個人的に使用する目的で A が B に複製を指示し，A の手足として B が複製をしたという場合には，物理的に複製を行ったのは B であり，A ではないが，法的に A を複製者と評価することは可能であろう。

　以上の二つの要件を充たす場合には，翻案等しての利用も許容される（47 条の 6 第 1 項 1 号）。ただし，30 条 1 項は，あくまでも，私的な範囲での使用を認める規定であるから，複製・翻案時に私的使用の目的がある場合であっても，その後に，それ以外の目的で当該複製物を譲渡したり，提示したりした場合には，その時点で複製したものとみなされ（49 条 1 項 1 号），侵害が成立する。

　(b)　例外——私的使用目的でも権利が制限されない場合　　30 条 1 項柱書の要件を充たす複製であっても，以下に述べる態様での複製については，制限規定は適用されない。すなわち，以下の(i)〜(iii)に挙げる三つの例外は，複製権が制限される範囲から，さらに除外される範囲を定めており（いわば制限規定の制限である），原則に戻って複製権侵害に当たる行為ということになる。

　これらの例外は，新たな複製技術の発展，普及に伴い導入されたものである。前述のように，私的複製に対する制限規定が設けられた根拠の一つとして，著

図表 3-5　目的別にみた制限規定の分類と本書での記述箇所

制限規定（目的別）	記述箇所
1　行動の自由の確保	
私的複製（30 条）	(1)
付随対象著作物の利用（30 条の 2）	(8)
非営利演奏等（38 条）	(6)
公開の著作物の利用（46 条）	(8)
2　教育・研究目的での利用	
図書館等における複製（31 条）	(3)
引用（32 条）	(2)
教科用図書等への掲載等（33 条～33 条の 3）	(4)(5)
学校教育番組への利用（34 条）	
学校その他の教育機関における複製等（35 条）	
試験問題としての複製等（36 条）	
視聴覚障害者等のための複製等（37 条・37 条の 2）	
3　所有権等との調整	
美術著作物等の所有者による展示（45 条）	(7)
美術著作物等の展示に伴う複製等（47 条）	
美術著作物の譲渡等の申し出に伴う複製等（47 条の 2）	
プログラム著作物の複製物の所有者によるバックアップ等（47 条の 3）	
4　情報技術の利用の確保	
電子計算機における著作物の利用に付随する利用等（47 条の 4）	(11)
電子計算機における情報処理等に付随する軽微利用等（47 条の 5）	
5　その他の制限	
検討の過程における利用（30 条の 3）	(12)
著作物に表現された思想または感情の享受を目的としない利用（30 条の 4）	(10)
時事問題に関する論説の転載等（39 条）	(9)
政治上の演説等の利用（40 条）	
時事の事件の報道のための利用（41 条）	
裁判手続等における複製（42 条）	
行政機関情報公開法等による開示のための利用（42 条の 2）	
国立国会図書館等による資料保存，資料収集のための利用（42 条の 3～43 条）	
放送事業者による一時的固定（44 条）	(12)

作権者の被る損害が微小であることが挙げられていたが，技術の発展等により，誰もが簡単に，オリジナルとほぼ同等の品質を維持した複製物を，多数作成することが可能となった。こうした状況においては，たとえ私的使用目的での複製であっても，権利者への経済的影響を無視できないと考えられたことが，これらの例外が設けられた理由とされている。

　（i）　公衆使用に供するために設置されている自動複製機器を用いた複製（30条1項1号）　不特定又は多数の者が使用可能な状況で設置されている自動複製機器（たとえば，レンタル店の店頭に置かれたダビング機器）を用いて著作物を複製する行為は，私的複製の制限から除外されている。こうした態様での複製を認めた場合，当該機器による多数の私的複製が累積し，全体として大量の複製が行われる可能性があるため，昭和59年改正において本規定が新設された。

　コンビニや大学に設置されたコピー機も，上記の自動複製機器に該当するが，附則5条の2により，当分の間，「もっぱら文書又は図画の複製に供するもの」に対しては適用しないとの経過措置がとられたため，現時点では，これらのコピー機を利用した複製は，私的複製として許されている。本号の立法当時，個人の家庭にはコピー機が普及しておらず，文書の複製には，店頭等のコピー機を使用せざるをえなかったことが考慮されたといわれている。もっとも，家庭内にスキャナーなどコピー機能を有する機器が普及しつつある現在において，本経過措置を維持する正当性については疑問を示す学説もある。

　（ii）　技術的保護手段の回避等による複製（30条1項2号）　映画のDVDやゲームソフト等には，無断複製できないように，いわゆるコピープロテクションが施されている場合がある。こうした著作権侵害を防止・抑止するために著作物に付された技術，すなわち**技術的保護手段**（2条1項20号）を除去したり，改変したりして行われる複製は，私的使用目的であっても侵害となる。複製者自身がこうした技術的保護手段の回避を行っていなくとも，こうした手段が回避されたことによりその複製が可能になったことを知りながら複製する行為も，侵害に当たる。

　なお，技術的保護手段や技術的利用制限手段（→Ⅳ2(4)）の回避を可能とする

指令符号の公衆への譲渡等は侵害とみなされる（113条7項）。また，これらの回避を可能とする装置やプログラムを公衆に譲渡等する行為には，刑事罰が科されている。業として，公衆からの求めに応じてこれらの手段を回避する場合も同様である（120条の2第1号・2号）。

(iii)　違法公衆送信著作物の録音・録画，複製の禁止（30条1項3号・4号）

インターネット上に無断で著作物をアップロードする行為は，公衆送信（送信可能化）権（23条1項）の侵害となるが，これをダウンロードする行為は，私的使用目的で行う場合，30条1項柱書の要件を充たすことになる。そのため，従来は，違法に送信された著作物であっても，それをダウンロードする行為は，私的複製の要件を充たす限り許されるとの理解が多数を占めていた。

しかし，違法アップロード行為が後を絶たず，その結果，個人による大量のダウンロードが行われ，著作権者に大きな経済的損害を生じさせていることが問題視されたため，まず平成21年改正において30条1項3号が規定され，違法に自動公衆送信されたものであることを知りながら，その著作物を録音・録画する行為は，私的使用目的であっても，制限規定の適用を受けないこととされた。3号は，録音・録画だけを侵害行為としており，実質的に音楽及び映像の著作物に限定して保護を図ることを想定していたが，令和2年改正により，それら以外の著作物全般に保護が拡大され，漫画や書籍，コンピュータプログラム等についても，違法公衆送信と知りながらダウンロードする行為には権利制限の適用はないものとされた（同項4号）。ただし，インターネット等を介した個人の情報収集行為等を委縮させることのないよう，4号では，二次創作（翻訳を除く）や侵害部分が軽微であるものをダウンロードする場合や，著作権者の利益を不当に害しない場合には，私的複製が許容されている。加えて，3号・4号にいう悪意について，重過失により知らない場合は該当しないことが明記された（30条2項）。なお，違法アップロードされた著作物を視聴，閲覧するだけであれば，録音・録画や複製に当たる行為がないため，違法アップロードについて悪意であっても，複製権侵害は成立しない。

前述の30条1項1号・2号に該当する複製行為については，刑事罰の適用はないが（119条1項参照），3号・4号に該当する複製行為については，有償で提供・提示されている著作物（有償著作物等）を要件とするなど，悪質な行為

に限定して，刑事罰が科されている（119 条 3 項 1 号・2 号）。

　　映画の著作物については，映画館にビデオカメラを持ち込んで映画を撮影し，それをインターネット上で配信する行為等が行われるようになったことから，著作権法とは別に，「映画の盗撮の防止に関する法律」（平成 19 年 5 月 30 日法律第 65 号）が制定された。同法は，撮影の時点において私的使用の目的があるとしても，映画の盗撮（同法 2 条 3 号参照）に当たる行為には著作権法 30 条 1 項の適用はないとし，刑事罰の適用を可能としている（同法 4 条）。

　(c)　私的録音録画補償金制度（30 条 3 項）　　30 条 1 項各号に当たらない限り，同項柱書に該当する複製行為は自由になしうるが，その場合であっても，デジタル方式による録音・録画を行う場合には，相当な額の補償金を著作権者に支払わなければならない。著作権の各支分権は，禁止権として構成されているが，同条 3 項は，権利者に，禁止権ではなく補償金請求権のみを与え，私的なデジタル複製を行う個人の自由を確保しつつ，著作権者の経済的損失を補てんすることを意図している。補償金の対象となるのは，特定の録音・録画機器や記録媒体（たとえば，CD-R など）を用いた複製であり，対象となる機器や記録媒体は政令によって指定されている。

　ただし，個人が行うデジタルの録音・録画行為を権利者が把握して補償金を請求することは，現実には困難であることから，補償金の徴収は，特定の録音・録画機器や録音録画媒体の販売の際に，一定割合の補償金を価格に上乗せするという手段により行われ，指定された管理団体[39]によって集中管理されている（法第 5 章 104 条の 2 以下）。もっとも，本制度は，対象となる録音・録画機器や記録媒体の範囲をどうするか，技術的保護手段等，権利者が複製をコントロールする手段を有するようになった現在も，その意義を維持しうるかどうか等，様々な問題を抱えており，制度のあり方について議論が行われている。

　(2)　引用（32 条）

　(a)　引用の要件　　論文やレポートを書く際，他人の本や論文の一部を抜粋して掲載したり，ある絵画が高額な値段で競り落とされたというニュースを報道する際，その絵画をテレビで放送したりすることは，日常的に行われている。

---

39)　(一社) 私的録画補償金管理協会（SARVH）が 2015 年に解散したため，現在，(一社) 私的録音補償金管理協会（SARAH）のみが指定管理団体である。

これらの行為は，多くの場合，対象となる著作物の創作的表現を再生しており，支分権の対象となる複製や公衆送信行為に該当するから，著作権侵害の要件を充足することになる。

　しかし，研究や報道等の分野においては，既存の見解等の批評や検証のため，他者の著作物を利用するということが一般的な慣行となっており，また，こうした利用を認めた方が，学問の発展や，適切な報道・批評に資すると考えられ，ひいては，法の目的とする文化の発展にも寄与するといえる。

　そこで，32条1項は，公表された著作物について，公正な慣行に合致し，報道，批評，研究等の目的上正当な範囲内であれば，著作物を引用して利用できることを規定している。同条は，引用して「利用」できるとしているため，引用したものを上映したり，複製したりすることも許される（翻案利用については，→(c)参照）。

　「引用」該当性については，旧著作権法の制限規定（旧法30条1項2号は「自己の著作物中に正当の範囲内に於て節録引用すること」は侵害に当たらないとしていた）に関する判断ではあるが，最高裁判例がその要件について判示しているので，まず，この最高裁判決の判断を確認しておこう。

モンタージュ写真事件最高裁判決（最判昭和55・3・28民集34巻3号244頁）
　Xは写真家であり，雪山をスキーヤーが下りている場面を写真に撮影し，カラー写真（以下，本件写真という。→**資料3-8**）を創作した。本件写真は，Xの写真集と，A社発行の広告用カレンダーに掲載された。Yはグラフィックデザイナーであり，カレンダーに掲載された本件写真の一部を削除した上，白黒写真として複製し，上部にタイヤを配した合成写真（以下，本件モンタージュ写真。→**資料3-9**）を作成し，写真集等に掲載して発表した。
　Yは，本件写真の利用は，旧法の節録引用に関する制限規定に該当し，許容されると主張した。
　最高裁は，引用に該当するというためには，①引用して利用する側の著作物と引用されて利用される著作物とを明瞭に区別して認識することができ，かつ，②両著作物の間に，引用して利用する側の著作物が主，引用される側の著作物が従，という関係があると認められなくてはならず，さらに，③引用される側の著作物の著作者人格権を侵害するような態様でする引用は許されないと述べた上で，Yの行為はXの同一性保持権（著作者人格権）を侵害する態様であり，また，本件モンタ

資料 3-8

本件写真

資料 3-9

本件モンタージュ写真

ージュ写真が主，本件写真が従であるとの関係も認められないとして，引用該当性を否定した。

　上記①の説示部分は**明瞭区別性**の要件，②の説示部分は**附従性**（**主従関係**）の要件と呼ばれており，この二要件は，現行法下の多数の下級審裁判例においても引用が認められるための要件として踏襲されている。

　　最高裁が示した，著作者人格権侵害がないことという③の要件については，現行法下の裁判例においては踏襲されていない。旧法では，著作者人格権の規定が，引用の制限規定に該当する場合にも適用されることが明文で規定されていたのに対し（旧法 18 条 3 項），現行法ではこうした規定は採用されておらず，50 条において，制限規定が著作者人格権侵害には影響しないとの規定が置かれているためである。

　もっとも，現行法 32 条 1 項は，ⓐ公表著作物について，ⓑ公正な慣行に合致し，ⓒ研究等の目的上正当な範囲内で，ⓓ引用して利用できると規定してい

190

るため，上記最判の明瞭区別性と附従性の要件が，条文のいずれの文言において要求されるのかが問題となる。

　　この点について，下級審の裁判例の判断は分かれている。学説においては，ⓓの「引用」該当性判断において二要件を維持しうると解しつつ，二要件とは別に，ⓑ及びⓒの要件を検討すべきであるとの見解が多数であるように思われる。事案によっては，明瞭区別できる形で利用することが公正な慣行である場合や，目的上正当な範囲といえるために附従性が要求されることはあろうが，そのような事情が認められない事案もありうるであろうから，基本的には，ⓓの引用の概念に二要件を位置づけることは妥当であるように思われる。もっとも，フェアユース規定（→**2**参照）を有しないわが国の著作権法においては，事案の妥当な解決を導くにあたり，32条の制限規定を柔軟に解釈する必要性が指摘されており，引用該当性において，常に二要件を要求すべきかどうかについては，議論の対象となりえよう。

　(b)　引用する側の創作物の著作物性　　32条1項では明示されていないが，同項の適用を受けるために，引用する側の創作物が著作物であることが必要であるかについて，下級審裁判例では見解が分かれている。引用の制限規定の趣旨が，新たな著作物を作成する行為に限り利用を認めることにあると解すれば，著作物性を要求すべきこととなろうが，報道における利用も条文上許容されていることなどから，情報の正確な伝達に資することも本条の趣旨と理解でき，新たな著作物の創作を必須の要件と解すべき理由はないように思われる。

　(c)　要約引用の可否（47条の6第1項3号）　　私的複製の説明でも触れたように，47条の6は，制限規定の要件を充たす場合に，著作物を翻案等して利用できる場合を規定している。27条が定める行為には，翻訳，変形など様々なものが存在するため，47条の6は許容される行為を個別に規定している。

　引用については，同条1項3号により，翻訳して利用することが認められているが，そのほかの行為については列挙されていないため，条文上は，翻案しての利用は許されないと解することになりそうである。もっとも，裁判例には，要約（翻案に当たる）しての引用が許されるかどうかが争われた事件があり，一定の条件の下，要約引用を認めるとの解釈が示されている[40]。条文の解釈

---

40)　東京地判平成10・10・30判時1674号132頁〔血液型と性格の社会史事件〕。

としては困難な点もあるが，結論の妥当性を図ったという点では評価できよう。

(3)　図書館等による複製・公衆送信（31条）

国立国会図書館等は，所蔵する図書や資料につき，一定の要件の下で複製することができる。図書館等の利用者が，調査等のために，著作物の一部について複製物の提供を求めた場合（31条1項1号）や，資料の保存に必要な場合（同項2号），絶版図書等の複製物を他の図書館の求めに応じて提供する場合である（同項3号）。

図書館の利用者自身が，自己の使用のために複製する場合には，私的複製（30条1項）として許容されるが，本条は，図書館が複製を行ってもよい場合を定めている。なお，令和3年改正により，国立国会図書館に対しては，絶版等資料の自動公衆送信が許容される範囲が拡大されたほか（31条7項・8項参照），国立国会図書館を含む特定図書館（同条3項参照）に対し，31条2項の要件のもとで，利用者の調査研究の用に供するための公衆送信が可能とされた（後者は，2022年10月現在未施行）。後者については，相当な額の補償金の支払いが必要とされ（同条5項），著作権者の経済的利益に対する配慮がなされている（なお，当該補償金請求権については指定管理団体による行使が予定されている〔104条の10の2等参照〕）。

これらの規定は，図書館等が情報の普及や学問の発展において重要な役割を有していることから，著作物の円滑な利用を確保するために設けられたものである。

(4)　教育・入学試験等に関わる制限規定（33条〜36条）

著作権法は，教育目的での著作物の利用について，複数の制限規定を設けている。たとえば，教科用図書等への掲載（33条），学校教育番組における放送・有線放送（34条），教育機関において授業で使用するためにする複製及び公衆送信（35条）等が許容されている。

これらの制限規定に挙げられた利用態様は，教育活動の円滑な実施という公益に資するものであるため，権利者の許諾を要せずに利用を可能としている。

しかし，教科書や教育番組等に利用された場合，その著作物が多数の者に提供・提示されることになるため，著作権者の経済的利益への影響も無視できない。そこで，一定の利用行為に対しては，相当額の補償金を著作権者に支払う

ことを要件とし，利用の確保と権利者の利益保護との調整を図っている（33条
2項・34条2項等）。

　なお，35条1項の制限規定において，学校等の授業で使用するために許さ
れる利用は複製及び公衆送信（送信可能化を含む）のみであり，著作物を上映し
たり演奏したりする行為は含まれていないが，こうした利用行為については，
38条1項の制限規定（非営利上映等。→(6)参照）により利用が許されると解され
ている（35条3項も参照）。

　　35条は，従来，同時遠隔合同授業に限定して公衆送信を許容していたが，教育
　における著作物の円滑な利用を促進するため，平成30年改正において，公衆送信
　行為一般を広く許容することとされた（35条1項）。ただし，同改正において新た
　に制限の対象とされた公衆送信行為については，教育機関等が，相当な額の補償金
　を支払わなければならないとされている（同条2項・3項）。補償金は，指定管理
　団体に包括的に支払う制度とされており（104条の11以下），当該団体として，授
　業目的公衆送信補償金等管理協会（SARTRAS）が指定された。

　また，入学試験等の問題として著作物を複製・公衆送信することも許容され
ている（36条1項）。入学試験等を公正に実施するためには，問題の内容を秘
匿しておく必要があり，事前に著作権者の許諾を得ることが困難であるから，
こうした権利制限が正当化される。よって，同条にいう「試験又は検定」とは，
問題に利用する著作物を秘密にしておく必要性があるもののみをいうと解され，
授業において講師の判断により適宜使用することを目的とした試験問題はこれ
に該当しない[41]。また，試験問題としての利用の要件を充たす場合であって
も，たとえば，予備校が模擬試験問題として利用する場合など，営利目的を有
する場合には，著作権者への補償金の支払いが必要とされる（同条2項）。

(5)　視聴覚障害者等のための利用

　視聴覚障害者等が著作物にアクセスし，利用することを確保するために，教
科用図書に記載された著作物の拡大を伴う複製や，点字その他の方式による複
製・公衆送信等は，一定の要件の下，著作権者の許諾を要せずに行うことがで
きる（33条の3・37条・37条の2）。

---

41)　東京地判平成15・3・28判時1834号95頁〔小学校国語教科書テスト事件〕。

(6)　非営利上演等（38条）

営利を目的としない利用行為については，著作物の無形的な再生行為（上演，演奏等）や複製物の貸与などが，38条各項の要件の下で許容されている。

同条1項は，営利を目的とせず，聴衆・観衆から対価を受けない場合で，かつ，実演家・口述者に対して報酬が支払われないことを要件として，公に上演，演奏，上映，口述することを許容している。同項により，たとえば，大学祭などで音楽を演奏したり，学芸会で演劇を上演したりする行為は，それが上記の要件を充たす限り，演奏権や上演権の侵害とはならない（→Ⅳ1(2)(b)②③も参照）。

3項は，非営利かつ対価を受けないで，放送又は有線放送される著作物を公に伝達する行為，及び，家庭用受信機を用いてこれを行う場合には，伝達権の侵害とはならないとする。同項により，たとえば，食堂などに家庭用テレビを設置して，放送されている番組を客に鑑賞させる行為は許されることになる。もっとも従来は，家庭用テレビは小型の物がほとんどであったが，近時は大型のモニターを備えたテレビも一般家庭に普及しており，どこまでが家庭用受信機と解されるかについては，議論となろう（→Ⅳ1(2)(b)④も参照）。

4項は，公衆へ著作物の複製物を貸与する行為について，非営利かつ対価を受けずに行う場合には，これを許容している（ただし，映画の著作物については，5項により，その範囲が限定されている）。公立図書館が行う書籍の貸出しは，この規定により貸与権の侵害とはならない。

なお，2項は，放送された著作物を非営利かつ対価を受けずに有線放送等することを許容しているが，これは，テレビ番組の難視聴地域に対して有線放送等を利用して情報を送信する行為を可能とするために設けられたものである。

(7)　所有権等との調整

(a)　美術や写真の著作物　　美術著作物等の原作品を公に展示する行為は，展示権の対象とされているが（25条），原作品の所有者と著作権者が同一人であるとは限らない。所有者であっても，展示の際に著作権者の許諾を得なければならないのでは，所有者のその物の使用・収益にかかる利益を害することにもなりかねない。そこで，著作権法は，美術や写真の著作物の原作品の所有者やその者から同意を得た者は，その作品を公に展示することができるとの制限

規定を置き（45条1項），原作品の所有権者の利益を確保している。

　ただし，街路や公園等の屋外の場所に恒常的に設置された美術の著作物については，一定の場合を除き，原則として自由に利用することが認められているため（46条。→(8)(a)），著作権者の許諾なしに屋外に設置することを認めてしまうと，著作権者が大きな経済的損害を被ることになる。そのため，所有権者であっても，美術の著作物を屋外に設置することは許されない（45条2項）。

　なお，美術の著作物が美術館等で展示される際には，閲覧者に当該著作物の解説等を記載したパンフレット等を提供することが慣行となっている。そこで，当該展示の際に閲覧者に提供するために，展示作品の解説等を目的とする小冊子に著作物を掲載することが許されている（47条1項）。ただし，その展示行為が展示権の侵害に当たる場合には，著作権者の利益は害されており，そうした展示に対する便宜を図ることは妥当ではないため，小冊子への掲載は許されない。なお，近時，タブレット端末等を使用して展示著作物の解説を提供する手法が普及してきたことを受けて，平成30年法改正により，解説等を目的とする展示著作物の上映及び自動公衆送信行為と（同条2項），そのために必要な複製行為も許容されることとなった（同条1項）。

　さらに，美術や写真の著作物を所有者がオークションで販売したり，貸与したりする際に，通常，対象となる著作物（商品）がカタログやインターネットで紹介されるが，そのための複製や公衆送信行為についても，制限規定が置かれている。ただし，著作権者の利益を害することがないよう，その後の複製等を防止する措置等を行っていることが要件とされている（47条の2）。

　(b)　プログラム著作物　　プログラム著作物の複製物の所有者は，その利用に必要な複製や翻案を行うことが認められており（47条の3・47条の6第1項2号），いわゆるバックアップやバグの修正等は，30条1項（私的複製）の規定の適用がない場合であっても，侵害とはならない。

　(8)　行動の自由の確保に関わる規定

　(a)　公開の美術の著作物，建築の著作物の利用　　街路や公園など屋外に恒常的に設置された美術の著作物，及び，建築の著作物については，原則として自由に利用できる（46条）。テレビ放送の映像や写真を撮影する際に，屋外のこうした著作物が写り込んでしまう場合にまで権利行使ができるとすると，他

者の行動の自由を過度に抑制することになってしまうためである。

　ただし，彫刻の著作物の増製や，建築著作物の建築による複製，もっぱら美
術著作物の複製物の販売を目的とする複製（たとえば，絵はがきとして売るための
絵画の複製）など，著作権者の経済的利益を大きく害する態様での利用は除外
されている（同条1号〜4号を参照）。

　　東京地判平成13・7・25判時1758号137頁
　〔働く自動車事件〕では，各種の自動車の写真を
　掲載した幼児向けの本（**資料3-10**）に市バス
　の写真が掲載されたことにより，その車体に描か
　れていた絵も複製されたことから，その絵画に関
　する複製権等の侵害の成否が争われた。裁判所は，
　市バスが長期にわたり不特定多数の者が閲覧でき
　る公道を運行していることから，その絵は，「一
　般公衆に解放されている屋外」に「恒常的に設
　置」されているとして46条の適用を認めた。

資料3-10

　　なお，本判決後に次に述べる30条の2（→(b)）が設けられたため，現在では同
　条の適用も問題となりうる事案である。

　(b)　付随的利用　　写真や映像の撮影等の際に，現場に貼ってあるポスター
が写り込むことや，その場に流れていた音楽が録音されることがあるが，写真
等の創作に伴うこれらの複製・翻案は，平成24年改正により明文で許容され
た（30条の2・47条の6第1項2号）。上記(a)で述べた46条では，権利制限の対
象となる著作物の種類や設置場所が限定されているが，30条の2にはそうし
た限定がない。

　30条の2は，令和2年改正において，いわゆる違法ダウンロードの対象が
拡大したことに伴い（30条1項4号。詳細は，→(1)(b)(iii)参照），著作物の利用や情
報伝達を委縮させないよう，その適用範囲が拡大され，写真や映像といった著
作物の創作に伴う写り込み等だけでなく，広く複製・伝達行為に伴う写り込み
の場合にも適用があるとされた。撮影等において付随して利用される著作物が，
撮影等により作成される著作物等において軽微な部分であること（付随対象著
作物），及び，その利用が正当な範囲内であること等が要件である。令和2年
改正以前は，写り込んだ著作物が，撮影等の対象となるものから分離困難であ

ることを独立の要件としていたが，改正後は，分離困難性は，利用が「正当な範囲内」であるかを判断する際の考慮要素の一つと位置づけられている。

(9)　報道や国家活動に関する制限規定

報道活動，裁判手続，行政機関や国立国会図書館等の活動において，適切な情報の提供や利用を可能にするための制限規定として，39 条〜43 条がある。

このうち，41 条は，時事の事件を報道する場合に，一定の要件の下，著作物を複製，利用できるとする。その要件とは，利用される著作物が当該事件を構成するか，当該事件の過程において見られたり聞かれたりする著作物であること，及び，報道の目的上正当な範囲内であることである。たとえば，著名な絵画が盗まれたという事件の報道において，当該絵画を放送したとしても，公衆送信権侵害は成立しない。こうした利用の場合には，同時に引用（32 条）の要件を充たす場合も多いと思われるが，従来，引用の要件と解されてきた附従性（主従関係）が認められないような利用態様であっても，41 条の制限規定の適用は認められることとなる。

(10)　著作物に表現された思想又は感情の享受を目的としない利用（30 条の 4。
　　平成 30 年改正により新設）

30 条の 4 は，著作物に表現された思想又は感情を享受することを目的としない場合には，必要な限度内であること，及び，権利者の利益を不当に害することがないことを条件に，著作物の利用を認めている。こうした利用は，著作物の経済的価値を利用するものではないため，対価回収の機会を確保すべき必要性が認められず，権利者の利益を通常害さないものとして権利制限が正当化されると考えられている（改正時の議論における第 1 類型。→2 参照）。

こうした利用に該当する具体例として，同条には，技術の開発や実用化のための試験の用に供する場合（同条 1 号），情報解析の用に供する場合（同条 2 号），知覚による認識を伴わない電子計算機による情報処理過程での著作物の利用等（同条 3 号）が規定されている。1 号や 2 号については，本改正前も，個別の制限規定により許容されていたが，これらを非享受利用の一態様として整理することにより，今後，著作物の利用態様の変化により，新たな非享受利用に当たる事例が生じた場合にも，個別の制限規定の立法を待つことなく，そうした利用を許容することが可能となっている。

(11)　情報技術の利用の確保のための制限規定

電子技術の利用を阻害しないための制限規定として，47 条の 4 及び 47 条の 5 が規定されている。前者は，電子計算機における著作物の利用に付随する利用等を許容しており，たとえば，情報通信処理を高速化するためのキャッシュの作成等が許される。こうした利用は，通常，権利者の利益を害さないと評価できるからである（改正時の議論における第 1 類型。→2 参照）。後者は，新たな知見・情報を創出する電子計算機による情報処理の結果提供に付随する軽微利用等を許容しており，たとえば，書籍検索サービスの結果表示において，検索したキーワードが含まれる文章の一部を提供する行為等を行うことができる。こうした行為は，新たな情報・知見を創出するサービスの提供に付随して，著作物を軽微な形で利用するものであり，権利者への不利益が軽微な行為類型（改正時の議論における第 2 類型。→2 参照）と位置づけられている。

(12)　その他の制限規定

平成 24 年改正では，検討の過程における著作物の利用が許容されることが明記された。たとえば，会社内で，あるキャラクターのイラストを利用した商品の開発等を検討するにあたり，企画書や会議資料にそのイラストを掲載したり，商品の具体案としてイラストを翻案して利用することがある。商品化が決定された場合に権利者の許諾を得ることが予定されているのであれば，こうした検討段階での利用が権利者の利益を害するものとは認められないため，著作権者の許諾を得ていなくとも，検討に必要と認められる限度で利用ができることとされた（30 条の 3）。

その他，放送事業者等が放送等のために行う一時的固定を許容する 44 条がある。

なお，個別の制限規定の説明においては言及しなかったが，以上の制限規定には，利用される著作物が公表されていること（32 条・33 条等）や，その著作物の種類，用途，態様に照らして，著作権者の利益を不当に害するものではないこと（36 条・42 条等）を要件とするものが存在する。

5　制限規定に関連する共通規定

著作権の制限に関しては，上記に挙げた個々の条文の要件の充足のほか，以

下の規定にも目配りをする必要がある。

(1) 出所明示（48条）

48条は，各制限規定にもとづく利用にあたり，出所の明示が必要とされる場合を列挙しており，その場合には，利用者は適切な出所表示を行わなくてはならないとする。もっとも，出所明示義務に違反した場合でも，個別の制限規定の要件を充たしているのであれば（48条違反になることは別にして），著作権侵害は成立しないと解する見解が多数である。著作権法は，48条違反の効果については，著作権違反に対する罰則（119条1項）とは別に，122条においてこれを定めていることから，著作権侵害の成否と48条違反は独立であると考えられるからである。

(2) 目的外使用と複製物の譲渡（49条・47条の7）

制限規定には，特定の目的のための利用に供する場合にのみ権利制限を認めるもの（30条・35条等）があり，この場合，その目的以外に利用する行為は，複製権・翻案権の侵害とみなされる（49条）。

なお，複製権を制限する規定にもとづき適法に作成された複製物を公衆へ譲渡する行為については，譲渡権が制限される場合がある（47条の7）。たとえば，試験問題としての利用に関する36条1項は，複製権及び公衆送信権に関する制限を定めているが，同条により適法に作成された複製物を当該試験の受験者に頒布する行為が譲渡権侵害を構成するとなれば，36条の制限規定を設けた趣旨が害されることになる。そこで，一部の制限規定については，その制限規定で定める目的の範囲内で，複製物を公衆へ譲渡することが許容されている。

(3) 翻案等による利用（47条の6）

47条の6は，制限規定によって著作物の利用が許される場合に，翻訳や翻案等による利用も許されるかどうかについて規定する。30条1項（私的複製）の要件を充たす場合，翻訳，編曲，変形，翻案が許されるが（47条の6第1項1号），36条（試験問題としての複製等）の要件を充たす場合には，翻訳のみが許されている（同項3号）（→4(2)(c)も参照）。

Ⅵ　著作者人格権の効力と制限

　　ここでは，著作者の人格的利益を保護する著作者人格権の効力が及ぶ範囲について説明する。著作者人格権については，18 条から 20 条がその内容を規定している。著作権と異なり，著作者人格権の制限（適用除外）は，上記の各条項の中で規定されている。また，著作者の人格的利益に関するみなし侵害の内容や，著作者の死後の人格的利益の保護を定める規定についても確認する。

1　総　論

　著作者人格権は，著作者の人格的利益を保護する権利であり，著作権法は，その内容を 18 条から 20 条に規定する。

　たとえば，自己の書いた小説を，他人が自分の作品であると偽って出版したり，無断で映画化したりした場合，その小説の著作者は，作品の著作者として表示されなかったことや，作品を勝手に改変されたことに，憤りや悲しみ等（精神的苦痛）を覚えるであろう。そして，こうした著作物の利用に対し，創作者である著作者がこれを禁止したいと思うことも自然といえよう。また，一般には，著作物を利用する際に，著作者名を偽ったり著作物に大きな改変を加えたりすることを認める必要性もないと考えられる。そこで著作権法は，著作者に対して著作者人格権を付与し，著作物の一定の利用行為を禁止できることとした。

　もちろん，こうした行為は，多くの場合，同時に著作権（複製権や翻案権等）の侵害にも当たるので，著作権にもとづく救済を受けることはできる。しかし，著作権は経済的利益を保護することを目的としている権利であるし，著作者以外の者に譲渡されている場合もある。そのため，著作権だけでは，著作者の人格を反映した著作物に関する人格的利益の保護としては十分ではない。そこで，著作権法は，著作権とは別に，著作者人格権を著作者に付与している。以下では，その内容を確認する。

2　公表権（18 条）

未公表の著作物を，その著作者に無断で公衆に提供・提示することは，**公表**

権の侵害となる（18条1項）。同条は，著作者が著作物の公表を望まない場合に勝手に公表されたり，著作者の予定していた公表の時期や態様とは異なるかたちで公表されたりした場合に害される著作者の人格的利益を保護するための規定である。

　そのため，公表権が認められるのは，未公表の著作物と，著作者の同意を得ないで公表された著作物（18条1項かっこ書）に限定されている。いったん適法に公表された著作物については，その後，再度公衆に提供・提示されたとしても，そのことによって人格的利益が害されることはないからである。

　　　著作物の「公表」とは，発行（3条1項参照）されるか，上演権等の提示行為に
　　関する権利（→Ⅳ1(2)(b)参照）を害することなく，公衆に提示された場合をいう
　　（4条1項）。
　　　なお，原著作物が未公表である場合に，原著作者の許諾なくその二次的著作物を
　　公表することも，原著作物の著作者の公表権の侵害となる（18条1項後段）。

3　氏名表示権（19条）

(1)　内　容

　著作者は，著作物に対し，いかなる著作者名を表示するか，あるいは，著作者名を表示しないかを決定する権利（**氏名表示権**）を有する（19条1項）。著作者名は，著作物に対する社会的評価の帰属先となるものであり，また，著作者と著作物との結びつきを示すものであるから，著作者名の表示に関する決定権を著作者に付与することで，その人格的利益の保護を図ったものである。著作者の意に沿わない著作者名を付すことが氏名表示権の侵害となるため，著作者がペンネームや旧姓などの変名を付す意思を有している場合に，著作者の実名を付す行為は，それが正しいものであったとしても，氏名表示権の侵害となる。

　原作品そのものに，著作者の意に沿わない表示が付された場合には，それだけで氏名表示権の侵害となるが，それ以外（複製物等）については，著作物を公衆に提供・提示する際に同様の行為を行った場合に侵害となる。なお，ここでいう「著作物の公衆への提供・提示」行為は，著作権の対象となる利用行為に限定されないと解されている[42]。氏名表示権は人格的利益を保護するものであるから，その侵害の成立に，財産的利益を保護する著作権の効力が及ぶ利

用行為の存在は必ずしも必要ないといえよう。たとえば，他人の著作物が掲載されたツイートをリツイートすることにより，その著作物を公衆に提示したとしても，リツイート行為自体は公衆送信に該当しないため著作権の対象となる提示行為ではないが，その際に，著作者名が削除された場合には，氏名表示権の侵害は成立し得ることになる。

　また，原著作者の氏名表示権は，その二次的著作物の公衆への提供・提示の際にも働くため，二次的著作物には，二次的著作物の著作者名に加えて，その原著作物の著作者名を適切に表示することが必要である（19 条 1 項後段）。

　(2)　制　限

　ただし，以下の場合には，氏名表示権の侵害とはならない。

　まず，著作物に既に著作者名が表示されている場合には，著作者の別段の意思表示がない限り，その表示しているところに従って著作者名を表示することができる（19 条 2 項）。たとえば，絵画や写真にその著作者名が付されている場合，それらを（引用するなどして）利用する際には，同じ著作者名を付しておけば，氏名表示権の侵害は生じない。同じ著作者名を表示している限り，原則として，著作者の人格的利益を害するおそれはないといえようし，また，著作物の提供・提示の際，常に著作者にいかなる著作者名を付すべきかを確認する必要もなくなる点で，著作物の利用の促進にも資する。

　次に，著作物の利用の目的や態様に照らし，著作者が創作者であることを主張する利益を害するおそれがないと認められる場合は，著作者名表示を省略できる。ただし，それが公正な慣行に反しないことが要求される（19 条 3 項）。たとえば，飲食店等が音楽著作物を BGM として利用する場合に，その著作者名を表示しなくとも，著作者が創作者であることを主張する利益を害するおそれがなく，公正な慣行にも合致するとして，氏名表示権の侵害は成立しないと解されている。

---

42)　最判令和 2・7・21 民集 74 巻 4 号 1407 頁〔リツイート事件最高裁判決〕。

4　同一性保持権（20条）

(1)　内　容

　著作者は，著作物及びその題号（タイトル）について，同一性を保持する権利（**同一性保持権**）を有する。著作物や題号に対し，著作者の意に反する変更，切除，その他の改変を加える行為は，同一性保持権の侵害を構成する（20条1項）。著作物の表現には著作者の人格が体現されており，これを無断で改変することは，著作者に精神的苦痛を与えるものと考えられるため，著作物の同一性にかかわる人格的利益を保護するものである。また，題号も著作物に密接に結び付いたものであり，同様に著作者の思い入れが認められることから，これを改変する行為にも権利が及ぶとされている。

　同一性保持権の侵害となる行為は，著作者の「意に反する」改変等であり，著作者の主観が基準とされている。そのため，著作物の意味内容に変更が生じたり，その評価が大きく変わったりするといった，著作物の客観的価値に影響をもたらすような改変はもちろん，そうした影響を何らもたらさないようなささいな改変であっても，著作者の意に反する限りは，当該改変は侵害となる。たとえば，大学懸賞論文の優秀作品を紀要へ掲載する際に，編集部が紙幅の都合から，著作者に無断で送り仮名の変更，読点の削除，改行の省略といった変更を行うことも，同一性保持権の侵害要件を充たす[43]。

　　なお，改変該当性判断の応用事例として，ゲームソフトのプレイヤーの能力値を高数値に変更する行為が，ゲームソフトの映像の著作物の改変に当たるかという問題がある。ゲームは，ユーザーの操作によって能力値が変化し，それに伴い現れる画面やストーリーが多種多様なものとなることが想定されていることから，能力値が高く変更されたとしても，プレイヤーが高い能力値を得た場合に想定されているストーリーなどが現れるだけであれば，改変があったとはいえない。そのため，裁判例においては，能力値が変更されたというだけでは，当然には改変とは認められず（東京高判平成11・3・18判時1684号112頁〔三国志事件〕），能力値の変更により，その時点では登場しえない人物が現れるなど，そのゲームが本来予定していたストーリーとは異なる展開が可能になると認められる場合にのみ，改変があったと判断されている（最判平成13・2・13民集55巻1号87頁〔ときめきメモリアル事件〕。本件について詳細は，→Ⅶ2(2)(b)参照）。

---

43)　東京高判平成3・12・19判時1422号123頁〔法政大学懸賞論文事件〕。

　また，条文上，侵害が成立するために，改変された著作物が公衆に提供・提示されることは要件とはされていない。その合理性には学説上疑問も呈されているが，私的な利用の際に改変を行った場合でも，条文上は，同一性保持権の侵害に該当することになる。

　なお，彫刻の著作物を焼却するなど，著作物が化体した有体物を消滅させる行為は，同一性保持権の侵害とはならないと解されている。もはや保護の対象となる創作的表現が残存していないため，侵害要件の一つである類似性が認められないからである（→Ⅶ1(2)参照）。

> ### *Column 7* 　同一性保持権侵害と著作権侵害との関係
> 　翻案権侵害に該当する行為が行われた場合には，当然，著作物の改変を伴うことから，同一性保持権侵害も同時に成立することとなる。しかし，同一性保持権侵害が成立する場合に，翻案権侵害も成立するとは限らない。翻案に当たるには，新たな創作的表現が付与されたことが必要となるが，改変行為の中には，たとえば，「です・ます」調の文章を「である」調に変えるなど，創作的表現の作出があったとはいえない態様のものも含まれるからである。こうした改変物が作られた場合には，同一性保持権侵害と複製権等の侵害が成立することとなる。

(2)　制　限

　20条2項では，同一性保持権の適用除外が定められており，以下のいずれかに該当する場合には，著作物等の改変を行ったとしても同一性保持権の侵害は成立しない。

(a)　学校教育の目的上，やむを得ない改変（1号）　　同項1号は，教科書や学校教育用放送において著作物を利用する際に，学校教育の目的上，やむを得ない改変を行うことを許容している。著作権については，教科書や学校教育用放送における利用に関する制限規定がおかれているが（→V4(4)），その際に，たとえば，難しい漢字をひらがなに，旧字体を新字体にした場合には，著作権とは別途，同一性保持権の侵害が問題となる。しかし，このような教育的配慮から必要とされる改変については，1号によって，同一性保持権の侵害とはならないとされている。

(b)　建築物の増築，改築，修繕又は模様替えによる改変（2号）　　建築の著

作物は，居住等に使用される実用品としての側面も有する。その使用に必要な
修繕や改築が同一性保持権の侵害となってしまうのでは，建築物の所有者や居
住者の利益が害されることになるため，同号では，こうした改変行為が侵害と
ならないことを規定している。

　同号が，使用者の利益だけでなく，使用者と著作者との利益の調整を図った
ものであると理解するならば，建築物の実用的・経済的な観点から必要とされ
る変更は，同号にいう「増築，……模様替え」に該当するが，個人的な嗜好に
もとづく変更は，これに該当しないと解することになる[44]。

　（c）　プログラムの使用に必要な改変（3号）　　プログラムの著作物について
は，電子計算機において利用できるようにするための改変（たとえば，バグの修
正等），又は，効果的に利用しうるようにするために必要な改変（たとえば，バ
ージョンアップ等）が認められている。これは，プログラム著作物が，コンピュ
ータを動作させるという機能的側面を有しているという特殊性を考慮した規定
といえる。

　（d）　やむを得ない改変（4号）　　以上のほか，著作物の性質，その利用の目
的及び態様に照らしやむを得ないと認められる改変も，同一性保持権の侵害と
はならない。

　上記1号～3号が，利用目的や対象著作物を具体的に明記して権利を制限し
ているのに対し，本号は，利用の個別具体的な事情に応じて権利制限の可否を
判断することを可能としており，一般条項としての性質を有している。

　もっとも，従来の裁判例や学説の多くは，4号の適用が認められる「やむを
得ない」場合とは，1号や2号と同程度の必要性が認められる場合に限定され
ると解してきた（ただし，こうした解釈の妥当性について，見直しの必要性が指摘さ
れていることについては，→後述**5**参照）。

　たとえば，先にみた大学懸賞論文の事件では，表記の統一の観点から，編集
者により句読点や送り仮名の修正がなされたという事案について，大学生の研
究論文の場合には，1号に規定される場合と同程度の改変の必要性が認められ
るわけではないとして，やむを得ない改変には該当しないと判断されている。

44）　東京地決平成 15・6・11 判時 1840 号 106 頁〔ノグチルーム事件〕（ただし，反対：大阪地
　　決平成 25・9・6 判時 2222 号 93 頁）。

資料 3-11

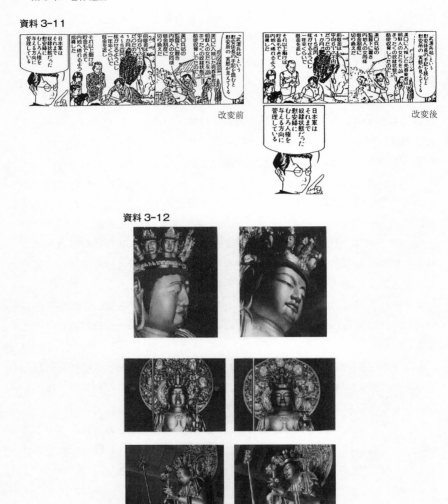

改変前　　　　　　　　　　　　　　　　　改変後

資料 3-12

改変前　　　　　　　　　改変後

　また，裁判例においては，「やむを得ない」かどうかの判断において，利用の目的を達成するために，当該改変を行う以外に選択肢がなかったかどうかを考慮するものがある。たとえば，3コマ並んだ漫画のコマのうちの一つを，一段下に移動して掲載したという事案において，そうした改変の理由が，被告書

資料 3-13

改変前　　　　　　　　　改変後

籍のレイアウトの都合であり，変更しない態様での収録の方法がありえたこと
を理由に，4号該当性を否定したものがある[45]（→**資料 3-11** 参照）。

　観音像の仏頭をすげ替えたという事案においても，信仰の対象としてふさわ
しい表情に変更するという目的が合理的であったとしても，そのような目的を
実現するためには，観音像全体を作り替えるなど，他の選択肢も考えられるこ
とを理由に，やむを得ない改変には該当しないとの判断が示されている[46]（→
資料 3-12 参照）。

　これに対し，4号該当性が認められた例としては，引用した原告漫画の第三
者の似顔絵が，醜く描写されたものであったため，引用にあたり目隠しを付す
という改変を施したという事例がある（→**資料 3-13** 参照）。裁判所は，そのま
ま掲載すると，常識に照らして客観的に似顔絵の対象者の名誉感情を害するお
それが認められ，目隠しにより，そのおそれが低くなっていることが明らかで
あるから，この改変は相当な方法といえるとして，やむを得ない改変に該当す
るとした[47]。

5　著作権の制限規定該当性と著作者人格権侵害との関係

　50条は，著作権の制限規定が著作者人格権に影響を及ぼさないことを明らか
にしている。そのため，たとえば，問題となる利用行為が引用（32条）の要
件を充たし，著作権侵害を構成しない場合であっても，改変が施されて引用さ

---

45)　東京高判平成 12・4・25 判時 1724 号 124 頁〔ゴーマニズム宣言事件控訴審判決〕。
46)　知財高判平成 22・3・25 判時 2086 号 114 頁〔駒込大観音事件控訴審判決〕。
47)　前掲注 45) ゴーマニズム宣言事件控訴審判決。

れている場合には，別途著作者人格権である同一性保持権（20 条 1 項）の侵害
が成立することになる。著作権と著作者人格権とでは保護する利益が異なり，
侵害成否の判断がそれぞれに行われる以上，両者の侵害成否に関する結論が異
なることは当然といえよう。

　しかし，著作権の制限規定により著作権については許される行為であっても，
著作者人格権侵害が成立すると判断された場合には，その利用行為は結果的に
禁止されることとなる。こうした帰結は，事案によっては，著作物の利用を許
容した著作権の制限規定の趣旨を害する結果を生じさせることも考えられる。

　たとえば，38 条 1 項の非営利演奏に該当し，演奏行為自体は許容される場
合であっても，演奏者が音楽の一部にアレンジを加えた場合には，同一性保持
権の侵害が認められるが，こうした結論は，38 条 1 項が非営利での演奏行為
を許容した趣旨とは対立しないだろうか。

　また，47 条の 6 は，著作権の制限規定の要件を充たす場合に，翻訳や翻案
等を行って利用することを許容している。にもかかわらず，改変行為を伴うこ
とにより，常に同一性保持権侵害が成立することとなるのでは，同条を無意味
なものとしてしまうだろう（47 条の 6 については，→V4(2)(c)，V5(3)も参照）。

　もっとも，著作者人格権の侵害の成否と著作権の制限規定該当性とは独立の
問題である以上，著作権が制限されることを理由として，著作者人格権の侵害
を否定することは適切ではない。そのため，この問題は，あくまでも著作者人
格権の解釈問題（具体的には，氏名表示権侵害であれば 19 条 3 項該当性，同一性保持
権侵害であれば 20 条 2 項 4 号該当性の問題）として検討されることになる。

　具体的な事例として，著作権については 46 条（公開された美術の著作物の利用。
→V4(8)(a)）に該当するとして侵害が否定されたが，著作者の氏名が表示され
ていなかったため氏名表示権の侵害が争われた事案において，その著作物の利
用の目的や態様に照らし，著作者の氏名表示の利益を害するおそれがないとし
て，19 条 3 項により侵害を否定した裁判例が存在する [48]。

　他方で，同一性保持権については，前述のように 20 条 2 項 4 号を厳格に解
する見解の下では，著作物の利用の目的や性質，態様等を考慮して 4 号該当性

---

48)　東京地判平成 13・7・25 判時 1758 号 137 頁〔働く自動車事件〕。

を判断するとしても，改変利用の必然性が認められない場合には，やむを得ない改変に該当するとの結論を導くことは難しいようにも思われる。もっとも，裁判例の中には，著作権については権利者の許諾が認められるという事案において，テレビ放送のために映画の著作物をトリミング（画像サイズの変更）した行為について，それ以外のトリミング方法が考えられる場合であっても，やむを得ない改変該当性を肯定したものも現れている[49]。特に，改変利用を認める47条の6の適用が肯定される事案においては，著作権法の目的との整合性の観点からも，著作者の人格的利益を考慮しつつ，同号の柔軟な解釈により利用者の利益との調整を図っていくことが望ましいといえよう。

6　侵害とみなされる行為（113条11項）

著作者の**名誉又は声望を害する方法**による著作物の利用は，著作者人格権侵害とみなされる。ここでいう名誉・声望とは，著作者の客観的な社会的評価をいうと解されており，著作者の主観的な名誉感情が害されたというだけでは侵害とはみなされない。なお，改変を伴わない利用行為であっても，その利用態様が著作者の名誉等を害するものである場合には，侵害とみなされる。

裁判例には，原告著作物は，主人公が現在の結婚のあり方に疑問をもち，社会的に目覚めて自分の道を模索するというストーリーであったのに対し，ドラマ化される際，伝統的性別役割分業観への批判や女性の自立の主張がまったく読み取れないストーリーへと改変されたことが，女性の権利擁護のための活動を行ってきた原告の名誉声望を害する方法による利用に当たると判断したものがある[50]。

7　著作者の死後の人格的利益の保護（60条）

著作者人格権は，財産権である著作権と異なり，著作者の一身に専属するとされていることから（59条），相続の対象にはならず，著作者の死亡により消滅する。しかし，著作権法は，著作物の文化的価値を確保する必要性もあるこ

---

49)　東京高判平成10・7・13平成7（ネ）3529号〔スイートホーム事件〕。
50)　東京高判平成8・4・16判時1571号98頁，東京地判平成5・8・30判時1571号107頁〔目覚め事件〕。

となどから，著作者の死後であっても著作者人格権侵害となるべき行為を禁止しており（60条），著作者の遺族，又は，遺言により指定された者に，こうした行為に対する差止請求権等を付与している（116条）。もっとも，著作者の死亡後は，人格的利益が害される著作者自身は存在していないため，侵害の成立範囲を，公衆への提供・提示の際になされる行為に限定している。また，時間の経過に伴い，著作物の利用の状況も変化することから，利用行為の性質や程度，社会的な事情の変動等を考慮し，著作者の意を害しないと認められる場合には，侵害とはならないものとしている（60条但書）。

Ⅶ　権利侵害と救済

　ここでは，著作権及び著作者人格権侵害が成立するための要件と，権利者がいかなる救済を求めることができるかについて概説する。著作権法の侵害要件は，依拠性が要求されるなど，他の知的財産権とは異なる特徴を有している。また近時，侵害行為への関与の態様が多様化，複雑化しており，救済を請求できる相手方の範囲について，裁判例・学説において活発な議論が行われている。

1　どのような場合に侵害となるのか

　著作権及び著作者人格権侵害の要件は，以下の三つである。①侵害された著作物に依拠したこと（**依拠性**），②侵害された作品の創作的表現が維持されていること（**類似性**），③各支分権により定められた行為に該当することである。ただし，これら三つの侵害要件をすべて充足する場合であっても，著作権の制限規定（→前述Ⅴ参照）や著作者人格権の適用除外等（→前述Ⅵ参照）に当たる場合には，侵害は成立しない。

(1)　依拠性

　特許権などの産業財産権においては，利用者がその特許発明を知っていたかどうかは，侵害の成否において問題とならない（→**第2章Ⅲ**参照）。これに対し，著作権・著作者人格権の侵害の成立には，利用者がその著作物に依拠したこと（その著作物に接し，その存在，内容を知っていたこと）が必要とされる。そのため，問題の著作物を知らずに，偶然に同じ又は類似するものを創作し，利用したとしても侵害は成立しない。最高裁判例も依拠性が侵害要件であることを明示し

ている[51]。

　侵害の成立に依拠が必要とされている理由の一つは，著作権法が，登録主義をとっていない点にある。すなわち，権利が発生している著作物を公示する制度がないため，創作を行う者が，いかなる著作物が存在するのかを調べつくすことは事実上不可能であるから，偶然に同じものを作成した場合に侵害の責任を負わせることは酷であり，創作活動を抑制する要素となりうると考えられたのである。加えて，著作権法は，多様性を前提とした文化の領域を規律する法律であることから，依拠せずにまったく同じものが作られるとは考えにくく，依拠しなかった者の行為を許容しても，権利者の保護に欠けることはないと考えられたことも理由として挙げられている。

　もっとも，被疑侵害者が自己の著作物に依拠したという事実を権利者が立証するのは困難な場合が多いため，裁判では，依拠を推認する間接事実（たとえば，問題の著作物を見たことがなければ，これほど類似するものとなることは考えにくいという強度の類似性があること等）の主張立証により，依拠が推認されている。

(2)　類似性

　類似性とは，既存の作品の創作的表現が被疑侵害作品に維持されていることをいう。類似性が侵害の要件とされているのは，著作権法により保護される著作物とは，創作的表現（2条1項1号）であるため，侵害が成立するためには，保護対象である創作的表現が利用されたことが必要と解されているからである。

　最高裁判決においても，「表現形式上の本質的な特徴」を感得できること[52]，「本質的特徴の同一性を維持」していること[53]が，侵害の成立に必要であると判示されている。多数的見解は，ここでいう本質的特徴とは，創作的表現を意味すると解している（→Ⅳ 1 (3)⑩も参照）。そのため，既存の作品と被疑侵害作品の共通点が，アイデアの類似にすぎない場合や，記載されている事実のみが共通する場合，創作性が認められない表現部分が共通するにすぎない場合には，類似性の要件は充たされず，侵害は成立しない。

---

51)　旧法下の事件ではあるが，最判昭和 53・9・7 民集 32 巻 6 号 1145 頁〔ワン・レイニー・ナイト・イン・トーキョー事件〕。

52)　最判平成 10・7・17 判時 1651 号 56 頁〔雑誌諸君！事件〕。

53)　前掲注 38）江差追分事件最高裁判決。

資料 3-14

資料 3-15　　　　　　　　　　　　　**資料 3-16**

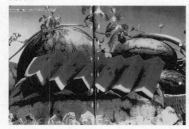　　　　

原告写真　　　　　　　　　　　　　　　被告写真

　たとえば，照明器具のパンフレットに掲載された写真（→**資料 3-14**）の中に，ある書道家の書画が写りこんでいたという事案においては，類似性が認められないとして侵害が否定された。書画の創作的表現は，文字の形の独創性，線の美しさと微妙さ，文字群と余白の構成美，運筆の緩急と抑揚，墨色の冴えと変化，筆の勢いといった要素であるが，写真に小さく写っている書画からは，字体は認識できても，上記の要素までを見て取ることができないからである[54]。

　以上のように，類似性判断では，原作品における創作的表現とは何かが問題とされるため，著作物の要件である「創作的表現」をどのように理解するかにより，類似性が肯定される範囲が変わることになる（→Ⅱ2，3参照）。

　たとえば，写真の著作物について，被写体に施された工夫を創作性判断にお

---

[54]　東京高判平成 14・2・18 判時 1786 号 136 頁〔カタログ書画事件〕。

いて考慮することができるかについて，学説において議論があることは既に紹介した（→Ⅱ3(1)(h)）。こうした考慮を肯定する立場では，**資料3-15**と**3-16**の写真のように，原告写真とよく似た被写体を作り撮影した写真には，原告写真の創作性が維持されているとして類似性が肯定される可能性が生じるが[55]，これを認めない立場では，類似性は否定されることになる[56]。

(3) 利用行為

権利の侵害となる行為は，法定された利用行為に限定される。具体的には，著作権及び著作者人格権の各条文において規定されている行為，並びに，侵害とみなされるものとして規定されている行為（→Ⅳ及びⅥ参照）がこれに該当する。

2 侵害に対する救済——民事的救済

(1) 差止等請求

(a) 請求の内容　権利者は，侵害者に対して差止め，すなわち侵害行為の停止又は予防を請求することができる（112条1項）。差止めの対象となる行為は，各支分権等で規定される行為であり，複製権侵害であれば，複製の停止を求めることができる。

112条1項は，現在の侵害行為の停止だけでなく，将来の侵害行為の予防を請求することも可能としているので，口頭弁論終結時には侵害行為が止んでいる場合でも，将来，侵害行為が行われるおそれが存在する限り，請求は認められる。しかし，侵害のおそれが認められない場合，たとえば，同一性保持権侵害に関して，著作物の改変行為が既に終了し，再び改変が行われるおそれがない場合には，改変行為に対する差止請求は認められないこととなる。もっとも，改変物が侵害者により頒布されるおそれがある場合には，譲渡権（又は頒布権）侵害にもとづき，譲渡の差止めは可能である。

また，1項の差止請求が可能な場合には，その請求とともに，侵害行為によって作成された物等の廃棄等を請求できる（112条2項）。廃棄の対象となる物は，「侵害行為を組成した物」（たとえば，無断上映に使用されたフィルム），「侵害

---

55)　前掲注26）スイカ写真事件控訴審判決。
56)　東京地判平成11・12・15判時1699号125頁〔スイカ写真事件第一審判決〕。

図表 3-6　112 条 1 項の「侵害する者又は侵害するおそれがある者」の解釈と差止請求
　　　　　の可否

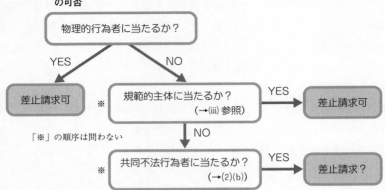

行為によって作成された物」（たとえば，違法に複製された海賊版 CD），及び，
「専ら侵害の行為に供された機械若しくは器具」（たとえば，海賊版を作成するた
めの専用の印刷機）である。こうした請求を可能とすることにより，将来の侵害
行為の可能性を排除し，差止請求の実効性を図っている。

　なお，1 項，2 項とも，侵害者の故意・過失は要求されない。

　(b)　請求の相手方　　(i)　原則——物理的行為者　　差止請求等の相手方は，
権利を「侵害する者又は侵害するおそれがある者」と規定されている（112 条 1
項）。したがって，原則として，侵害となる利用行為を実際に行った者（たとえ
ば，複製権侵害の場合には，複製を行った者）が請求の相手方となる（以下では，侵
害に当たる利用行為を実際に行った者を，「物理的行為者」という）。では，そうした
複製を容易とする機器やプログラム等を提供し，違法複製行為を助長した者が
いる場合，権利者は，その提供者に対し，そうした機器等の提供を差し止める
ことはできるであろうか。

　著作権法においては，特許法 101 条のような（→第 2 章Ⅳ4），侵害の予備的
行為や幇助行為に対して法的責任を負わせるための規定が存在しないため（た
だし，公衆の用に供する自動複製機器の提供者や，技術的保護手段等の回避装置の提供
者等に対しては，刑事罰が科されている〔119 条 2 項 2 号・120 条の 2〕），原則として，
侵害の予備的・準備的行為等を行う者は，差止請求の相手方とはならないと解
されることになりそうである。

　(ⅱ)　物理的行為者以外の者——規範的行為主体　　では，著作権法では，物理的行為者に当たらない者が責任を負うことがないのかというと，そうではない。こうした者に対して侵害の責任を問うための理論構成として，次の二つが考えられる。

　一つは，侵害行為の「主体」の概念自体を拡大して解釈するという手法である。すなわち，実際に誰がその行為を物理的に行ったかではなく，その侵害行為に対する関与の程度や役割等をも考慮して，法的な評価として，だれが主体となるかを認定するという手法である。こうした手法は，「規範的主体認定」と呼ばれている。いわゆる手足論がその典型的な法理といえる。たとえば，Ａの秘書であるＢが，Ａの指示に従って言われた通りにある著作物を複製した場合，実際に複製を行った者はＢであるが，ＢはＡの密接な支配関係の下で，Ａの手足として複製したにすぎないため，法的な評価として，複製の主体はＡといえる。規範的な侵害主体と認定される場合には，Ａは「侵害する者」に該当すると位置づけられることとなるので，112条の差止等請求の相手方に当たると解することに理論的な問題はない。

　もう一つは，他者のなした侵害行為の幇助等を行っている場合には，共同不法行為者（民法719条）として民法上の責任を認めるというものである。この場合，共同不法行為者に対して損害賠償請求はできるが，112条の差止等請求ができるかについては議論がある。侵害行為を行っていない以上，原則として，「侵害する者」等には当たらないと解する伝統的見解にもとづくならば，請求はできないということになるだろう。しかし，同条の解釈として，共同不法行為者も「侵害する者」等に含まれる場合があることを認めるのであれば，差止め等の請求もなしうることになる。この点に関して，学説，裁判例において見解の一致はない状況にある（詳細は，→(c)参照）。

　第一の選択肢として挙げた規範的主体の認定として，上記の手足論を採用しうることには，学説，裁判例において争いはないが，著作権法上，大きな争いとなっているのは，手足論を適用しうるような密接な支配・従属関係が認められない事案（たとえば，公衆送信権侵害を可能とするファイル交換ソフトの提供者と，そのソフトを使用して公衆送信権を侵害した者）でも，規範的な主体認定が可能か，可能であるとして，いかなる基準により判断されるのかという問題である。こ

れらが，著作権法上，いわゆる「間接侵害」と呼ばれている問題である。

　この議論の背景には，技術の発展により著作物の利用行為が多様化し，物理的に利用行為を行わない者でも，侵害行為に関与してそこから利益を得ることが可能となったという状況がある。そのため，主体の範囲を拡大し，こうした関与者に対して差止請求を認めることにより，著作者の利益を実質的に保護すべきという要請が生じたのである。しかし，規範的主体の認定は，技術の発展やその恩恵を受けることを阻害したり，著作物の効果的な利用を妨げたりする危険性も同時に有している。

　　(iii)　規範的主体の認定に関する判例　　規範的主体の認定に関しては，多数の裁判例が存在するが，ここでは，特に重要と思われる二つの最高裁判例を確認しよう。

クラブキャッツアイ事件最高裁判決（最判昭和63・3・15民集42巻3号199頁）

　Yらは，自己の経営するスナックにおいて，カラオケ装置を設置し，カラオケテープを利用して，Xの管理する音楽著作物を無断で客らに歌唱させていた。そこでXが，演奏権侵害を主張し提訴した。

　当時の著作権法では，適法録音物の再生について，政令で定めるものを除き演奏権を適用しないとする附則14条が存在したため（この規定は平成11年に廃止されている），カラオケテープの再生行為は演奏権の侵害とはならなかった。そのため，ホステス及び客の歌唱行為について，演奏権侵害の成否が問題とされた。ところが，客が演奏の主体であるとした場合，38条1項の制限規定により，非営利演奏として侵害が否定されることとなる。そこで，客らの歌唱について，店の経営者であるYらを主体とするものと認定できるかが争点となった。

　最高裁は，本件の事実関係の下では，「客は，Yらと無関係に歌唱しているわけではなく，Yらの従業員による歌唱の勧誘，Yらの据え置いたカラオケテープの範囲内での選曲，Yらの設置したカラオケ装置の従業員による操作を通じて，Yらの管理のもとに歌唱しているもの」と解され，「Yらは，客の歌唱をも店の営業政策の一環として取り入れ，……いわゆるカラオケスナックとしての雰囲気を醸成し，かかる雰囲気を好む客の来集を図って営業上の利益を増大させることを意図していた」というべきとし，客による歌唱も，「著作権法上の規律の観点から」Yらによる歌唱と同視しうると判断した。

　クラブキャッツアイ事件最高裁判決は，物理的には侵害に当たる行為を行っ
ていない者に対しても，①著作物の利用行為（客の歌唱）を管理し，②利用行
為により営業上の利益を得ていること，を要件として，規範的に主体と認定し
うることを示したという点で意義がある。本判決の基準は，後に「カラオケ法
理」と呼ばれ，下級審裁判例において同法理にもとづき規範的主体認定を認め
る判断が蓄積されることとなった[57]。

　もっとも，同判決は，当時の演奏権の範囲に関する特殊な背景事情を前提と
して下されたものであり，現在の著作権法では，こうした状況は解消されてい
る。また，同判決には，客の歌唱については，歌唱するかしないかが客のまっ
たくの自由意志に任されていることから，経営者の歌唱と同視するのは擬制に
すぎるとの少数意見も付されており，判決当時，本件は先例として一般論を提
示するものではない，いわゆる事例判決と位置づけられていた。

　また，上記最判から時が経つにつれ，TV 番組の転送サービスを提供する事
業者について，主体性を否定する下級審裁判例が出されるなど，カラオケ法理
の適用を再検討する動きが生じ，学説上も，同法理の妥当性に疑問を呈する見
解が見られるようになった。

　こうした中，平成 23 年に，ロクラクⅡ事件[58]，まねき TV 事件[59] の 2 件
の事件において，最高裁があらためて規範的主体認定に関する判断を示してい
る。いずれの事件においても，被告は，日本で放送される TV 番組の転送に
かかるサービスを提供する事業者である。使用された機器の違いから，ロクラ
クⅡ事件では複製権侵害が，まねき TV 事件では公衆送信権侵害が争われた
が，以下では，このうち，ロクラクⅡ事件の判断を確認する。

> **ロクラクⅡ事件最高裁判決（最判平成 23・1・20 民集 65 巻 1 号 399 頁）**
> 　Y は，「ロクラクⅡビデオデッキレンタル」というサービスを有料で提供してい
> る。ロクラクⅡという機器は，親機と子機からなる装置であり，親機は，アナログ
> 放送の番組を受信し，デジタルデータ化して録画できる機能を有している。子機は，

---

57)　たとえば，カラオケボックスに関する東京高判平成 11・7・13 判時 1696 号 137 頁，上映権
　　侵害に関する東京地判平成 10・11・20 平成 8（ワ）19539 号など。

58)　最判平成 23・1・20 民集 65 巻 1 号 399 頁〔ロクラクⅡ事件最高裁判決〕。

59)　最判平成 23・1・18 民集 65 巻 1 号 121 頁〔まねき TV 事件最高裁判決〕。

図表3-7　ロクラクⅡの仕組みの概要

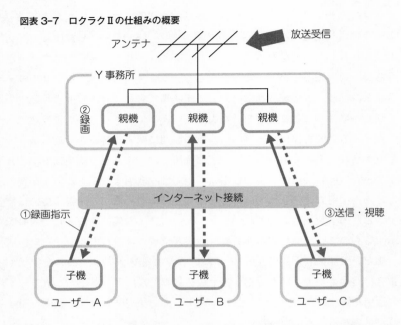

インターネットを介して，親機に対し録画する番組を指示し，録画した番組を送信させることができるため，この装置を利用すれば，海外にいる者でもわが国のテレビ番組を視聴することが可能となる。親機と子機は一対一対応となっており，子機を使用して録画やデータの送信を指示するのは，各ユーザーである。

　Yは，国内での親機の管理が困難なユーザーに代わり，親機を自己の管理する場所に据え置いて，テレビ番組の受信・録画が可能な状態に保ち，かつ，インターネット回線へ接続した状態を維持するサービスを有料で提供していた。そこで，番組について著作権を有するXらが，Yの行為は複製権を侵害するものであるとして提訴した。

　本件において，録画指示を行っている各ユーザーが複製の主体であるとすると，私的複製（30条1項）の適用を受け，複製は許容される。そのため，Yが複製の主体と認められるかどうかが争点となった。

　原審は，Yは，私的複製のための便宜を提供しているにすぎないとしてYの主体性を否定したが，最高裁は，次のように判示した。

　「放送番組等の複製物を取得することを可能にするサービスにおいて，サービスを提供する者（以下「サービス提供者」という。）が，その管理，支配下において，テレビアンテナで受信した放送を複製の機能を有する機器（以下「複製機器」とい

う。）に入力していて，当該複製機器に録画の指示がされると放送番組等の複製が
自動的に行われる場合には，その録画の指示を当該サービスの利用者がするもので
あっても，サービス提供者はその複製の主体であると解するのが相当である。」

　「複製の主体の判断に当たっては，複製の対象，方法，複製への関与の内容，程
度等の諸要素を考慮して，誰が当該著作物の複製をしているといえるかを判断する
のが相当であるところ，上記の場合，サービス提供者は，単に複製を容易にするた
めの環境等を整備しているにとどまらず，その管理，支配下において，放送を受信
して複製機器に対して放送番組等に係る情報を入力するという，複製機器を用いた
放送番組等の複製の実現における枢要な行為をしており，複製時におけるサービス
提供者の上記各行為がなければ，当該サービスの利用者が録画の指示をしても，放
送番組等の複製をすることはおよそ不可能なのであり，サービス提供者を複製の主
体というに十分であるからである。」

　本判決の意義は，規範的な主体認定が維持されることを最高裁が明示した点
にある。もっとも，カラオケ法理の二つの要件のうち，利益の収受の要件につ
いて言及はされていない。本判決では，様々な要素を考慮可能とする判断枠組
みが示されており，規範的主体認定をより柔軟に行うことを認めているように
もみえる。

　しかし，本判決は，あくまでも上記で述べられた「場合」に限定して判断を
示したものであり，その射程は決して広くはない。上記の場合以外の事案にも
本件の規範的主体判断が適用される場合はあるのか，本判決後においてもカラ
オケ法理が適用される事案とはどのようなものかという問題は残されている。

　なお，その後，最高裁は，音楽教室事件[60]において，本判決の示した判断
枠組みを演奏権（22条）の侵害成否判断に適用した。同事件では，音楽教室の
レッスンにおける教師や生徒の演奏行為について，音楽教室事業者を主体と評
価できるか否かが一つの争点となった。最高裁は，演奏の形態による音楽著作
物の利用主体の判断にあたっては，「演奏の目的及び態様，演奏への関与の内
容及び程度等の諸般の事情を考慮するのが相当である」と述べ，レッスンにお
ける生徒の演奏の主体は，音楽教室事業者ではなく生徒であると判断した。そ
の際に摘示された本件の事情は，レッスンにおける生徒の演奏は，教師からの

---

60)　最判令和 4・10・24 令和 3（受）1112 号〔音楽教室事件最高裁判決〕，知財高判令和 3・3・
　18 判時 2519 号 73 頁〔音楽教室事件控訴審判決〕。

演奏技術等の指導を受けてこれを習得し，その向上を図ることを目的としており，演奏はそのための手段にすぎないこと，生徒の演奏は教師の行為を要せずに成立し，教師による伴奏等は生徒の演奏を補助するものにとどまること，教師の課題曲の選定や演奏への指示・指導は，上記目的達成の助力にすぎず，生徒はあくまで任意かつ自主的に演奏していること，受講料の支払いは演奏技術等の教授への対価であり，演奏自体の対価ではないこと，である。なお，レッスンにおける教師の演奏については，上告受理の対象とされておらず，音楽教室事業者が主体であるとの原審の判断が是認されている。

　(c)　行為主体以外の者に対する差止請求の可否　　実際に利用行為を行っていない者であっても，規範的に行為主体と認定された者に対しては，既述のように112条の差止め等を請求しうる。しかし，差止請求の相手方は，あくまでも「主体」のみに限定されると解すべきだろうか。単なる幇助者を差止めの相手方としうるかどうかは，112条の解釈問題として位置づけられている。これは，同条にいう「著作権を侵害する者又は侵害するおそれがある者」とは，侵害行為主体に限定されるのか，それとも，侵害行為の幇助者にすぎない者も含まれるのかという論点であるが，下級審の裁判例の判断は分かれている。

　　(i)　肯定例　　カラオケ装置を利用してなされた演奏権侵害につき，その装置をリースした事業者に不法行為責任を認め（詳細は，→(2)(b)参照），装置の利用の停止措置を認容した裁判例がある[61]。

　裁判所は，「侵害の幇助行為を現に行う者であっても，(1)幇助者による幇助行為の内容・性質，(2)現に行われている著作権侵害行為に対する幇助者の管理・支配の程度，(3)幇助者の利益と著作権侵害行為との結び付き等を総合して観察したときに，幇助者の行為が当該著作権侵害行為に密接な関わりを有し，当該幇助者が幇助行為を中止する条理上の義務があり，かつ当該幇助行為を中止して著作権侵害の事態を除去できるような場合には，当該幇助行為を行う者は侵害主体に準じるものと評価できる」と述べ，その理由として，差止請求権は，侵害を排除して著作物の独占的支配を維持，回復することを保障した制度であること，上記の幇助者に対し，事後的に不法行為による損害賠償責任を認める

---

61)　大阪地判平成15・2・13判時1842号120頁〔ヒットワン事件〕。ただし，この事件においては，リース業者である被告が規範的行為主体に該当するかどうかについては検討されていない。

だけでは，権利者の保護に欠けること，また，そのように解しても著作物の利用に関わる第三者一般に不測の損害を与えるおそれもないことを挙げている。

その後の下級審においても，集合住宅向けハードディスクビデオレコーダーシステムの販売者に対して，侵害主体性を否定した上で，112 条 1 項の類推適用により差止請求を認容した裁判例がある [62]。

(ii)　否定例　　インターネット上の掲示板へ著作物を無断アップロードした公衆送信権侵害につき，その掲示板運営者の責任について判断された事件 [63] では，差止請求の相手方は，侵害の主体あるいは侵害行為を主体として行うおそれのある者に限られると判示された。

その理由は，特許法等は，権利侵害を幇助する行為のうち，一定の類型の行為のみを権利侵害とみなす行為と定めて差止請求権の対象としており，著作権法において，このような規定なしに，侵害を教唆，幇助等する者に対して差止請求権を行使しうると解すると，差止請求の相手方が無制限に広がるおそれもあり，ひいては，自由な表現活動を脅かす結果を招きかねないからである。

(2)　損害賠償請求

(a)　総　論　　侵害者に対しては，民法 709 条にもとづき損害賠償を請求できる。故意・過失が要件とされるが，著作権法では，特許法（103 条）とは異なり，過失の推定規定は置かれていない。著作権法は，権利を公示する登録制度を有していないからである。もっとも，侵害要件に依拠性が要求されているため，依拠性の要件を充たすにもかかわらず，侵害者の過失が否定されるケースはほとんどない [64]。

著作権侵害事例においても，他の知的財産権の侵害と同様，その損害額及び損害と侵害行為との因果関係の立証には困難を伴うことが少なくない。そこで，著作権法は，損害等の立証ができないために権利者が保護を受けられないという問題を回避するために，損害額の算定に関する規定を置いている（114 条）。

その基本的な内容は，特許法の 102 条と共通する点が多いため，詳細は，著

---

62)　大阪地判平成 17・10・24 判時 1911 号 65 頁〔選撮見録事件第一審判決〕。ただし，控訴審である大阪高判平成 19・6・14 判時 1991 号 122 頁〔選撮見録事件控訴審判決〕では，侵害主体性が認められた。

63)　東京地判平成 16・3・11 判時 1893 号 131 頁〔2 ちゃんねる事件〕。

64)　最判平成 24・1・17 判時 2144 号 115 頁〔暁の脱走事件〕参照。

作権法の関連条文と特許法の関連部分を参照されたい（→**第2章Ⅳ5**(1)(b)(ii)）。

　　　ただし，TPP11協定に伴う改正で新設された114条4項は，権利の集中管理制度（→**Ⅸ2**(1)）を有する著作権法に独自の規定である。また，特許法においては，令和元年改正により，102条1項1号（譲渡数量に基づく損害額の算定。著作権法114条1項に対応）について，同条3項（実施料相当額。著作権法114条3項に対応）との重複適用が可能であることが明示されたが（特許法102条1項2号。→**第2章Ⅳ5**(1)），同様の規定は著作権法には存在しないことに留意する必要がある。

　(b)　**共同不法行為の成否**　　侵害の幇助等を行っている者に対して，共同不法行為者としての責任が認められうることは前述の通りである。共同不法行為者と認定された場合，差止請求が認められるかについては前述のような議論があるが，損害賠償請求は可能となる。問題は，いかなる関与を行った者が共同不法行為者となるかということになるが，裁判例では，侵害行為の態様・性質や，関与者の行為の性質，侵害行為との関連の程度等を考慮して，関与者に注意義務違反が認められるかどうかが検討されている。

　以下では，まず，カラオケ装置のリース業者が，その装置を使用してカラオケ店が行った演奏権侵害行為に対し，不法行為責任を負うかどうかが争われた事件をみてみよう。

> **カラオケリース事件最高裁判決（最判平成13・3・2民集55巻2号185頁）**
> 　Yは，カラオケ装置のリース業者である。Yからカラオケ装置のリースを受けたAが，音楽著作物の権利管理事業者であるXと利用契約を締結せずにその装置を利用した。Xは，Yも，Aの侵害行為に対する不法行為責任を負うと主張し，損害賠償を請求した。Yは，Aへ装置を引き渡す際，著作権に関する許諾を受けるよう，契約書と口頭で説明をしていた。原審は，リース業者の有する注意義務とは，著作権侵害の道具として使用されないように配慮すべき義務であり，相手方が契約しないことを相当程度予見できるような特段の事情がある場合を除き，著作物の使用契約をすべき法的義務があることについて，説明書や口頭で説明を行えばよく，契約を締結したことを確認する注意義務までは負わないと判示した。
> 　これに対して，最高裁は，カラオケ装置のリース業者の義務として，許諾契約すべきことの告知のほか，許諾契約の申込みや締結の確認をした上で，装置を引き渡す条理上の注意義務があるとの判断を示した。その理由として，①カラオケ装置は侵害を生じさせる蓋然性が高い機器であること，②著作権侵害は犯罪行為であるこ

と，③リース業者がカラオケ装置のリースにより営業上の利益を収受していること，④リース業者が侵害の発生を予見することが可能であったこと，⑤リース業者は契約を締結したかどうかを確認することが容易であったことを挙げている。

　このように，最高裁は，侵害行為が行われることについて具体的な認識がない場合でも，リース業者の条理上の注意義務を認めることにより，不法行為責任を肯定した。ただし，こうした高度の注意義務を認める理由として，カラオケ装置の特殊性や，音楽著作物については集中管理制度が構築されていて契約締結の確認が容易であること等に言及していることから，その射程は非常に狭いと理解されよう。

　次に，同一性保持権侵害を可能とするメモリーカードの提供者に関する不法行為責任の成否に関する事件をみてみよう。

ときめきメモリアル事件最高裁判決（最判平成 13・2・13 民集 55 巻 1 号 87 頁）
　本件では，ゲームソフトの改変を可能とするメモリーカードの輸入・販売を行ったＹについて，ゲームソフトの同一性保持権侵害の幇助者としての不法行為責任の有無が争われた。

　①まず，Ｙの責任を判断する前提として，メモリーカードの使用により，著作物であるゲームソフトが改変され，同一性保持権の侵害が成立していることが必要である。最高裁は，メモリーカードを使用することにより，ゲーム開始直後には登場しえない登場人物が登場するなど，本件ゲームソフトのストーリーが「本来予定された範囲を超えて」展開され，ストーリーの改変をもたらしていると判断し，同一性保持権侵害の成立を認めた（詳細は，→Ⅳ4(1)参照）。

　②次に，こうした改変を可能とするメモリーカードの輸入・販売を行うＹについては，次のように述べて，不法行為責任を肯定した。

　「Ｙは，専ら本件ゲームソフトの改変のみを目的とする本件メモリーカードを輸入，販売し，多数の者が現実に本件メモリーカードを購入したものである。そうである以上，Ｙは，現実に本件メモリーカードを使用する者がいることを予期してこれを流通に置いたものということができ，他方，前記事実によれば，本件メモリーカードを購入した者が現実にこれを使用したものと推認することができる。そうすると，本件メモリーカードの使用により本件ゲームソフトの同一性保持権が侵害されたものということができ，Ｙの前記行為がなければ，本件ゲームソフトの同一性保持権の侵害が生じることはなかったのである。したがって，専ら本件ゲーム

> ソフトの改変のみを目的とする本件メモリーカードを輸入，販売し，他人の使用を
> 意図して流通に置いた Y は，他人の使用による本件ゲームソフトの同一性保持権
> の侵害を惹起したものとして，被上告人に対し，不法行為に基づく損害賠償責任を
> 負う」。

　この事件において，不法行為責任を認める要素として言及されているのは，本件メモリーカードが，本件ゲームソフトの改変のための専用品であったこと，及び，Y が購入者による使用によって改変がなされることを意図していたことの 2 点である。もっとも，本件の判断は，購入者が私的な領域で行うメモリーカードの使用がゲームソフトの同一性保持権を侵害することを前提としている。たしかに 20 条 1 項は，個人が私的領域で行う改変行為も規制対象としているが，この場合も侵害の成立を認めるべきかという問題は残されている。

　　また，近時の裁判例においては，インターネット上で違法に漫画をアップロードしているサイトに掲載する広告主を募り，本件ウェブサイトの管理者に広告掲載料として運営資金の提供等を行った者を公衆送信権侵害の幇助者と認め，共同不法行為責任を広く肯定するものもあり[65]，共同不法行為の成立要件については，今後もさらなる議論が必要であろう。

(3)　名誉回復措置請求

　著作者人格権侵害に対しては，名誉回復等の措置を請求することができる（115 条）。措置の具体的な内容としては，謝罪広告の掲載が請求されることが多いが，裁判例では，著作者の社会的名誉声望が害され，かつ，その回復に必要であると認められる場合に限定してこれを認めるべきであると解されており，実際に請求が認められる事案は多くはない[66]。また，著作者の名誉声望を維持するためには，謝罪広告までは必要ないとして，客観的事実経緯が記載され

---

65)　東京地判令和 3・12・21 判時 2522 号 136 頁〔広告掲載事業事件第一審判決〕，知財高判令和 4・6・29 令和 4（ネ）10005 号〔広告掲載事業事件控訴審判決〕。広告料収入が当該サイトのほぼ唯一の資金源であったことや，当該サイトに多数の漫画が権利者の許諾なく掲載されていることを容易に推測できたことなどを根拠として，被告の注意義務違反を認定している。

66)　最判昭和 61・5・30 民集 40 巻 4 号 725 頁，知財高判平成 18・2・27 平成 17（ネ）10100・10116 号〔ジョン万次郎像事件〕参照。

た広告文のみの掲載を認めた裁判例も存在する⁶⁷⁾。

3　刑事罰

　著作権や著作者人格権等の権利を侵害した者には，刑事罰が科される（119条）。平成 24 年改正及び令和 2 年改正により，私的使用目的のダウンロード（30 条 1 項 3 号・4 号参照。→V4(1)(b)(iii)）であっても，違法に公衆送信されたものであると知りながら行う行為は，一定の要件の下，刑事罰の対象とされた（119 条 3 項 1 号・2 号）。

　これらの侵害罪は，親告罪とされており，告訴がなければ罪に問われない（123 条 1 項）。このことは，著作物が創作者の人格的要素を表した創作物であることを反映しているものといえる。ただし，TPP11 協定に伴う改正により，悪質性の高い一部の行為については，非親告罪とされた（123 条 2 項）。

　また，法人等の従業員等が侵害行為を行った場合には，法人等にも罰金刑が科される（124 条。両罰規定）。

　なお，著作物の頒布において，著作者名について虚偽の表示を付した者（121 条）や，出所を明示すべき義務に違反した者（122 条）に対しても，刑事罰が科されているが，これらは親告罪とはされていない（123 条 1 項）。

Ⅷ　保護期間

　ここでは，著作権の保護期間について概観する。保護期間は，著作名義によって適用される規定が異なり，また，映画の著作物については特則がある。

　著作権法は，権利の発生に何らの方式も要しないとし（17 条 2 項），著作物の創作と同時に権利が発生するため，著作権の存続期間は創作時に始まる（51条 1 項）。

　文化の発展に資するという法の目的から，著作権は一定の期間の経過により消滅する権利とされている。著作権の終期については，原則となるルールのほか，著作者の名義や著作物の種類によって特別なルールが定められている（著

---

67)　前掲注 46）駒込大観音事件控訴審判決。

作者人格権の終期については，→Ⅵ7 参照）。

1　原　則

著作権の存続期間は，原則として，著作者の死後 70 年で満了する（51 条 2 項。計算方法については，→4 参照）。著作者が複数存在する共同著作物の場合には，共同著作者のうち，最後に死亡した者の死後 70 年間が存続期間となる（同項かっこ書）。ある著作物の著作権の存続期間が著作者ごとに異なることは，著作物の利用の観点から適切ではないためである。

> 著作権の存続期間は，TPP11 協定に伴う改正により，すべての著作物について 50 年から 70 年に延長された（平成 30 年 12 月 30 日施行）。ただし，延長後の存続期間が適用されるのは，施行の際に著作権が存する著作物のみであり，それ以前に存続期間が満了した著作物の著作権が復活することはない。

2　例　外

(1)　無名・変名の著作物

無名・変名の著作物の場合には，誰が著作者であるのかがわからず，著作者の死亡を起算点とする存続期間の算定が困難である。そのため，その著作物の公表時を起算点とし，公表後 70 年で存続期間が満了するものとされている（52 条 1 項。但書に注意）。

もっとも，変名（ペンネーム等）の著作物であっても，誰が著作者であるのかが明らかである場合には，著作者の死亡を起算点とするルールを適用することに問題はない。そこで，その変名が誰を指すのかが周知となっている場合等には，原則通り，著作者の死後 70 年が存続期間となる（52 条 2 項）。

(2)　団体名義の著作物

法人やその他の団体が著作名義となっている著作物については，公表後 70 年（創作後 70 年以内に公表されなかった場合は，創作後 70 年）が存続期間となる（53 条 1 項）。

たとえば，職務著作（15 条）の場合には，著作者は法人であり，その死亡が観念できないため，公表時を起算点としている。もっとも上記のルールは，問題の著作物が職務著作の要件を充たす場合だけでなく，その著作名義が，団体

等の名義である場合に広く適用される（53条1項）。ただし，後者の場合，存続期間内に，自然人である著作者名を表示してその著作物を公表したならば，原則通り，著作者の死後70年が存続期間となる（同条2項）。

　なお，プログラムの著作物については，職務著作の成立に法人等の公表名義を要件としていないため（15条2項），著作の名義が記載されていない場合も考えられるが，その場合でも，団体名義の著作物と同様のルールが適用される（53条3項）。

(3)　映画の著作物

　映画の著作物については，公表後70年（創作後70年以内に公表されなかった場合は，創作後70年）という存続期間が定められている（54条1項）。

　映画の著作物については，自然人である著作者が表示されている場合であっても，著作者の死後を起算点とする原則のルールは適用されない（54条3項）。この点から，54条の趣旨は，上記の52条や53条のルールとは異なり，映画の著作物に関する存続期間を一律とすることにあると考えられる。

　　　ただし，現行法制定の際，附則により，旧法にもとづく存続期間の方が現行法のそれよりも長い場合には，旧法が適用されることとされた。旧法では，映画の著作物につき，独創性を有するものは著作者の死後38年，団体名義のものは発行後33年と規定されていたため，前者が適用される場合，現行法の下でも，旧法のルールが適用される著作物があることに注意を要する。

3　継続的刊行物等における公表時

　著作物の公表時を存続期間の起算点とするルールの下では，雑誌や連載小説のような著作物について，どの時点を公表時とするかが問題となる。著作権法は，雑誌や新聞のように，冊，号，回を追って公表する著作物（継続的刊行物）については，毎回の公表時を，連載小説や連続ドラマのように，一部分ずつを逐次公表して完成する著作物（逐次刊行物）については，最終部分の公表時をそれぞれ公表時とすることを定めている（56条）。そのため，いずれに該当するかを判断するためには，何をもって一つの著作物と確定するかということが問題となる。

4　保護期間の計算方法

　存続期間の算定は，死亡日又は公表日の翌年（1 月 1 日）から起算するとされているため（57 条），起算日の翌年から 70 年後の 12 月 31 日をもって存続期間が満了する。具体的な死亡日等まで確認することなく，著作権の有無を判断できるようにすることによって，著作物の利用の簡便化を図っている。

5　外国著作物の保護期間

　条約により，わが国の著作権法で保護される外国の著作物の保護期間については，相互主義が採用されており，相手国の保護期間がわが国の保護期間よりも短い場合には，相手国の保護期間のみ保護される（58 条）。

　また，第二次世界大戦前又は大戦中に創作された連合国民の著作物については，戦時中，著作権の実質的な保護が図られなかったことを理由として，国ごとに一定の期間（たとえば，アメリカ，イギリス国民の著作物は 3794 日）が保護期間に加算される（戦時加算）。

　　TPP 交渉において，わが国が戦時加算義務を負っている国の各政府との間で，戦時加算の解消に向けた努力を行う旨の合意がなされ，権利管理団体がその実現に向けて交渉を行っているとされるが，現時点において，戦時加算問題の解消には至っていない。

Ⅸ　著作権・著作物の利用

　　ここでは，権利者が著作物から対価を取得するための著作権の利用の方法や，著作物の利用を円滑に行うための著作権法上の制度について概観する。

1　著作権の経済的利用

(1)　権利の譲渡

　著作権は財産的権利であることから，その一部又は全部を移転することができる（61 条 1 項）。一部の譲渡として，たとえば，支分権ごとの譲渡等が考えられる。

　権利の譲渡は，当事者の合意によりその効力を生じるが，第三者に対抗する

ためには，登録が必要である（77条1号）。

なお，著作権の支分権のうち，27条（翻案権）及び28条（二次的著作物の利用に対する原著作者の権利）については，譲渡の目的として特掲されていない場合には，譲渡した者に留保されたものと推定される（61条2項）。たとえば，譲渡契約において「著作物*a*に関するすべての著作権」を譲渡すると記載されていたとしても，翻案権等につき明示していない場合には，上記の推定が働くことになる。この推定規定は，27条・28条が著作物の翻案利用に関する権利であるため，譲渡時にいかなる態様で利用されるかにつき原権利者が予想できないこと，及び，譲渡の際，当事者が翻案権の譲渡までを意図していないことが多いことから，原権利者の利益保護のために置かれた規定であると解されている。もっとも，あくまでも推定規定であるため，特掲されていない場合であっても，譲渡契約の経緯・内容から，当事者の合意の内容として翻案権等の譲渡も含んでいるものと認められる場合には，推定は覆る。

(2)　利用許諾

著作権者は，他人に対して，著作物の利用を許諾することができる（63条1項）。著作権者には，著作物の利用に対する排他的独占権が与えられており（21条～28条），権利者に無断で著作物を利用する行為に対し，差止等請求（112条）や損害賠償請求（民法709条）を行うことができる。利用許諾を受けることにより，利用者は，許諾の範囲内の利用に対して，上記の請求権を行使されないという法的な地位を得ることになる。

許される利用行為，利用態様，期間，場所，その他の条件については，両者の合意又は著作権者の意思表示により確定される。他者に同様の利用許諾を行わないという独占的利用許諾も可能であるが，ここでいう独占性は，あくまでも当事者間の債権的な効力でしかないので，権利者が他の者に同様の許諾をしたとしても，原則として，独占的利用許諾を受けた者が他者の利用を禁止することはできない。

また，誰が著作物を利用するのかは，著作権者の利害に大きく関係するため，利用許諾にもとづき著作物を利用する権利（利用権）は，著作権者の承諾を得なければ，第三者へ譲渡することはできない（63条3項）。なお，利用権は，著作権者との契約に基づくものであるから，著作権者が倒産するなどして第三

者に著作権が譲渡された場合等に，新しい著作権者に対して自己の利用権を主張することはできないとされていた。しかし，こうした状況は，著作物を利用したビジネスの停止を余儀なくされるなど，利用権者に大きな不利益を生じさせ得ることから，利用権者の法的地位の安定を図る必要性が認識された。そこで，令和2年改正により，利用権は，対象となる著作権を取得した者やその他の第三者に対して，特別の要件を要せずに対抗できることとされた（63条の2)[68]。

なお，既に述べたように，共同著作物については，権利の行使に関して特別な規定が置かれている（→Ⅲ2(2)参照）。

(3) 出版権

出版行為は，著作物を広く普及・頒布させる場面において重要な役割を有している。出版には，対象となる著作物の複製等の許諾が必要となるが，著作権法は，出版行為を安定して行うことができるよう，**出版権**という特別な制度を設け，出版行為を行う者に対し，通常の利用許諾を受けるよりも強い法的地位を与えることを可能としている。

このように，出版権とは，著作物を出版する者に対して著作権者が行う，複製及び公衆送信の許諾の一態様である（79条1項）。従来，出版行為は，書籍や雑誌のような紙媒体で行われていたことから，出版権は，紙媒体での出版に必要な複製の許諾のみをその対象としていた。ところが，近時，電子書籍の普及により，電子媒体による出版やインターネットでの提供が行われるようになった。こうした状況に対応するために，平成26年改正により，電子媒体による出版に関する複製も出版権の対象に含まれることになり，加えて，インターネットを通じて送信する行為（公衆送信）についても，出版権の設定が可能とされた（79条1項・80条1項）。

通常の複製・公衆送信の許諾と出版権の設定との違いは，出版権の場合，出版権者に対して設定の範囲内で**排他的独占権**が付与され（80条1項），出版権者は自己の権利として，出版権を侵害する者に対し，差止等請求（112条）や損

---

[68]　令和3年改正では，放送番組の同時配信に関する権利処理の円滑化を図るため，権利者が，放送事業者等に対し放送番組での著作物利用を許諾した場合には，放送同時配信に関する許諾が推定されるとする規定が新設された（63条5項）。

害賠償請求（民法709条）ができる点である。したがって，著作権者（複製権者・公衆送信権者）であっても，出版権が設定された範囲内では，その著作物を複製したり，公衆送信したりすることができない。

また，出版権については，登録により第三者に対抗することも可能とされており（88条），二重許諾の事案においても権利の安定を図ることができる。

このように，出版権者には，通常の利用許諾とは異なる強い法的権利が与えられるため，それに伴い，出版等の義務や継続刊行の義務（81条）など，いくつかの義務が課されており，これらの義務に違反した場合，権利者は，出版権を消滅させることができるとされている（84条）。また，存続期間についても特別の定めがある（83条）。

ただし，出版権者といえども，著作権者の承諾なく第三者に複製等を許諾することはできない（80条3項）。この点で，出版権の設定と，（出版権に含まれる範囲の）複製権や公衆送信権の期限付き譲渡とはその内容が異なる。

2　著作物の円滑な利用のための制度

(1)　権利の集中管理

音楽著作物をはじめ，膨大な数の利用行為が日々なされる分野においては，著作権者の権利を適切に保護し，かつ，簡便な権利処理により著作物の利用を促進するために，権利の集中管理の制度を構築することが有効である。

既述のように，私的録音録画補償金（30条2項。→V4(1)(c)）や授業目的公衆送信補償金（35条2項。→V4(4)）については，文化庁長官が指定する管理団体のみが権利を行使するという制度が設けられている（104条の2・104条の11）。

著作権法以外では，「著作権等管理事業法」が定められ，特定の団体が文化庁へ登録することより，著作権及び著作隣接権について，権利者からの委託にもとづいて，権利者に代わって利用許諾や使用料の徴収等の事業を行うことが可能となっている（そうした管理団体の代表的なものが，音楽著作物に関する日本音楽著作権協会〔JASRAC〕，レコード〔著作隣接権〕に関する日本レコード協会である）。

集中管理制度が，上記の利点を発揮するためには，できるだけ多数の著作物・著作権に関する委託を受けることが望ましく，また，権利処理の手続も簡易なものであることが必要となろう。しかし，このことは同時に，管理業務に

関する独占を生じさせ，権利者の個別の意思を反映した利用許諾を困難にするという問題も生じさせることになり，適切な権利管理事業のあり方については，継続的な議論が必要といえる。

(2)　裁定制度

著作物を適法に利用するためには，制限規定等の適用を受けない限り，原則として権利者からの許諾を得ることが必要となる。しかし，これを貫徹すると，権利者が見つからない場合や権利者との交渉が難しい場合などに，著作物の利用，ひいては公衆の著作物へのアクセスが害されると考えられるため，法は，一定の要件の下で，文化庁長官の裁定により，著作物の利用を可能とする制度を設けている。

現行法においては，著作者が不明等の場合（67条），放送事業者による著作物の放送（68条），商業用レコードへの録音等（69条）に関して裁定制度が規定されている。権利者の利益を確保するため，裁定を得るためには，文化庁長官が定める額の補償金を著作権者のために供託することが要求されている。

近時，著作権の存続期間が長期であることから，権利者の所在が不明である著作物（孤児著作物）が増加しており，著作物の効果的な利用の妨げとなっている。存続期間の延長に伴い，こうした孤児著作物はさらに増加すると予想されることから，解決策として，著作者が不明等の場合の裁定制度の改善や，孤児著作物の活用のための新たな制度の構築が求められている。

第4章 商標法

Ⅰ■商標法の全体像

　ここでは，商標法の特徴を挙げながら，商標法がどのような内容を定めているのか，その全体像を把握する。

1　商標法の目的

(1)　商標保護の重要性

　ある人が，「私は5年間同じシャンプーを使っている」と言ったとしよう。これを聞いて，5年分以上の分量のシャンプーの詰まった巨大なボトルが存在すると思う者はいまい。シャンプーのボトルは通常は半年もしないうちに空になるはずであり，その人は定期的に別のボトルを買っているはずである。では，その人が店でその「別のボトル」を購入するとき，その中身がいつものシャンプーと同じものであることがなぜわかるのであろうか。その答えは普通はこうである。銘柄（マーク）が同じだから。

　その人が，その愛用しているシャンプーの成分の詳細について知らなかったとしても不自然ではない。その人は，5年前に初めてそのシャンプーを使用したときに満足が得られたので，5年間同じマークのものを買い続けているのであろう。このように，われわれはほとんど無意識のうちに，マークを頼りに商品やサービスを探し，購入している。

　マークを付けることは，商品やサービスを提供する者にとっても必要なことである。いくら良質の商品を作っても，それと他者の提供する（品質の劣る）商品とを区別する手段がなければ，その良質の商品を宣伝し，消費者に購入させることは不可能である。自らが提供する，同じ品質の商品に同じマークを付けることによって，他者の提供する同種の商品との識別を可能にし，その商品に満足した者がそれを繰り返し購入することを容易にすることとなる。このように，自分の商品（又はサービス）と他人の商品（又はサービス）との識別のために用いられるマークを商標という（より厳密な定義については後述する）。

　商標を保護する必要があるのは，上記のように，商標が**識別力**（それが付けられた商品やサービスと，他者に由来する商品やサービスとを識別する力。**出所表示機能**ともいう）をもつからである。Ａが既にシャンプーの商標としてマークａを使用しているところ，Ａと無関係なＢが，自分の製造販売するシャンプーにマークａとよく似たマークｂという商標を使用したとしよう。この場合，Ａ製のシャンプーを愛用している人が，Ｂ製のシャンプーをＡ製だと思い込んで購入してしまうおそれがある。このような状態を指して，「ａの識別力（出所表示機能）が害されている」という。商標の識別力が害されても放置されるような社会では，商標を信頼して商品やサービスを購入することができなくなってしまう。そこで，商標法をはじめとする法によって，商標が保護されている。

(2)　二つの目的——需要者の利益と産業の発達

　商標法の目的規定（1条）は，「商標を保護することにより，商標の使用をする者の業務上の信用の維持を図り，もって産業の発達に寄与し，あわせて需要者の利益を保護することを目的とする。」と規定している。同法にいう「商標」とは，商品やサービスに付けられるマーク，ブランドのことである。同じ産業財産権法である特許法，実用新案法，意匠法の目的規定（特許法1条，実用新案法1条，意匠法1条）をみてみると，これらが「産業の発達に寄与すること」のみを目的として掲げているのに対し，商標法は「産業の発達への寄与」に加え，「需要者の利益保護」についても目的として掲げている。

　「需要者」というのは聞きなれない言葉かもしれないが，商標法上，「需要者」とは，商品やサービスの消費者だけでなく，流通業者など取引に携わる者（**取引者**）を含む概念である。そして，「需要者の利益」とは，需要者が商標を

信頼して商品選択を行うことができることによる利益を指すものと思われる。冒頭のシャンプーの例のように，同じ商標の付された商品の**出所**（「しゅっしょ」と読む）や品質が同じであると信じるからこそ，同じ商標の付された商品を安心して繰り返し購入することができたり，ある商標の付された商品についての広告や他人の評価を参考にすることができる。

　また，「産業の発達への寄与」とは，商標の保護により品質競争が促進されることを指していると思われる。商品を提供する側の者にとって，商標が正しく機能していないと，上記の通り，その提供する商品と他者の商品との区別が困難になり，ひいては需要者が誤って他者の商品を選択し，その（質の劣る）商品に対する評価が自分に向けられてしまうというような迷惑を被ることとなる。需要者が購入した商品についての評価が正しくその商品の出所に向けられてこそ，公正な品質競争が成立し，良質な商品を提供するための資本投下が促されることになる。

　　商標法上，商品の「出所」とは，商品の製造者を意味するとは限らない。たとえば，コンビニで販売されている商品の中に，そのコンビニの商標 a が付けられたペットボトル入りの緑茶があるとしよう。その緑茶がそのコンビニを運営している会社 A とは別の会社 B によって（A との契約にもとづいて）製造されてそのコンビニのマークが付けられて出荷されたのだとすると，その緑茶の出所はどこになるだろうか。この場合，商標法上は，この商品（緑茶）の出所は A であると評価される。商標 a を見た需要者は，A を信頼してその商品を購入しており，また，A 自身がその商品を製造していないとしても，その品質は（契約にもとづいて）A がコントロールしているといえるからである（出所がどこかという問題は，→Ⅲ3(3)でも説明する）。

2　商標法と不正競争防止法の比較——登録主義と使用主義

　商標のような営業上用いられるマークの保護に関する法律としては，商標法の他にも不正競争防止法の「商品等表示」に関する諸規定がある（詳しくは次章で紹介する）。いずれの法も，マークを用いて事業活動を行う者の営業上の利益を保護するためのものといえ，事実これらの法の保護範囲は相当程度重なっているといえるが，保護の手法には大きな差がある。商標法は登録により発生する権利（商標権）によってマークの保護を図っているが，不正競争防止法上

の保護を受けるためには登録は不要である。そのかわり，マークが「需要者の間に広く認識されている」こと（不正競争防止法2条1項1号）や「著名」であること（同法2条1項2号）が要求されている。このように，現実に市場で使用されていることを条件にマークを保護するという考え方を「**使用主義**」といい，商標法のように未使用のマークであっても登録により権利を与えて保護するという考え方を「**登録主義**」という。

　市場における営業上のマークの規制を考えるとき，使用主義の考え方の方が直感的に受け入れやすいだろう。たとえば，Aがマークaを付けたエアコンを販売することを計画中（すなわちマークaは未使用であって，市場でまったく認知されていない）の段階で，aに似たマークが付けられたエアコンを他人Bが販売したとしても，市場は混乱しない。この場合aというマークが，購入の判断材料にならないため，BのエアコンをAのエアコンと間違えて購入するという事態は起こらないからである。つまり，マークは実際に使用されて，市場に認知される状態になってはじめて，価値をもつ。

　不正競争防止法2条1項1号は，他人のマークとして周知な（「需要者の間に広く認識されている」）ものを使用して需要者に混同を生じさせる行為を「不正競争」としているが，この規定は，マークが上記の意味で「価値」をもつような状態になってはじめて保護を与えるというものなので，使用主義の考え方にもとづいた規定といえる。これに対して，実際に市場で認知されているかどうかを問わず，換言すれば保護すべき実体をマークが備えているかどうかを問わず，「権利」を与えて保護するという登録主義の考え方には違和感をもつ人が多いかもしれないが，登録主義によれば，登録商標権者はマークが認知される前の段階から保護を得られるので，安心してマークに関する資本投下をすることができるというメリットがある（上記のAも，使用を計画中の段階でマークaについて商標権を取得しておけば，Bによる類似商標の使用を排除できるので，マークaの使用を前提に行ってきた準備が無駄に終わることはなくなる）。

　不正競争防止法のような使用主義の法においては，マークが市場に認知されている程度に応じて保護が与えられるため，一般にマークが著名であればあるほど，同法の下ではより強力な保護が得られることとなる（逆に，一地方でしか有名でないマークは，その地方でしか保護されない）。他方，未使用段階からマーク

に保護を与える商標法においては，権利を安定させるため，その保護範囲も登録商標の現実の使用態様に応じて変化するものではないと考えられており，その効力は（商標権者が実際に商標を使用している範囲にかかわらず）全国一律に及ぶ。そして，商標権侵害の成立要件（→Ⅲ2参照）は，不正競争防止法における違反要件（同法2条1項1号につき→第5章Ⅱ，2条1項2号につき→第5章Ⅲ参照）よりも立証しやすいと一般的にいえるので，その点では商標法の方がメリットが大きいといえるだろう。

3　商標法の基本構造

　ここで，商標法の基本的な構造について簡単に説明しておきたい。

　商標権とは，登録商標をその指定商品・指定役務（後述）について排他的に使用する権利であり（商標法25条），その禁止権の効力は，登録商標と類似する商標を指定商品・指定役務に類似する商品・役務に使用する行為や，そのような行為の予備的行為にまで及ぶ（37条）。また，商標権者は，登録商標の使用権（特許法でいう「実施権」に相当する。→第2章Ⅶ3参照）を他人に与えたり，商標権の譲渡や質権の設定などにより，商標権を経済的取引の対象とすることができる。

　登録主義の下で，未使用の商標についても商標権を与えるためには，様々な問題に対処する必要がある。商標法の条文が1条から85条まである（しかもそのうちのいくつかの条文は，特許法の複数の規定を準用するという内容のものである）一方で，使用主義にもとづく不正競争防止法のマークに関する規定は数えるほどしかない。つまり，商標法の方が圧倒的に条文数が多いのだが，その多くが登録制度固有の問題に対処するための条文であるといっても過言ではない。以下では，登録制度固有の問題とその対策に関する諸制度について概観する。

　まず，商標登録のためには，どのようなものが登録の対象となるのかがあらかじめ示されていなければならない。また，未使用段階から権利を認めるためには，どのような行為に商標権が及ぶのかがあらかじめ示されている必要がある。そこで，商標法には「商標」や「使用」などといった概念について定義する規定が設けられている（2条）。（権利範囲をあらかじめ示す必要という）同様の理由から，商標登録出願にあたっては登録商標をどのような商品・役務につい

て使用するのかを指定することが求められている（6条1項）。このように指定された商品や役務を「**指定商品**」又は「**指定役務**」という。

商標権は，上記の通り登録商標やその指定商品・指定役務と類似の範囲にまで保護が及ぶ強力な権利であるから，「商標」の要件を充たしたというだけで登録を認めていては，大変な問題が起こってしまう。たとえば何の変哲もない書体で「ティッシュペーパー」と書かれているだけの商標が「ティッシュペーパー」を指定商品として登録出願された場合に，これに商標権を与えてはティッシュペーパーを提供する第三者が市場で活動しにくくなってしまうであろう。また，ソニーと無関係な者が「携帯用情報端末」を指定商品として「SONY」という商標の登録出願をした場合に，これに権利を認めてしまうと，市場が混乱することになるであろう。このように，商標権を認めるべきでない商標が登録されることを阻止する必要があるから，商標法は商標登録の諸要件について定める規定を有している（3条・4条）。

上記のような諸要件についての審査をパスしたものに商標権が与えられることとなるが，審査官も人間であるから，審査ミスが起こりうる。そこで，過誤査定に対する対策が必要となる。まず，登録されるべきであった商標が誤って拒絶の査定を受けた場合の対策として，**拒絶査定不服審判**制度（44条）がある。次に，登録されるべきでなかった商標が誤って登録査定を受けた場合の対策として，**登録異議申立**制度（43条の2）と，**無効審判**制度（46条）とがある（これらの過誤査定対策のための制度は，特許法にも存在する。**→第2章Ⅵ**参照）。

さらに，登録にいたるまでの審査に誤りがなかったとしても，登録後に生じた事情によっては，商標登録を無効にする（後発的無効）ための無効審判が認められる。また，商標権者が適切に登録商標を使用していない場合には，取り消したりする必要があるから，そのための制度も存在する。商標権者（及び使用権者）が一定期間にまったく商標を使用していない場合に商標登録を取り消すための**不使用取消制度**のほか，商標権者があえて登録商標と類似する商標を品質誤認や出所混同が生ずるような態様で使用した場合や，使用権者が登録商標やそれに類似する商標を品質誤認や出所混同が生ずるような態様で使用した場合などに商標を取り消すための取消審判の制度がある。

Ⅱ■商標登録の要件

　ここでは，商標登録の要件について説明する。商標登録のためには，「商標」であること，「使用」の意思があること，及び識別力があること（以上3条1項）に加え，4条1項に定められた不登録理由に該当しないことなどが必要である。

1　商標の定義

　商標法3条1項柱書は，「自己の業務に係る商品又は役務について使用をする商標については，次に掲げる商標を除き，商標登録を受けることができる。」としている。つまり，当然のことであるが，「商標」であることは商標登録要件の一つである。商標法は，「商標」を定義する規定（2条1項）を置いており，それによれば，「商標」該当性の要件は，「標章」であること（同項柱書），及び業として商品（同項1号）又は役務（同条2号）について使用されるものであること，の二つに大別されるので，以下ではこれらについて説明する。なお，「使用」についてはⅢ2⑵で説明することとする。

⑴　標　章

　商標法2条1項柱書は**「標章」**を「人の知覚によって認識することができるもののうち，文字，図形，記号，立体的形状若しくは色彩又はこれらの結合，音その他政令で定めるもの」と定義している。世間一般で「商標」というと，企業のロゴマークなどによくある，文字や，文字と図形が結合しているものが想起されがちであるように思われる（→**資料4-1**参照）。このようなマークだけでなく，人が知覚できる様々な特徴が商標法の保護対象になっていることが，この規定からわかる。

　たとえば，標章には立体的形状も含まれる。したがって，商標法は二次元の商標だけでなく，**立体商標**をも保護していることになる。立体商標の例としては，ケンタッキーフライドチキンのカーネルサンダース人形（→**資料4-2**参照）が挙げられ，これは実際に「飲食物の提供」役務に使用する商標として商標登録を受けている（登録第4153602号）。

　このほか，平成26年改正以降，色彩のみからなる特徴（特定の色一色や，複

資料 4-1

資料 4-2

数の色を組み合わせた模様で，輪郭のないもの）や音も標章に含まれるようになった。また，同改正に伴って出願方法が整備されたことから，動き商標（文字や図形等が時間の経過に伴って変化する商標），ホログラム商標（文字や図形等がホログラフィーその他の方法により変化する商標）及び位置商標（図形等を商品等に付す位置が特定される商標）の登録が可能となった。立体商標と，上記改正以降に登録可能となった各商標とを併せて，「非伝統的商標」という。これらの登録例（立体商標を除く）は，**図表 4-1** の通りである。

(2)　商品と役務

(a)　商　品　　次に「商品」について考えてみよう。商標法には「商品」の定義に関する規定はなく，商品概念をめぐっては様々な議論がなされている。あるものが商標法上の「商品」といえるかどうかが問題となる場面としては，次のような例が挙げられる。企業 A の受付にその A のロゴ入りのボールペンが置いてあるとする。A はそのロゴマークを「ボールペン」を指定商品として商標登録しているが，実際にはそのロゴマークは上記ボールペンに付される以外の使い方はされていないとしよう。このとき，上記ボールペンが「商品」といえないとすると，このボールペンに付されているロゴマークは「商標」とはいえないので，A はその登録商標を使用していないことになり，不使用取消し（→2(2)）の対象となる。では，「商品」かどうかを判断する基準はどのようなものだろうか。

商標法上の「商品」であるためには，有償であることは必要ではない。多くの裁判例においては，有償性ではなく，**独立して商取引の対象となるか否か**を基準に商品該当性の判断がなされている。商標法の目的は，取引において商標

図表 4-1　非伝統的商標（立体商標を除く）の登録例

商標の種類	登録番号	指定商品・役務	標　章
色彩のみからなる商標	5930334	第 16 類「消しゴム」	 ※上から順に，青，白，黒。
音商標	5876273	第 42 類「建築物の設計」他多数	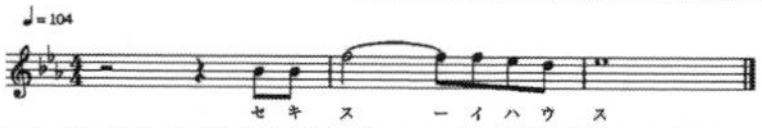
動き商標	5804313	第 5 類「薬　剤（農薬に当たるものを除く。）」他多数	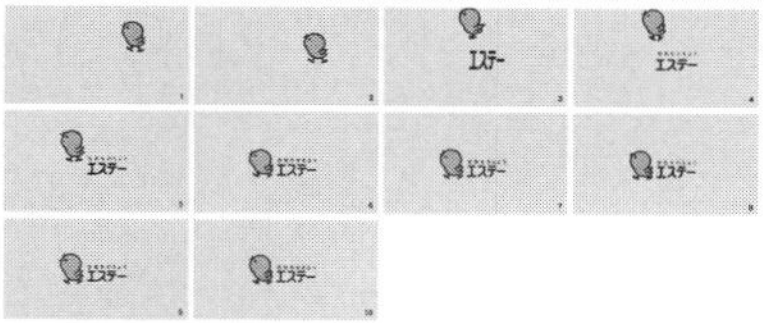
ホログラム商標	5804315	第 36 類「ギフトカードの発行及びこれに関する情報の提供」	  ※上図の右下隅に表示されている番号は，図の順番を表したものであり，商標を構成する要素ではない。正面から見たときは図 1 のように見え，傾けた角度によっては図 2 のように見えることを表す。
位置商標	5807881	第 25 類「ズボン」他多数	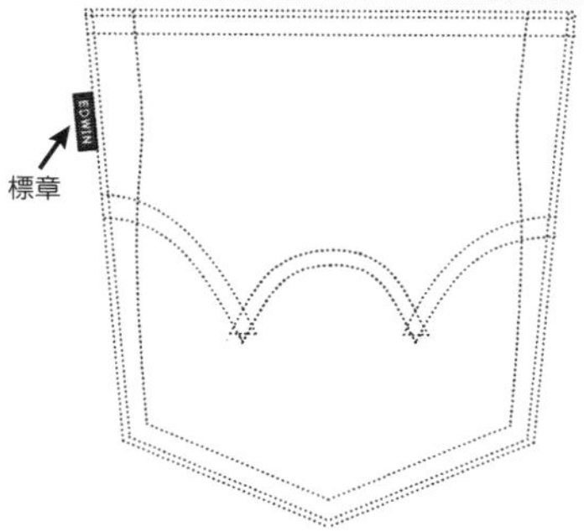 ※上図の破線部分は商標を構成する要素ではなく，商標が付される位置の特定のためのものである。

が正しく機能することを確保することにあるので，独立して取引の対象となる
ものであれば有償であれ無償であれ保護する必要がある，というのがその理由
である。これらをふまえて上記の例について考えると，Aのボールペンは受
付においてあるだけで，そもそも商取引の対象となっていないから，商標法上
の「商品」とはいえないことになる。

　なお，「商品」に該当するためには有体物であることが必要であると，かつ
ては理解されていたが，近年，ネットワークを通じて提供されるソフトウエア
のような，無体物でしかも独立して取引の対象になっているものが登場するに
至っている。このようなものも，今日では商標法上の「商品」に含まれている。

　(b)　役　務　　「クロネコヤマト」のマークの付いたトラックを町で見かけ
ることがあるが，そのマークをトラック車両の出所を表すものと考える者はい
ないだろう。「クロネコヤマト」のマークが表しているのは，「運送」という無
体の役務（サービスのこと。「えきむ」と読む）である。商標法は，このような役
務に使用される標章（サービスマーク）も保護している。もともと同法は，商品
に使用される標章のみを「商標」として保護していた。転々流通する「商品」，
すなわち出所から複数の者の手を経て最終消費者に渡る「商品」については，
マークを付けて需要者に出所を識別させる必要性が高く，したがってそのよう
なマークを保護する必要もまた高いと考えられていたためである。しかし，時
代が進み，多様なサービスの出現やフランチャイズ・システムの普及等により，
サービスに用いられるマークの重要性が強く認識されるに至り，サービスマー
クについても商標法によって保護することとなったのである。

　商標法における「役務」とは，他人のためにする労務又は便益であって，**独
立して商取引の対象となるもの**と解されている。つまり，他人のためになされ
る労務又は便益であっても，その他人が支払う金銭がそのような労務・便益へ
の対価であると評価されないのであれば，そのような労務・便益は商標法上の
役務とはいえないということとなる。現に，このような基準の下で，小売サー
ビスが商標法上の役務であることを否定した判決[1]がある。一般的な小売業
（コンビニや百貨店など）の役務については，これが商品の取引に付随するもの

---

1)　東京高判平成 13・1・31 判時 1744 号 120 頁〔ESPRIT 事件〕。

にすぎず，顧客の支払う金銭は商品の代金であって「商品を売ってもらう」という役務への対価とはいいがたいから，同法上役務とはいえないとかつては考えられており，小売業のマークについては商標登録を受けることができないとされていた。

しかし，小売業者は単に販売商品の価格のみを競っているわけではなく，品揃えや販売形態などの次元でも競争しており，需要者の側もこれらの要素に着目して小売業者を選択することもある。特に近年はこのような傾向が顕著であるため，そのようなサービス（品揃え・販売形態など）を識別する小売業のマークについて商標法で保護することが検討され，平成18年の改正でこれが実現した。すなわち，この改正により商標法2条2項として，「小売及び卸売の業務において行われる顧客に対する便益の提供」を同法上の役務に含める旨の規定が置かれることとなり，これにより，小売業者や卸売業者の業務において行われる総合的なサービス活動が同法の保護を受けることとなったのである。

以上をまとめると，今日では，「他人のためにする労務又は便益であって，独立して商取引の対象となるもの」と，「小売及び卸売の業務において行われる顧客に対する便益の提供」とが商標法上の「役務」であると理解されている，ということとなる。

(3)　「商標」の範囲は時代に伴って拡大している

商標法上の「商標」概念については，社会の変化に応じて徐々に拡大されてきたものである。その歴史をごく簡単にまとめると，平成3年改正で「役務」にかかる標章が同法の保護対象となり，平成8年の改正で立体的形状が「標章」に含められることとなり，平成18年の改正により小売・卸売役務に用いられる標章が役務にかかる商標として保護されることとなっている。

さらに，新たな識別手段である，輪郭のない色彩や音などについて，これらを新たに商標法の保護対象に追加することが平成26年の改正により実現された。このように，新たなビジネスや，商品・役務の新たな識別手段が登場し，それらの重要性が認知されるようになると，商標法もそれに対応して保護対象である「商標」の範囲を拡大するということが繰り返されてきている。

平成26年の改正では，2条1項の「標章」の定義に，「その他政令で定めるもの」との文言も追加されている。したがって，今後は保護対象の追加は法改

正ではなく政令によってなされることになる（2022年12月現在，政令で定められた標章はない）。

2　使用の意思

(1)　商標は使う前から登録できる

　商標法3条1項柱書は，「自己の業務に係る商品又は役務について使用をする商標については，……商標登録を受けることができる」としている。すなわち，商標登録を受けるためには，商標であることだけでなく，それが出願人の業務にかかる商品・役務について使用されるものでなければならない（「使用」についてはⅢ2(2)で説明する）。

　商標は現実に使用され，市場において識別機能を発揮することによってはじめて，事業者の信用の維持・発展に貢献するものとなる。つまり，商標は使用によってはじめて保護すべき実体を有するものとなるのだから，商標法3条1項柱書が使用を要件としていることは当然のことといえる。ただし，この使用要件は，出願人が現実にその出願商標を使用していることまで求めるものではなく，使用の意思があれば足りるとされている。既に述べた通り，商標が認知される前の段階から商標権による保護を与えることで，商標に関する資本投下（つまり現実に商標を使用する準備）を行いやすくするためである。

(2)　不使用取消制度──使用されない登録商標はどうなる？

　(a)　不使用商標対策の必要性　　上記のような理由から，使用の意思があれば，実際に使っていなくても商標登録が可能とされているのであるが，このような制度にはデメリットもある。それは，商標登録されているのに，結局使われないような商標（以下これを「不使用商標」とする）が出てくることに伴うデメリットである。

　たとえば，企業Aが，新開発のボールペンに付ける商標aについて，これをAの扱う他の商品にも将来使用する可能性を考慮して，aを「ボールペン」だけでなく，「紙コップ」を含む様々な商品を指定して商標登録をしたとする。その後に，企業Bが，商標aと類似する商標bを紙コップについて使用するために，「紙コップ」を指定して商標bを登録出願しても，「紙コップ」について商標aが登録されている以上，Bのこの出願は，商標法4条1項11号に

違反するので（→**4**(4)(b)(i)参照）拒絶されることになる。また，Bが紙コップに実際に商標bを使用すると，その行為はAの商標権の侵害となる（→Ⅲ2参照）。

　Aが結局，商標aをボールペンにしか使わず，他の商品についてはもはや使うつもりがなくなってしまっても，「ボールペン」を除くその他の指定商品についての商標登録が維持されるということとなると，上記のBのような者は，いつまでたっても商標bを使用することができなくなってしまう。

　商標法の目的は，「事業者の信用を維持」すること（1条）である。Aが，指定商品「紙コップ」について商標権を取得できたのは，商標aを紙コップに使用して，信用を形成する予定があるという前提があってこそである。そのような信用が形成されることもないような商品について商標登録（商標権）を維持させることは，商標法の趣旨に反するばかりか，上記のBのように，ある商標を使いたくても（あるいはその商標について商標権を取得したくても），（その商標と同一又は類似の）不使用商標についての商標登録があるために，使えない（あるいは商標権を取得できない）者が出てきてしまう。不使用商標の登録が増えれば増えるほど，このような問題は大きくなる。

　(b)　不使用取消制度　　不使用商標の登録を放置することは，上記のような問題があるが，だからといって，「使用」要件の審査を厳しくしてしまうと，現にその出願商標を使用した商品が発売される直前でないと商標登録を得られないなどということとなり，登録主義のメリットが大きく失われてしまう。

　そこで，商標法は，登録後の一定期間使用されていない商標について，登録を取り消す制度（不使用取消制度）を定めている。すなわち，商標法50条1項は，「継続して3年以上日本国内において商標権者，専用使用権者又は通常使用権者のいずれもが各指定商品又は指定役務についての登録商標……の使用をしていないときは，何人も，その指定商品又は指定役務に係る商標登録を取り消すことについて審判を請求することができる。」としている（この審判は「**不使用取消審判**」と呼ばれる）。

　したがって，前述のBとしては，自分のビジネスの障害となっている，指定商品「紙コップ」についての商標aの登録を取り消すために，不使用取消審判を提起することが考えられる（なお，商標法51条1項の定める通り，不使用取消

審判は「何人も」できることとなっており，前述のＢのような利害関係のある者でなくともよい）。不使用取消審判を提起されたＡとしては，その審判請求の登録（これを「予告登録」という）前３年以内に，ＡやＡの使用権者が，「紙コップ」について商標ａを使用したことの事実を証明する必要があり（50条２項），その証明ができない場合は，「紙コップ」についての商標登録は取り消される。

　また，Ａの注意すべき点の一つとして，登録商標と類似する商標を紙コップに使用していても，「登録商標の使用」とはならない点が挙げられる。あくまでも，登録商標（上の例では商標ａ）と同一の商標の使用でなければ，不使用取消しを逃れることができない。ただし，商標の使用態様は時代とともに変化するのが常であり，登録商標と寸分たがわぬ商標の使用でないと「登録商標の使用」と認められないとすれば，商標権者にとって酷なので，些細な書体の変更など，元の登録商標と**社会通念上同一**と認められる範囲の変更が加えられているにすぎないような商標の使用は，「登録商標の使用」に含まれることになっている（50条１項かっこ書）。

3　3条の登録要件——識別力と独占適応性

(1)　識別力——識別力のない商標は登録できない

　自己の業務に使用する商標であっても，商標法３条１項各号に該当するものは，商標登録できない。この各号で挙げられている商標は，いずれも**識別力**のない商標とされている。商標の識別力とは，本章Ⅰ１で述べた通り，その商標が付された商品と他者の商品とを区別する機能のことで，**出所表示機能**と呼ばれたり，自他識別力，自他識別機能や出所識別機能などとも呼ばれている。

　他者の商品との区別（識別）は，商標が使用される本来の目的である。たとえば，単３型乾電池に「単３型乾電池」という文字列を普通に表示しているだけの商標が付されていても，それが特定の者（出所）に由来する単３型乾電池であることを認識できないため，上記の本来の目的を果たすものではない。また，「単３型乾電池」のような**普通名称**でなくとも，同業者が広く使用している商標（これを「**慣用商標**」という）や，業界を問わず広く使用されているようなありふれた商標（たとえば，「山田」のような，ありふれた氏を普通に表示するだけのような商標）は，（周囲に同じような商標があふれているため）識別力を発揮し

図表 4-2　識別力のない商標の類型（3 条 1 項各号）

号番号	概　要	具体例
1	商品又は役務の普通名称を普通に用いられる方法で表示する標章のみからなる商標	「単 3 型乾電池」（指定商品：単 3 型乾電池）
2	商品又は役務について慣用されている（同業者間で広く用いられている）商標	「正宗」（指定商品：清酒）
3	商品や役務の属性（産地，提供地，質等）を普通に用いられる方法で表示する標章のみからなる商標	「ダージリン」（指定商品：紅茶），「キシリトール」（指定商品：キシリトール入りガム）
4	ありふれた氏又は名称を普通に用いられる方法で表示する標章のみからなる商標	「鈴木」，「YAMADA」
5	極めて簡単で，かつ，ありふれた標章のみからなる商標	「○」，「AA」
6	その他，需要者が何人かの業務に係る商品又は役務であることを認識することができない商標	「習う楽しさ教える喜び」（指定役務：知識の教授）

にくいので，法で保護する必要性は小さい。そこで，法は，識別力を発揮しないと考えられる類型を 3 条 1 項各号に列挙して，登録要件として，これらの類型に当てはまらないことを求めている。

　商標法 3 条 1 項各号の概要と具体例は，**図表 4-2** の通りである。

⑵　独占適応性

「ガム」を指定商品として「キシリトール」という文字列を普通に表示するにすぎない標章について商標登録出願をしても，その商標は 3 条 1 項 3 号に該当する。ではなぜこの「キシリトール」商標がこの規定に該当することになるのかというと，これまでに説明したところでは，「キシリトール」というのは，ガムの（出所ではなく）原材料を示すものとして需要者に受け取られるから，すなわち，この商標が識別力を欠くものであるから，ということとなる。

　しかし，そもそも「キシリトール」がガムの原材料であることを需要者がまったく知らないのであれば，「キシリトール」商標に接した需要者は，それを固有の商品名であると考えるだろう。つまりこの場合，「キシリトール」商標は識別力を有していることになる。しかし，仮にそのような場合であっても，キシリトールがガムの原材料である限り，この商標は 3 条 1 項 3 号に依然とし

247

て該当する（ただし，(3)で述べるように，現実にこの商標を使用して全国的に有名にして，同条2項の適用を受ければ，商標登録を受けることができる）。

　法がこのような扱いをしていることの説明として，3条1項3号に該当するような商標は，同業者がその商品・役務の属性を記述するのに必要な文字等を含むものであるため，特定人の独占に適さない（**独占適応性**を欠く）から，というものがある（このような説明を「独占適応性説」という）。上記の「キシリトール」商標の例で説明すると，キシリトールが需要者に知られているかどうかにかかわらず，このような商標登録を認めると，他の業者が原材料にキシリトールを使用したガムを販売するにあたり，「キシリトール」という文字列を使用しにくくなってしまうため，権利を与えるには適さない，ということである。

　最高裁は，3条1項3号の趣旨について，同号に該当する商標が「取引に際し必要適切な表示としてなんぴともその使用を欲するものであるから，特定人によるその独占使用を認めるのを公益上適当としないものであるとともに，一般的に使用される標章であって，多くの場合自他商品識別力を欠き，商標としての機能を果たし得ないものであることによる」と説明している[2]。このように判例においても，独占適応性が識別力と同様に重視されていることがわかる。

　(3)　使用による識別力の獲得（3条2項）

　3条1項各号に掲げられている商標のうち，3号，4号又は5号に該当する商標については，「使用をされた結果需要者が何人かの業務に係る商品又は役務であることを認識することができる」状態になれば，商標登録を受けることができる（後掲の4条1項各号のいずれかに該当するなど，他の規定によって登録を受けられない場合を除く）。たとえば，「HONDA」という標章はありふれた氏を普通に用いられる方法で表示する標章であるから，3条1項4号によれば，登録を受けることができない。しかし，この標章が自動車について現実に使用されて，その使用者を出所とする自動車の商標として需要者に認識される状態になれば，同条2項により，「自動車」を指定商品とする商標登録を受けることができるようになる。

　3条1項各号に掲げられている商標は，登録出願の願書に掲載されている標

2)　最判昭和54・4・10判時927号233頁〔ワイキキ事件〕。

章や，その指定商品・役務にのみ着目した場合に，識別力を欠くと判断される商標であるから，未使用の段階で権利を与えるのに適さない。しかし，現に使用された結果，市場において特定の出所を表示するものとして認知されるに至ったのであれば（これを「**使用による識別力の獲得**」という），商標法で保護すべき信用が現に形成されているから，法は登録を認めることとしたのである。

　3条1項各号に掲げられている商標のうち，1号，2号及び6号については，これらの規定に該当する商標が使用をされた結果，需要者の認識が変化して，特定の出所を識別するものとして認識されるようになったのであれば，そもそもこれらの規定に該当しなくなる（特定の出所に由来するものと認識されている商標は，もはや普通名称や慣用商標ではない）。他方，3号から5号に該当する商標については，需要者の認識が変化しても，これらの規定に依然として当てはまることになるので，同条2項が設けられている。

　この規定にいう，「需要者が何人かの業務に係る商品又は役務であることを認識することができる」状態とは，全国にわたって，その商標が識別力を獲得している状態をいう。商標権の効力が日本全国に及ぶことから，識別力を獲得していない地域がある場合に商標権を認めることが適切でないと考えられているためである。

Column 8　商標登録出願における商品の指定の方法

　先に「キシリトール」商標の例を挙げたが，より正確にいうと，この商標について商標登録を得るためには，指定商品を「キシリトール入りガム」とする必要がある。指定商品を「ガム」としてしまうと，キシリトールの入っていないガムも指定商品に含まれてしまうこととなり，こちらのガムにこの商標を使用すると，品質誤認を生ずるおそれのある商標として，（3条2項に該当するか否かにかかわらず）後述の4条1項16号により登録が許されないためである。

　このように，指定商品・役務の一部にでも，それに登録商標を使用すれば3条1項各号や4条1項各号に違反するような商品・役務が含まれていた場合，そのような登録出願は拒絶される。

(4)　立体商標の扱い──3条1項3号と4条1項18号

(a)　機能確保のために不可避な形状　　(2)で説明した独占適応性の考え方は，

商品の形態や容器の形態が立体商標として登録出願された場合の，3条1項3号の解釈に色濃く表れている。このことの説明の前に，まず立体商標等について独占適応性の観点から登録を認めない規定である，4条1項18号から説明することとしたい（4条1項の他の号については，4で解説する）。

　4条1項18号は，「商品等（商品若しくは商品の包装又は役務をいう。……）が当然に備える特徴のうち政令で定めるもののみからなる商標」の登録を認めないための規定であり，この「政令で定める」特徴というのは，「立体的形状，色彩又は音」のことである（商標法施行令1条）。この規定は，平成26年改正前は「商品又は商品の包装の機能を確保するために不可欠な立体的形状のみからなる商標」と規定していたところ，同改正で音や色彩等，立体的形状以外にも商品自体の特徴となりうるものが商標法の保護対象に加えられたことから，この規定のカバーする範囲を拡張するために改正が加えられたものである。したがって，立体的形状については，改正前と同じ扱いがなされるものと考えられるため，改正後の規定にいう「商品等……が当然に備える特徴」とは，「商品又は商品の包装の機能を確保するために不可欠な立体的形状」のことと理解しておけばよいだろう。以下，このような理解を前提に解説する。

　商品やその包装（容器）の機能実現のために不可欠な形態に対して商標登録が認められると，市場において当該商品（又は当該容器に収納された商品）自体の独占を商標権者に許すこととなりかねない。商標法は，同種の商品を複数の主体が提供していることを前提に，それらの商品が商標によって正しく識別されることを支援して，市場における公正な品質競争を実現させるためにある法である。商品それ自体の独占を認め，市場における競争自体を制限するようなことは，商標法の趣旨に反するため（つまり，この規定に該当するような商標は独占適応性を欠いているので），このような規定が設けられている。

　(b)　立体商標が問題となる場合の3条の解釈　　たとえばカーネルサンダース人形のように，商品や役務を識別するための看板のような役割をする立体商標については，上記のような問題は考える必要がないが，商品や商品の包装の形状が立体商標として登録出願されるような場合には，たとえそれが上記の4条1項18号に該当しないとしても，やはり独占適応性に配慮する必要がある。

　そもそも，商品や包装の形状は，通常，商品の識別のためではなく，機能や

資料 4-3

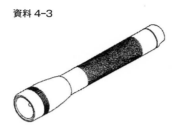

外観による差別化のために選択されるものであり，選択にあたっては製造コスト等の様々な制約がある。つまり，そもそも商品や包装の形状は，通常の（二次元の）商標と違って，選択肢が限られているのである。それなのに，このような形状に簡単に商標登録を認めてしまうと，早い者勝ちでどんどん形状が登録される結果，後発の商品形態の選択肢が減っていくため，後発の事業者ほど不利になるということになりかねない。この意味で，商品や包装の形状は，機能確保のために不可避なもの（4条1項18号により登録が認められない）でないとしても，独占に適さないのである（これとは異なる説明も考えられる。詳細については**終章**を参照されたい）。

　そこで，商品や包装の形状については，機能又は美観上の理由による形状の選択と予測し得る範囲のものは，商品や包装の形状を普通に表示する商標として，3条1項3号に該当する，という解釈が裁判例上有力となっている[3]。この「予測し得る範囲」については非常に広く捉えられており，商品や包装の形状のほとんどがこの範囲に含まれるように運用されてきている。独占適応性の問題を非常に重視した運用といえよう。

　ただし，3条1項3号に該当しても，（4条1項18号に該当しない限り）既に述べたように現に使用されて全国的に有名になれば，3条2項により登録が認められる。これまでに同条2項が適用されて登録が認められた立体商標の例として，**資料 4-3** の「マグライト」として有名な携帯用懐中電灯の形状（指定商品は「懐中電灯」）[4]，コカ・コーラの瓶の形状（指定商品は「コーラ飲料」）[5]などがある。

---

3)　知財高判令和2・12・15金判1613号24頁〔焼肉のたれ容器事件〕など。
4)　知財高判平成19・6・27判時1984号3頁〔マグライト立体商標事件〕。
5)　知財高判平成20・5・29判時2006号36頁〔コカ・コーラ・ボトル立体商標事件〕。

(5)　その他の非伝統的商標の扱い

　他の非伝統的商標についても，立体商標と同様に，独占適応性が問題となりうる。特に，色彩のみからなる商標や音商標については，商品の特徴と一致するケースが考えられる。そのような特徴のうち，その商品が不可避的に備えているようなものについては，「商品等……が当然に備える特徴」として，これと一致する商標の登録は4条1項18号により許されないことになる。不可避的とはいえないまでも，商品が通常有する特徴と一致するような商標，たとえば指定商品を「炊飯器」とする白色のみからなる商標や，指定商品を「ドアチャイム」とする「ピンポーン」という電子音からなる商標，についてはどうであろうか。炊飯器の着色やドアチャイムの音にはある程度選択肢があるのは確かであるが，だからといって早い者勝ちで商標登録を認めると，後発の事業者の選択肢がどんどん狭くなってしまう。このような理由から，商品が通常有すると考えられるような特徴については，3条1項3号に該当すると解して，使用によって全国的に有名になったもののみ同条2項によって登録を認めるべきであろう。特に，色彩のみからなる商標の中でも単色から構成されるものについては独占を認める弊害が大きいため，3条2項の解釈においてもこのことに配慮すべき旨述べる判決[6]もある。

4　識別力があっても登録が許されない商標──4条1項の登録要件

(1)　総　説

　3条1項に該当しない商標（又は同条2項に該当する商標）であっても，そのことをもって直ちに登録が許されるとなると，様々な不都合が生ずる。たとえば，品質誤認を惹起するような商標であるとか，他人の商品との出所混同を惹起するような商標などについては，たとえ識別力を備えているとしても，登録され独占的に使用されることを認めるべきではない。そこで，商標法は，4条1項各号において，識別力とは異なる観点から登録が認められない商標について列挙している。

　4条1項各号の不登録理由は，次の三つの類型に分けることができる。

---

6)　知財高判令和2・6・23令和1（行ケ）10147号〔油圧ショベル色彩事件〕。

・何人の使用も許されるべき商標

・何人の使用も許すべきでない商標

・特定人の使用しか許すべきでない商標

本書ではこのような分類にもとづいて説明していくこととする。

(2)　何人の使用も許されるべき商標

　商標権は，商標という識別標識を指定商品・役務の市場において独占的に使用する権利であり，それが付された商品・役務自体を市場において独占する権利ではない。むしろ，同種の商品・役務を送り出す者が市場に複数いてこそ，商標を用いて自他を識別する意義があるのであり，商標制度はそのような同一市場の複数の業者に公正に品質競争を行わせるために存在するものといえる。そうすると，ある商標に登録を認めて商標権を付与することがその指定商品・役務自体の独占につながりかねないようなもの（独占適応性を欠くもの）については，商標登録自体を認めないか，商標権の効力を制限するなどの手当てが必要となる。

　既に述べた通り，4条1項18号（商品等が当然に備える特徴のうち政令で定めるもののみからなる商標）は，このような理由から設けられている。このほか，同様の規定として，種苗法上の品種の名称の不登録を定めている同項14号が挙げられる。すなわち，種苗法により品種登録を受けた植物の品種や，これに関連する商品・役務を市場に送り出す者にとって，その品種の名称の使用は必須なため，この規定がその品種名称と同一又は類似の商標の登録を禁じている。

(3)　何人の使用も許すべきでない商標

(a)　品質誤認　　何人の使用も許すべきでない商標としてまず挙げられるのは，品質誤認を引き起こすこととなる商標である。たとえば，ポリフェノールをまったく含有していない食品に「ポリフェノール」という文字列を含むような商標を使用することは，需要者にその食品の品質について誤った認識をもたせる可能性がある。したがって，何人であってもそのような商標の使用は許されるべきではないであろう。商標登録は，出願にかかる商標が使用されることを前提になされるものであるから，このような商標の登録は許されない。

　品質誤認一般について定める規定として，4条1項16号が挙げられる。す

なわち,「商品の品質又は役務の質の誤認を生ずるおそれがある商標」については同号の下で不登録となる。具体例としては,「Image Communication」との文字で構成される商標の指定役務に「ラジオ放送」などといった,画像通信が行われないものが含まれていた例[7],キャラメル又はキャラメル風の菓子を意味する「トフィー」との文字列で構成される商標の指定商品に「豆腐」が含まれていた例[8]などが挙げられる。

このほか,品質誤認に関する個別のケースについて定める規定として,4 条 1 項 5 号（政府又は地方公共団体の監督用又は証明用の印章等）,同項 9 号（博覧会の賞。ただし,その賞を受けた者が商標の一部としてその標章の使用をする場合には同号かっこ書により同号に該当しなくなる）,及び同項 17 号（ぶどう酒等の産地表示）がある。

(b) 公序良俗,国際信義違反　品質誤認が生じなくとも,公序良俗や国際信義に反する商標については,やはり何人の使用も許すべきものではないから,そのような商標の登録は許されない。

公序良俗違反について一般的に定める規定としては,4 条 1 項 7 号がある。すなわち,同号は,「公の秩序又は善良の風俗を害するおそれがある商標」を不登録とする。商標自体が反社会的,反道徳的な言葉や図形からなるものが同号に該当するのはいうまでもないが,商標の構成自体がそうでなくとも,指定商品・役務について使用することが社会公共の利益に反し,又は社会の一般的道徳観念に反するような場合も含まれる（なお,近年,本号は「特定人の使用しか許すべきでない商標」の一般条項的な役割を有するに至っているが,これについては後述する）。

公序良俗や国際信義に反する商標に関する個別規定としては,4 条 1 項 1 号から 4 号までがあり,これらの規定は,国旗や特定の国際機関の標章等と同一・類似の商標を不登録とするものである。これらの標章は,商品・役務について商標として使用されると,これらの標章の権威を維持するなどの観点から好ましくないということで,不登録とされている。

---

7)　東京高判平成 13・11・13 平成 13（行ケ）72 号〔Image Communication 事件〕。
8)　東京高判平成 15・2・3 平成 14（行ケ）486 号〔トフィー事件〕。

(4)　特定人の使用しか許すべきでない商標

(a)　概　要　　商標の中には，特定人以外の者の商標としての使用を許すと，市場の混乱を招くことや，当該特定人の利益を害することなどの理由から，特定人の使用しか認めるべきでないものがある。そのような観点から不登録理由を定めるものとして，4条1項6号，8号，10号から12号まで，15号及び19号が挙げられる。これらの規定には，6号を除き，いずれも「他人の」という文言があり，そのような「他人」以外の者（いわば「本人」）の出願であれば（8号の場合は本人の許諾を得た者の出願も含む），これらの不登録理由に該当しないこととなるので，この意味でこれらの不登録理由は相対的なものである。6号には「他人の」という文言はみられないが，国や地方公共団体等の6号の掲げる機関自身による出願であれば同号は適用されない（4条2項）ので，相対的な不登録理由である点に変わりはない。

(b)　他人の商品・営業との混同を生じるおそれのある商標　　(i)　他人が先に出願した登録商標と類似する商標　　他人により先に出願され，登録された商標（以下これを「先願登録商標」という）と同一又は類似の商標であって，その先願登録商標の指定商品・役務と同一又は類似の商品・役務について使用するものの登録は許されない（4条1項11号）。このような商標が使用されたとすると，それが付された商品ないし役務の出所と，先願登録商標によって示される出所とが需要者によって混同されるおそれがあるので，これを防止する趣旨である。「類似」については後で詳しく説明する。

(ii)　他人が既に市場で使っている商標と類似する商標　　市場において現に使用され，需要者の認知を得ている他人の商標が存在するのであれば，そのような商標が使用されている商品・役務と同一・類似のものを指定商品・役務とする同一・類似商標が登録され使用されると出所の混同が生ずる可能性がある。そこで，4条1項10号は，「他人の業務に係る商品若しくは役務を表示するものとして需要者の間に広く認識されている商標又はこれに類似する商標であって，その商品若しくは役務又はこれらに類似する商品若しくは役務について使用をするもの」を不登録にすると規定している。

本号の「需要者の間に広く認識されている」という要件は「**広知性要件**」と呼ばれている。具体的にどの程度の範囲の者に知られていればこの要件を充足

するのかについては，本号の文言からは明らかでない。この要件は全国的に知られていることまでを求めているものではないという点については異論はないが，具体的にどの程度知られていればよいのかについては議論の余地がある。

　狭小地域（たとえば，町内）であっても広知性要件を充足すると解するのであれば，混同防止の趣旨を貫徹することができるが，他方で，そのように解してしまうと，狭小地域で使用されているにすぎない他人の商標を出願人が完全に把握することは困難なので，そのような商標によって出願人の予測に反して登録拒絶や登録無効とされるような（出願人にとって酷な）事態が生ずることとなってしまう。また，先行商標が狭小地域でしか知られていないということは，それ以外の地域（全国のほとんどの地域）では登録商標を使用しても混同が生じないということであり，にもかかわらずそのような先行商標の存在により，商標権を取得して全国で登録商標を使用して信用の維持発展を図ることが禁じられるというような帰結も妥当とは思われない。要するに，本号の広知性の範囲をどのように解するのかという問題は，混同防止と出願人の利益（商標登録を得て業務上の信用を維持発展させようとする者の利益）とを秤にかけて，どこで線引きするのが妥当であるのか，という問題なのである。

　この点で，現在多数の支持を得ているのが，東京高判昭和58・6・16判時1090号164頁〔DCC事件〕の示した解釈である。同判決は，「全国的に流通する日常使用の一般的商品」に使用されている商標が本号の周知性要件を充足するためには，「狭くとも一県の単位にとどまらず，その隣接数県の相当範囲の地域にわたって，少なくともその同種商品取扱業者の半ばに達する程度の層に認識されていることを要するものと解すべきである。」としている。

　　　このような解釈を採用する場合，商標登録を得ようとする者にとっては，原則としては認知度が数県に満たない先行商標の存在を気にしなくてよくなるというメリットがあるが，他方で，広知性要件は充足しないものの，一定地域においては知られている先行商標を使用してきた者にとっては，商標権者から商標権の行使を受けて，当該先行商標を使用できなくなるおそれがある。この問題は，先使用権（32条1項）の成立要件である「需要者の間に広く認識されている」要件を，4条1項10号の広知性要件で要求されるよりも低い認知度で充足されると解することで，解決できる（詳細は，→Ⅲ3(2)(b)参照）。

　以上述べたのは「広知」の地理的な範囲についてであるが，需要者層の範囲についてはどうであろうか。本号が問題としているのは出所の混同のおそれであり，出所の混同は出願商標の指定商品又は役務の需要者層と先行周知商標の付された商品又は役務との需要者層が重なっていれば生じうる。そうすると，先行商標が限られた範囲の需要者層にしか知られていないもの（たとえば20代女性にのみ知られている商標，出版関係者にのみ知られている商標，など）であっても，出願商標の指定商品又は役務の需要者層と重なっているといえるのであれば，その先行商標は（数県以上に知られている限り）広知性要件を充足すると解すべきである[9]。

　(ⅲ)　その他，他人の商品・営業との混同を生じるおそれのある商標　　4条1項10号や11号に該当しない商標であっても，他人の業務に係る商品又は役務と混同を生ずるおそれがある商標については，15号により不登録となる。本号は「類似」を要件としていないことから，出願商標の指定商品・役務に類似するとはいえないような商品・役務に使用されている商標であっても，そのような商標と出願商標との間で**出所の混同**が生ずるおそれがあるのであれば，本号に該当することとなる。

　出所の混同には，出所の同一性についての混同（商品Aの出所と商品Bの出所とが同一であると誤信すること）と，出所間の関係についての混同（商品Aの出所たる主体と商品Bの出所たる主体との間に，たとえば親子会社関係のような，組織的ないし経済的な関係があると誤信すること）とがあり，前者は狭義の混同，後者は広義の混同といわれる（→**第5章**参照）。本号でいう混同に，広義の混同が含まれるか否かにつき，レールデュタン事件最高裁判決[10]は広義の混同も含まれると判示しており，その理由について，「企業経営の多角化，同一の表示による商品化事業を通して結束する企業グループの形成，有名ブランドの成立等，企業や市場の変化に応じて，周知又は著名な商品等の表示を使用する者の正当な利益を保護するためには，広義の混同を生ずるおそれがある商標をも商標登録を受けることができないものとすべきであるからである。」と説明している。

---

9)　東京高判平成4・2・26判時1430号116頁〔コンピューターワールド事件〕。
10)　最判平成12・7・11民集54巻6号1848頁〔レールデュタン事件〕。

　広義の混同を問題とする場合，先行商標を使用する主体と出願人とが競業関係にないようなケースにおいても本号により登録が認められないことがありうる。たとえば自転車について使用された結果周知になった（周知性の範囲の問題については後述する）商標と広義の混同のおそれが生ずることを理由に，指定商品を「眼鏡」とする出願商標の登録が本号により認められないということがありうる。この例において，先行周知商標の主体たる自転車メーカーがその商標を眼鏡に使用しておらず，その予定もないのであれば，出願商標が現実に使用されたとしても，先行商標の主体の顧客が直接奪われるおそれがあるわけではない。しかし，このようなケースで仮に出願商標が使用されたとして，その商標が付された眼鏡の出所と上記自転車メーカーとの間に組織的・経済的なつながりがあると需要者が誤信してその眼鏡を購入するおそれがあるとすれば，自転車メーカー側に顧客が奪われるという意味での不利益がないとしても，そのような混同のおそれは看過されるべきではない（このことは，**第5章Ⅱ2**(4)であらためて説明する）。上記最高裁判決はこのような考えにもとづいている。

　15号における混同のおそれの判断手法として，前掲レールデュタン事件判決は，「出願商標と他人の表示との類似性の程度」，「他人の表示の周知著名性及び独創性の程度」，「出願商標の指定商品等と他人の業務に係る商品等との間の性質」，「用途又は目的における関連性の程度」並びに「商品等の取引者及び需要者の共通性その他取引の実情」といった諸要素などに照らし，当該商標の指定商品等の取引者及び需要者において普通に払われる注意力を基準として，総合的に判断されるべきであると述べている。

　上記の判断要素のうち，いずれかの要素について出願人に有利なものがあったとしても，その他の要素が出願人に不利なものが多ければ，基本的には登録は認められないこととなろう。たとえば他人の商標「POLO」の独創性が低いことを認めつつも，出願商標の指定商品と「POLO」商標が使用されている商品とで取引者・需要者が共通すること，及び出願商標の指定商品の類の商品の購入に際して払われる注意力はさほど高くはないこと等を考慮して，出願商標「PALM SPRINGS POLO CLUB」が15号に該当するとした判決がある[11]。

　ただし，問題となる他人の商標の認知度の地理的範囲については，これが4条1項10号の広知性要件を充たさない程度のものである場合は，出願商標は

---

11)　最判平成13・7・6判時1762号130頁〔PALM SPRINGS POLO CLUB事件〕。

15号には該当しないものとして扱うべきである。既に述べた通り，10号の解釈においては出願人の予測可能性に配慮して認知度の地理的範囲が画されていたが，この趣旨は本号にもまったく同様に当てはまるからである。

　(c)　人格的利益，権威，名声等の保護　　(i)　公益に関する団体等の権威の保護（4条1項6号）　　4条1項6号は，「国若しくは地方公共団体若しくはこれらの機関，公益に関する団体であって営利を目的としないもの又は公益に関する事業であって営利を目的としないものを表示する標章であって著名なものと同一又は類似の商標」の登録を認めないための規定である。この規定に該当する標章としては，著名な大学を示す標章や市の標章などがある。このような標章の権威を守るというのがこの規定の趣旨であり，その点では同項1号から4号までの規定と似ているが，同項6号該当商標の場合は，当該団体自身が出願する場合には同号の適用がない（4条2項）という点に違いがある。たとえば，大学の売店等で，その大学の関連グッズの販売がなされることがよくあるが，そのようなグッズに付されている大学のロゴマークを第三者が商標登録出願すると同条1項6号に該当するが，大学自身の出願であれば同号の適用はない。現に，近年においては，大学が，様々な商品を指定商品として，そのロゴマークを商標登録出願する例が多くみられる。

　　(ii)　人格的利益の保護（4条1項8号）　　4条1項8号は，「他人の肖像又は他人の氏名若しくは名称若しくは著名な雅号，芸名若しくは筆名若しくはこれらの著名な略称を含む商標」を，その他人の承諾があるものを除いて，不登録としている。同号の趣旨は，人格的利益の保護[12]とされている。すなわち，多くの人は，自分の氏名や肖像を他人に勝手に商品や役務に付されて使用されると不快感を覚えると思われるが，そのような不快感を与える商標の登録をわざわざ認めて，その使用を促すのは不適切であると考えられているのであろう。なお，人格的利益は相続や譲渡の対象にならないと考えられているため，同号の「他人」に故人は含まれない（故人の名称を含む商標の扱いについては，(d)を参照されたい）。

　　同号にいう「人」には法人等の団体も含まれ，同号にいう「名称」とは，そ

---

12)　最判平成16・6・8判時1867号108頁〔LEONARD KAMHOUT 事件〕。

のような団体の名称をいう。自然人ではない団体の「人格的利益」を保護する
ということに違和感を覚えるかもしれないが，法人等の団体等にも人格的利益
が認められるのは，商標法に限ったことではない。

　　　　たとえば，最判平成18・1・20民集60巻1号137頁〔天理教事件〕は，宗教法
　　　人が人格的利益を有していると認め，「その名称がその宗教法人を象徴するものと
　　　して保護されるべきことは，個人の氏名と同様であるから，宗教法人は，その名称
　　　を他の宗教法人等に冒用されない権利を有し，これを違法に侵害されたときは，加
　　　害者に対し，侵害行為の差止めを求めることができると解すべきである。」と判示
　　　している。

　もっとも，法人等の団体の名称について，別途4条1項10号や15号も問題
となりうるところであり，これらの規定に該当しないようなケースであっても，
たまたままったく有名でない団体の存在によって8号によって商標登録が認め
られなくなるのは，出願人にとって酷である。したがって，この「名称」につ
いてはできるだけ厳格に解するのが望ましいといえる。現に，判例[13]は，株
式会社の商号については，「株式会社」の部分を含めて本号にいう「名称」と
し，「株式会社」なる文字を除いた部分は「他人の名称の略称」に当たると解
している（略称に該当すれば，後述のように著名性が要求されることとなる）。
　同号にいう他人の「氏名」とは，フルネームのことであり，氏のみや名のみ
は「略称」として扱われる。また，前述のように「株式会社○○」の「○○」
も「略称」として扱われる。略称に該当した場合は，著名性が必要になる。肖
像やフルネーム等と異なり，略称については，出願商標に偶然含まれる可能性
が高くなるため，出願人が不意打ちを食う可能性を減らすために著名性が求め
られていると考えられる。同様に，雅号・芸名・筆名やこれらの略称について
も，著名性が要求されている。この著名性については，問題の芸名等や略称が
当該「他人」を指し示すものとして一般に受け入れられているか否かを基準と
して判断されることとなる[14]。
　　(iii)　周知商標の価値の保護（4条1項19号）　　4条1項19号は，「他人の
業務に係る商品又は役務を表示するものとして日本国内又は外国における需要

13)　最判昭和57・11・12民集36巻11号2233頁〔月の友の会事件〕。
14)　最判平成17・7・22判時1908号164頁〔国際自由学園事件〕。

者の間に広く認識されている商標と同一又は類似の商標であって，不正の目的（不正の利益を得る目的，他人に損害を加える目的その他の不正の目的をいう。以下同じ。）をもって使用をするもの」を不登録としている。この規定が問題としている典型的な例は二つあり，その一つは，周知商標がわが国で商標登録出願されていないのを奇貨として，無関係な第三者が先取り的に商標登録出願して，その周知商標主体に商標権を高額で買い取ることを要求したり，代理店契約を結ぶことを強要したりするようなケースである。

　このようなケースは，外国で周知な商標の場合に起こりがちであるため，同号が外国で周知な他人の商標についても問題としているのはこのためである。このような出願をする者に商標権を与えても，商標法本来の目的になんら資するところがないため，同号は登録を認めないこととしている。

　同号が問題とする典型例のもう一つは，周知商標と同一又は類似の商標が，それが使用されている商品・役務とは無関係な商品を指定して出願されるケースである。このような商標が使用されても混同のおそれは生じないが，たとえば清涼飲料水の商標として著名な商標が，建設機械の商標として使用されると，その商標がもともと喚起していたブランドイメージが薄れて，商標の財産的価値が弱められてしまう。このような損害を**稀釈化**という（→**第5章Ⅲ1**参照）。既存の周知商標にこのような損害を与えるような商標の登録を促す必要はないことから，同号はこのような商標登録を認めないこととしている。

　したがって，上記の二例のような目的の下で出願された商標については，本号にいう「不正の目的」があるものと判断されることになる。

　(d)　「特定人の使用しか許すべきでない商標」の一般条項としての4条1項7号の活用　　既に述べたように，4条1項7号は，誰が使用したとしても公序良俗に反する商標を不登録とすることを本来予定するものであると考えられるが，裁判例においては，「特定人の使用しか許すべきでない商標」に関する諸規定（とりわけ4条1項8号や19号）でカバーできない範囲をカバーする，いわば一般条項としても活用される傾向にある。

　たとえば，4条1項8号にいう「他人」に故人は含まれないとされているので，著名な故人を想起させる商標について同号により登録を拒絶したり無効にしたりすることはできないが，このような商標につき，7号を適用することに

より登録を無効とした例がある[15]。また，出願の目的が不正であるようなものについて 7 号が適用され，不登録ないし登録無効とされる例がみられる。そのような例として，自治体が地域経済の振興を図る目的で，地元の業者に使用を奨励していた祭りの名称が商標登録された例において，当該商標登録をその祭りの名称による利益の独占を図る意図でなされたものとして，当該商標を公序良俗に反するものとして，当該商標登録を維持した審決を取り消した判決がある[16]。さらに，外国で使用されている商標がわが国で登録されていないことを奇貨として，その外国での商標使用者と無関係の者が，いわば剽窃的にわが国においてなされた商標登録出願に対して 7 号が適用された例もある[17]（この判決当時，4 条 1 項 19 号の規定は存在していなかった）。

Ⅲ　商標権の効力・制限

　　ここでは，商標権の効力とその制限について概観する。商標権の効力は，登録商標と同一の商標を，登録商標の指定商品・指定役務と同一の商品・役務に使用する行為だけでなく，類似の商標を類似の商品・役務に使用する範囲にまで及ぶ。ただし，商標権の効力が制限される場合もあり，それには明文の規定にもとづくものと，そうでないものとがある。

1　商標権の発生と消滅

(1)　商標権の存続期間——商標権は何度でも更新できる

　既に述べた通り，商標法は**登録主義**を採用しており，商標権は設定の登録によって発生する（18 条 1 項）。商標権の存続期間は，登録の日から 10 年であるが（19 条 1 項），更新が可能である（同条 2 項）。この更新は何度でも可能であるので，権利者が更新登録の登録料さえ払い続ければ，商標権を半永久的に存続させることができる。

　特許権の対象である発明や，著作権の対象である著作物などは，その情報を

---

15)　東京高判平成 14・7・31 判時 1802 号 139 頁〔ダリ事件〕。

16)　東京高判平成 11・11・29 判時 1710 号 141 頁〔母衣旗（ほろはた）事件〕。

17)　東京高判平成 11・12・22 判時 1710 号 147 頁〔DUCERAM 事件〕，東京高判平成 17・1・31 平成 16（行ケ）219 号〔COMEX 事件〕など。

使う者（発明の実施や著作物の利用をする者）が多ければ多いほど，社会全体がその情報から受ける恩恵も大きくなる（**第1章**で述べたように，一度生み出された情報についてのみ考えれば，できるだけ多くの者がその情報を低コストで利用できるようにすることが社会的に望ましい）。だからこそ，これらの権利には保護期間が設けられており，最終的には万人がその情報を自由利用できるようにする必要がある。

　これに対し，商標は，取引の目印として機能することで価値を発揮するものであるため，使う者が多ければ多いほど価値が高まるどころか，特定の者以外が使用すると価値がなくなってしまう（たとえば，誰もが電化製品に "Panasonic" という商標を使っている世界では，その商標は無価値である）。つまり，商標の場合，特定の者に（のみ）その使用を継続させて，その商標を取引の目印として機能させ続ける方が，その特定の者（商標権者）だけでなく，社会にとっても望ましいといえるだろう。このような理由から，商標法では，存続期間の更新が認められている。

(2)　その他の商標権の消滅原因

　存続期間の満了以外に，商標権が消滅するケースの主なものとしては，商標登録の無効審判において，商標登録を無効にすべき旨の審決が確定した場合と，前述の不使用取消審判に代表される，商標登録の取消審判において，商標登録を取り消すべき旨の審決が確定した場合（54条）とがある。前者の場合，商標権は初めから存在しなかったものとみなされるが（46条の2），後者の場合は，審決確定の後に（不使用取消審判の場合は審判請求の日にさかのぼって）消滅する。

2　商標権の効力

(1)　概　要

　商標権は，登録商標を指定商品・役務について使用する権利であり（25条），商標権者以外の者がこの行為をすることは，原則として商標権侵害に当たる。また，登録商標と同一の商標だけでなく，類似する商標を，指定商品・役務と同一の又は類似する商品・役務に使用する行為は，侵害行為とみなされる（37条1号）。

　商標権侵害行為に該当する場合，商標権者や専用使用権者（特許法でいう専用

実施権者に相当する。→**第 2 章Ⅶ3**(2)参照) は，侵害者に対し，侵害行為の差止め（36 条 1 項）や，侵害行為を組成した物の廃棄等を請求することができる（同条 2 項）。また，損害賠償請求も可能であり（民法 709 条），特許法などと同様に（→**第 2 章Ⅳ5**(1)(b)(ii)参照），損害額の算定のための規定も存在する（38 条）。

　商標権侵害に当たるためには，問題の行為が，商標の「使用」である必要がある。以下では，この「使用」概念について説明する（「類似」要件については，Ⅳで説明する）。なお，25 条や 37 条 1 号の要件を充たす行為であっても，商標権侵害にならない場合があるが，それについては 3 で説明する。

　(2)　商標の使用

　(a)　「使用」の定義　　「使用」について，商標法は，2 条 3 項各号で標章の使用となる行為を定義している。その内容は，①商品に関する行為，②役務に関する行為，及び③両者に共通する行為の三つに分けることができる。

　このうち，①に該当するのは，商品そのものに標章を付ける行為，商品の包装に商標を付ける行為（2 条 3 項 1 号）及び商品やその包装に標章を付したものを流通等させる行為（同項 2 号）である（個人輸入に関する問題については，**終章Ⅱ4**(1)参照）。これに対し，役務については，「商品」のような実体がなく，当然ながら，その「包装」も存在しない。そのため，②に該当する行為としては，役務に関連する物に商標を付する行為（同項 3 号・6 号）や，商標を付した物を用いて役務を提供する行為（同項 4 号）などがある。より具体的には，**図表 4-3** を参照されたい。また，③に当たる行為としては，広告や取引書類（カタログなど）に商標を表示する行為（同項 8 号）がある。

　(b)　商標的使用論——実質的な意味での「商標としての使用」　　このように，商標法では「使用」に当たる行為を条文で示すことによって，どのような行為が商標権侵害になるかが明確に示されている（2 条 3 項で定義されているのは「標章」の使用であるが，既に述べた通り〔→**Ⅱ1**(1)〕，商標は「標章」に含まれる）。しかし，これらの規定に形式的に該当したからといって，即それが侵害を構成する「使用」に当たるのかというと，実はそうとは限らない。

　たとえば，「Marlboro 事件」[18] について考えてみよう。この事件では，タバ

---

18)　東京地判平成 5・11・19 判夕 844 号 247 頁〔Marlboro 事件〕。

図表 4-3　役務についての「使用」の類型（2 条 3 項）

規定（2 条 3 項の号番号）	具体例
役務の提供に当たりその提供を受ける者の利用に供する物に標章を付する行為（3 号）	カフェの店内で使用するカップに標章を付する行為
役務の提供に当たりその提供を受ける者の利用に供する物に標章を付したものを用いて役務を提供する行為（4 号）	運送業者が，その使用するトラックに標章を付してその運送役務を提供する行為
役務の提供の用に供する物（役務の提供に当たりその提供を受ける者の利用に供する物を含む。以下同じ。）に標章を付したものを役務の提供のために展示する行為（5 号）	レンタル DVD 業者が，その貸与する DVD に標章を付して展示する行為
役務の提供に当たりその提供を受ける者の当該役務の提供に係る物に標章を付する行為（6 号）	クリーニング業者が，クリーニングが完了した衣類に標章の付いたラベルを付す行為
電磁的方法（電子的方法，磁気的方法その他の人の知覚によって認識することができない方法をいう。次号において同じ。）により行う映像面を介した役務の提供に当たりその映像面に標章を表示して役務を提供する行為（7 号）	検索サービスのトップ画面に標章を表示する行為

コの商標として知られる "Marlboro" のロゴマークについて，「印刷物」等を指定商品として登録された商標権について，侵害の成否が争われた。問題になった行為は，"Marlboro" のロゴマークが印刷された，F1 レーシングカーのプラモデルに貼るためのデカール（転写紙）の販売行為である。形式的に考えれば，デカールは指定商品である「印刷物」に含まれる（又は類似する）といえるので，指定商品（又はそれに類似する商品）について登録商標が使用（2 条 3 項 1 号）されているといえるだろう。

　しかし，このようなデカールが販売されているのは，現実のレーシングカーに "Marlboro" のロゴマークが（タバコの広告表示として）付けられており，それをプラモデル上で再現するためであることは明らかである。つまり，このデカールが販売されているのに接した者は，このロゴマークをデカールの出所表示とは考えず，プラモデルの「模様」となるべきものとしか考えないと思われるから，この場合，このロゴマークはデカールの出所表示機能を果たしていない。

　このように，指定商品やそれに類似する商品に登録商標やこれに類似する商標が形式的には「使用」されているようにみえても，実質的にみてそのような

資料 4-4

商品について**出所表示機能**を果たしていないときは，その商品（上記の事件でいえば包装用容器）について商標として「使用」されている（これを「**商標的使用**」，又は「商標としての使用」という）とは評価されないため，商標権侵害は否定される。このような考えを**商標的使用論**（又は「商標としての使用」論）という。

　上記 Marlboro 事件においては，商標的使用が否定され，商標権侵害も否定されている。商標的使用論を採用する裁判例はこのほかにも多数ある。そのような例としては，カルタ及びその容器の蓋に「一休さん」の文字とともに「テレビまんが」と表示する行為（→**資料 4-4** 参照）が，そのカルタがテレビ漫画映画「一休さん」を基に作られ，絵札に表される登場人物のキャラクター等が当該テレビ漫画映画に由来することを表示するにすぎないから，登録商標「テレビマンガ」の使用に当たらないとした判決[19] が挙げられる。他にも，X（ブラザー工業）製のファクシミリに使用する，Y 製造にかかるインクリボン（X の純正品の互換品）の外箱に「For brother」，「ブラザー用」などと表示する行為について，これを X の登録商標「brother」ないし「ブラザー」を商標として使用する行為であると解することはできないとした例[20] などがある。

　商標法の目的は，商標の保護を通じて商標を使用する者の信用を維持することで需要者が商標を信頼して商品選択を行うこと，及び事業者間の品質競争を確保することにある。ある商標が出所表示機能を果たしていないということは，それが付された商品や役務が特定の出所に由来するものとの認識を需要者は抱かないということであり，そのようなものに保護を与えたところで上記の目的になんら資するところがない。かえって，そのような場合にも商標権の効力を及ぼすとすると，上記の裁判例でいえば，テレビ漫画「一休さん」の著作権者の許諾を得て作成したキャラクター商品に「一休さん」がテレビ漫画であるこ

19）　東京地判昭和 55・7・11 判時 977 号 92 頁〔テレビまんが事件〕（控訴棄却：東京高判昭和 56・3・25 昭和 55（ネ）1813 号）。

20）　東京地判平成 16・6・23 判時 1872 号 109 頁〔ブラザー事件〕（控訴棄却：東京高判平成 17・1・13 平成 16（ネ）3751 号）。

とを記述をすることや，自身の商品がブラザー製のインクリボンの互換品であることを記述することができなくなりかねない。このように，登録商標（ないしこれに類似する商標を用いて）商品や役務の属性を記述する行為を商標権で禁止することは，他人の営業活動の自由を著しく阻害する結果となるだろう。

　このような理由から，商標的使用論は広く支持されており，実務においても定着していることから，平成26年の改正により，明文の規定（26条1項6号）が設けられるに至っている（→3(2)(a)(ⅳ)）。

3　商標権の効力の制限

(1)　概　要

　先に述べたように，商標権侵害が成立するためには，登録商標（又はそれに類似する商標）が指定商品ないし役務（又はそれに類似する商品ないし役務）について使用されていることが必要である。しかし，これらの要件が充たされている場合であっても，なお商標権侵害が否定される場合がある。そのような場合として，商標法の明文の規定により商標権の効力が制限される場合と，そのような規定によらず，「商標機能論」という判例によって確立された法理によって効力が制限される場合とがある。以下，これらを順番に説明する。

(2)　商標法上の明文の規定による，商標権の効力の制限

　(a)　商標法26条1項による効力の制限　　商標法26条1項は，商標権の効力の及ばない商標について規定している。その商標とは，次の(ⅰ)～(ⅳ)の四つに分けることができる。

　　(ⅰ)　自己の氏名等　　26条1項1号は，「自己の肖像又は自己の氏名若しくは名称若しくは著名な雅号，芸名若しくは筆名若しくはこれらの著名な略称を普通に用いられる方法で表示する商標」については商標権の効力が及ばないと規定している。事業をする際に，自分の肖像や氏名など，自らを識別する情報を用いるということはよくあることであり，この規定は，それが普通に用いられる方法で表示されている限り，そのような情報を商標として使用することを認めるものである。この規定に掲げられた語句の解説は，4条1項8号についての記述（→Ⅱ4(4)(c)(ⅱ)）を参照されたい。

　ただし，他人がこれらの氏名等と同一又は類似の商標について商標登録をし

た後に，不正競争の目的で当該氏名等を使用している場合には，同号の規定は
適用されない（26条2項）。

　　(ii)　商品又は役務の普通名称・記述的商標・慣用表示　　商品又は役務の
普通名称や，商品又は役務の属性（産地や〔品〕質など）を普通に用いられる方
法で表示する商標に対しても，商標権の効力は及ばない（商品について，26条1
項2号。役務について，3号）。これらの商標は，同業者が使用する必要性の高い
ものであり，独占適応性（→Ⅱ3(2)参照）を欠くとされているためである。

　　慣用表示（→Ⅱ3(1)参照）についても，商標権の効力は及ばない（26条1項4
号）。慣用表示は，もともとそのような表示を同業者が使用する必要性は高く
なかったものの，現に多数の同業者によって使用されている表示であるため，
これについてももはや独占適応性を欠くものと判断されているのであろう。

　　なお，上記の商標はすべて，3条1項1号（普通名称），2号（慣用表示）及び
3号（記述的商標）の規定があるため，これらの商標が登録出願されても，拒絶
されることとなる。しかし，審査のミスによりこれらの商標が誤って登録され
ることがありうる（その場合，登録から5年経過してしまうと，無効審判請求によっ
て商標権を無効にすることができなくなる。47条1項）し，そのようなミスがなく
ても，記述的商標については全国的に有名になった場合には3条2項により登
録が可能である（→Ⅱ3(3)参照）。また，普通名称，慣用表示又は記述的商標に
類似する商標が登録されると，商標権の効力は類似する商標にも及ぶので（37
条1号），これら普通名称等が商標権の効力範囲に入ることになる。さらに，
商標登録査定の時点では普通名称ではなかったが，その後普通名称となってし
まったような場合も考えられる（たとえば仮に「ステープラー」を指定商品とする
「ホッチキス」という商標が登録されていたとしても，現在では「ホッチキス」は普通
名称となっているので，26条1項2号に該当することになる）。

　　以上のような状況が考えられるため，3条1項1号から3号までの規定があ
るにもかかわらず，26条1項2号から4号までが設けられている。

　　(iii)　商品等が当然に備える特徴のみからなる商標　　商品等が当然に備え
る特徴（政令で指定するもの）のみからなる商標も，上記の普通名称や記述的表
示と同様に，独占適応性を欠くので（→Ⅱ3(4)(a)参照），商標権の効力は及ばな
い（26条1項5号）。このような形状については，4条1項18号により登録は

認められないが，上記(ii)の商標と同様，審査ミスにより登録される可能性があることや，類似の形状が商標登録されて，その効力範囲にこのような形状が含まれるおそれがあるので，別途 26 条 1 項 5 号が設けられている。

　　(iv)　商標的使用に当たらない使用　　既に述べた通り（→**2**(2)(b)），形式的には商標の使用に該当していても，実質的な使用（指定商品・役務又は類似商品・役務について自他識別機能を果たしているような使用）に当たらなければ，商標の「使用」に該当しないとする，商標的使用論が学説上も実務上も広く支持されている。平成 26 年改正により，このことが明文化されている。すなわち，同改正により追加された 26 条 1 項 6 号によれば，「需要者が何人かの業務にかかる商品又は役務であることを認識することができる態様により使用されていない商標」には，商標権の効力が及ばない。

　　(b)　先使用権　　商標権は全国にわたって効力を及ぼすことのできる，非常に強力な権利であるが，出願や登録料の支払い等，権利を取得して維持するためにはコストがかかる。たとえば，ある市で「a」という名称の美容院を営んでいる A がいるとしよう。A には事業を拡大して別の地域に進出する気がないので，あえて「a」について，わざわざコストをかけて出願して商標権を取得しようとは思っていない。そのようなわけで，A が商標権を取得せずにいたところ，他人 B が「a」とよく似た商標 b について，「美容」を指定役務として商標登録を得たとしたならば，A が美容院の名称として「a」の使用（2条 3 項 3 号から 6 号までのいずれかに該当する行為）を継続すると，その行為は商標権侵害となってしまうのだろうか。

　　もし「a」が A の美容院を示すものとして隣接数県の相当範囲の地域に知れ渡っているのであれば，B の商標登録は 4 条 1 項 10 号違反なので（→Ⅱ**4**(4)(b)(ii)参照），A は無効審判を提起して B の商標登録を無効にすることができるが，残念ながら「a」はそこまで有名でないとしよう。そこまで有名でなくても，その市内で「a」が知られていれば，「a」には一定の信用が蓄積されており，これを変更することは，A や近隣の需要者が不利益を被ることになる。

　　他方，商標権を取得した B にしてみれば，A が「a」の使用をするのを止めさせたいと考えるであろう。このように，限られた範囲で現に信用を獲得している者と，商標権を取得した者との利害を調整する必要があり，そのために法

は 32 条 1 項の規定を置いている。同条によれば，他人の商標登録出願前から使用をしていた商標が，「その商標登録出願の際現にその商標が自己の業務に係る商品又は役務を表示するものとして需要者の間に広く認識されているときは」，その者は，その商標の使用を継続できる（この権利を**先使用権**という）。

　この規定では，「需要者の間に広く認識されている」という，4 条 1 項 10 号とまったく同じ文言が使われている。しかし，同号の「需要者の間に広く認識されている」範囲は，出願人の予測可能性を重視して，隣接数県以上の範囲と解されているが（→Ⅱ4(4)(b)(ii)参照），32 条 1 項で問題となるのは既に獲得されている信用の保護であり，4 条 1 項 10 号とは趣旨が異なるので，32 条 1 項のこの要件は 4 条 1 項 10 号よりも緩やかに解してよいとされている[21]。

　そうすると，上の例でも，A が「a」の使用を開始したのが B による「b」の出願前なのであれば，A に先使用権が認められて，「a」の使用を継続できる可能性も十分あることになる。ただし，その場合でも，B が A の地域に進出した場合に需要者に混同が生ずるおそれがあるので，B は A に対して，「b」との混同を回避するための表示を付加することを請求できる（32 条 2 項）。

　(c)　無効の抗弁　　特許法 104 条の 3 の規定する「無効の抗弁」（→第 2 章Ⅳ2(1)参照）は，商標法にも準用される（39 条）。したがって，商標権が無効審判によって無効にされると認められるときには，その商標権の行使は制限されることとなる。

　　商標法は，公序良俗違反（4 条 1 項 7 号）などの一部の無効理由を除き，無効審判請求できる期間を商標登録から 5 年に限っている（47 条。ただし，4 条 1 項 10 号等を理由とする無効審判請求については，不正競争の目的で商標登録を受けた場合にはこの除斥期間の適用はない）。そこで問題となるのが，この除斥期間の経過により無効審判請求ができなくなった無効理由に基づく無効の抗弁が認められるのかどうかということである。

　　このような除斥期間制度は商標法固有のものであるが，その趣旨は，登録により生じた継続的な状態の保護（最判平成 17・7・11 判時 1907 号 125 頁）だとされる。要するに，登録から 5 年も経過していれば登録商標には信用が蓄積されている（あるいはされつつある）であろうから，登録時に生じていた事情をいつまでも問題にするよりも，現在の状態を保護することを（多くの無効理由については）優先する，

---

21)　東京高判平成 5・7・22 判時 1491 号 131 頁〔ゼルダ事件〕。

という趣旨である。このような趣旨を踏まえれば，無効審判請求の除斥期間が経過した場合には無効の抗弁も主張できないと解すべきである。エマックス事件最高裁判決（最判平成 29・2・28 民集 71 巻 2 号 221 頁。同判決については(4)の記述も参照）もこの見解を採用している。

(3)　商標機能論

(a)　概　要　　他人の登録商標（又はそれと類似する商標）が付されている，その登録商標の指定商品（又はそれに類似する商品）を販売したり輸入したりする行為は，原則として商標権侵害に当たる。そうすると，商標権者自身が販売したり，使用権者に販売させた商品を，第三者が販売等する行為も形式的には侵害の要件を充たすことになってしまう。しかしながら，そのような行為であっても，登録商標の**出所表示機能**と**品質保証機能**を害さないのであれば，そのような行為は商標権侵害の実質的違法性を欠くものとして，商標権侵害には当たらないと解されている。このような考えを**商標機能論**という。

出所表示機能とは，同一商標の付された商品・役務の出所の同一性を示す機能であり，品質保証機能とは，同一商標の付された商品・役務の同質性を示す機能である。これらの二機能が正しく発揮されていれば，個別の商品（役務）に対する評価が，同一商標の付された商品（役務）全体の評価として妥当することとなる。その結果，需要者は商標を頼りに商品（役務）を選択できる一方，その商品（役務）の評価が向けられる先（出所）である商標権者は，その評価を落とさないように，商標を付した商品（出所）の品質の維持・向上に努めるようになる。そして，このことは，商標法の目的である事業者の信用維持や需要者保護（1 条）にまさに合致する。

以上のことから，これらの二機能を害していない行為，つまり商標権者が国内で流通させている商品と出所も品質も変わらない商品を流通させる行為，を侵害に問うことは，商標法の目的に資するところがないので，侵害にすべきでないと考えられているのである。

権利者自身が流通させた商品を，第三者が輸入したり販売したりすることについては，特許法や著作権法においては消尽論により侵害が否定されている（→**第 2 章Ⅲ 2**(2)，**第 3 章Ⅳ 1**(2)参照）が，商標法の場合は，消尽論ではなく商標機能論によって侵害が否定されている。消尽論は，市場で商品が自由に流通す

ることの利益と権利者の利益とを秤にかけることで生まれたものであるが，商標機能論はこれとはまったく違った発想にもとづいている。商標法の場合，商標が流通において正しく機能を発揮することこそが重要であり，これに関係しない権利者の利益は考慮されないのである。

　(b)　並行輸入　　商標機能論が問題となる，典型的なケースが並行輸入（→**第 2 章Ⅲ 2**(2)(c)参照）である。昭和 45 年に，万年筆の並行輸入について，「需要者に商品の出所品質について誤認混同を生ぜしめる危険は全く生じないのであって，……商標の果す機能は少しも害されることがない」ことを理由に商標権侵害を否定した，パーカー事件判決[22]が登場して以来，並行輸入に関する裁判例は，商標機能論を採用してきている。次に紹介する最高裁判例もそれまでの裁判例の立場を踏襲して，商標機能論を採用している。

フレッドペリー事件最高裁判決（最判平成 15・2・27 民集 57 巻 2 号 125 頁）

　上記のパーカー事件は，商標権者の外国の代理店で販売されていた商品を，輸入業者が購入して日本に輸入していたという，並行輸入の典型的なケースであった。これに対し，フレッドペリー事件はそのような典型的なケースではなく，複雑な事件であった。すなわち，同事件では，商標権者 X とのライセンス契約にもとづいてシンガポールでポロシャツを生産していた A が，その契約に違反して中国の B に下請け製造させたポロシャツを，C を通じて Y が輸入する行為が問題となった（→**図表 4-4** 参照）。

　判決は，並行輸入が商標の出所表示機能及び品質保証機能を害していないといえるためには，次の三つの要件をすべて充たすことが必要であることを示した。その要件とはすなわち，

　①　相手方（輸入者）の使用する商標が外国における商標権者又は当該商標権者から使用許諾を受けた者により適法に付されたものであること（適法性要件），
　②　当該外国における商標権者とわが国の商標権者とが同一人であるか又は法律的若しくは経済的に同一人と同視しうるような関係があることにより，当該商標がわが国の登録商標と同一の出所を表示するものであること（同一人性要件），及び
　③　わが国の商標権者が直接的に又は間接的に当該商品の品質管理を行いうる立場にあることから，当該商品とわが国の商標権者が登録商標を付した商品とが

---

[22]　大阪地判昭和 45・2・27 判時 625 号 75 頁〔パーカー事件〕。

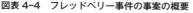

図表 4-4　フレッドペリー事件の事案の概要

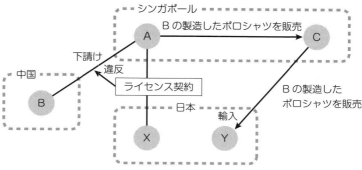

　　当該登録商標の保証する品質において実質的に差異がないこと（品質の実質的
　　同一性要件），

の三要件である。

　このうち，①及び②の要件は出所表示機能に関係する要件である。つまり，問題
の輸入品に適法に商標が付されていて（適法性要件），その商標を付した主体とわ
が国の商標権者が同一人であるか，同一人といって差し支えない関係にあるかすれ
ば（同一人性要件），その輸入品と，商標権者が国内で流通させている商品との出
所は同一であるといえるから，これらの要件が充足されれば出所表示機能は害され
ていないといえる。そして，この①の適法性要件にいう「適法」とは単に法令や契
約に違反していないことを指すのではなく，商品の品質管理に影響するような違反
がないことを意味するものとされている。品質管理に影響がないような違反（たと
えば契約に定められた対価が期日までに支払われなかったというような違反）があ
ったとしても，輸入品の品質については商標権者が指示した通りのものなのであれ
ば，商標権者を出所と評価して問題ないからである。

　③の要件は品質保証機能に関係している。ここでは，単に輸入品の品質と商標権
者が国内で流通させている商品の品質が実質的に同じかどうかということだけでは
なく，商標権者による品質管理が及んでいる結果として品質が実質的に同じである
ことが要求されている。商標権者による品質管理は，出所表示機能にとっても品質
保証機能にとっても重要であると考えられているのである。

　本判決は，本件においては商標は適法に付されていないと判断している。このラ
イセンス契約中，Ａの違反した条項は製造者を限定する条項（勝手に下請けに出
すことを禁止する条項）と製造地を限定する条項であったのであるが，判決はこれ
らの条項の違反行為が商標権者による商品の品質のコントロールにとって重要と考
えたのであろう。

(c) その他のケース　　商標機能論によって判断されるその他のケースとしては，権利者が適法に流通させていた商品に第三者が無断で手を加えて販売等するケースが挙げられる。このうち，権利者の商品を改造した商品を販売等する行為については，改造の前後で品質が変わってしまうはずであるから，改造後の商品の出所が商標権者であるともはやいえなくなってしまっており，また，登録商標の品質保証機能を害することになるので，そのような行為が商標機能論で許されることはない。

他方，権利者の商品が小分けをされる場合は，問題の商品がどのような性質の商品かによって結論が異なる。問題の商品が食品であって，密封状態の商品を開封した上で小分けがされるような場合，開封によって食品の保存状態が影響を受けると考えられるため，品質保証機能が害されることになるであろう[23]。これに対し，箱に密封された小袋が10個入っているものを，密封をそのままに5個ずつ別の箱に移したものを販売する場合や，そもそも元の包装から取り出しても品質に影響がないような商品を小分けして販売する場合であれば，出所表示機能・品質保証機能ともに害されていないと評価されると思われる。

(4) 権利濫用

形式的には商標権の行使に該当するような場合であっても，そのような権利行使を認めることが商標法の目的とする事業者の信用の維持にまったく資さないばかりか，市場における競争秩序を害するようなことになる場合には，そのような権利行使は権利の濫用（民法1条3項）に当たるものと評価され，権利行使は許されない。

そのような例として，ウイルスバスター事件[24]が挙げられる。この事件は，「ウイルスバスター」という著名なウイルス対策ソフトを製造販売するYに対して，「電子計算機のプログラムの設計・作成又は保守」を指定役務とする「ウイルスバスター」商標の商標権者Xが商標権を行使しようとしたというものであった。本件でXの商標はまったく使用されておらず，したがって商標

---

23) 福岡高判昭和41・3・4昭和40（う）406号においては，商標権者の販売していた大袋入りのココアを小分けしたものに商標権者の商標を付して販売する行為が商標権侵害とされている。
24) 東京地判平成11・4・28判時1691号136頁〔ウイルスバスター事件〕。

権者である X の信用を化体するものになっていない一方で,「ウイルスバスター」といえば一般需要者は Y の商品と認識するほど Y 商品が著名となっているという事情があったことから,判決は,本件で X 商標権の行使を認めてしまうと,「Y 標章が現実の取引において果たしている商品の出所識別機能を著しく害し,これに対する一般需要者の信頼を著しく損なうこととなり,商標の出所識別機能の保護を目的とする商標法の趣旨に反する結果を招来するものと認められる。」として,当該商標権の行使を権利濫用とした。

　最高裁判例としては,ポパイ事件[25] が挙げられる。この事件は,漫画「ポパイ」の主人公のイラスト及び「POPEYE」の文字からなる商標を,「ポパイ」の漫画の著作権者に無断で商標登録した者が,その商標権を「ポパイ」の著作権者の許諾を得て「POPEYE」標章を付した商品を販売している者に対して行使しようとした,というものであった。最高裁は,このような権利行使を「客観的に公正な競業秩序を乱すものとして,正に権利の濫用というほかない。」として,商標権侵害を否定している。

　　このポパイ事件がそうであるように,権利濫用とされた事案においては,商標権がそもそも不正目的で取得されていることがある。そのような商標は,4 条 1 項 19 号（→Ⅱ4(4)(c)(iii)）や同項 7 号（→Ⅱ4(4)(d)）に違反して登録された可能性もあり,そのような事実が認められれば,その商標権を無効審判により無効にすることが可能であるし,また,実際に無効にしなくても無効の抗弁（→(2)(c)）によって権利行使はできなくなる。
　　しかし,ウイルスバスター事件のように,商標登録出願時に不正目的があったかどうかが不明であるが,権利行使の段階では不正な目的があるような事案もあり,このような事案では権利濫用を根拠としなければ,商標権侵害を否定することは難しいであろう。
　　また,登録要件の違反があった場合でも,前述の通り（→(2)(c)）無効審判請求の除斥期間が経過した場合には無効の抗弁は認められないが,このような場合であっても前出のエマックス事件最高裁判決は,4 条 1 項 10 号（→Ⅱ4(4)(b)(ii)）に違反して登録された商標権について,権利行使の相手方が同号の広知表示の主体である場合には権利濫用に当たると判示している。

---

25)　最判平成 2・7・20 民集 44 巻 5 号 876 頁。

Ⅳ　類　　似

　ここでは，商標法上の「類似」概念について説明する。商標法上の類似には，商標の類似と商品・役務の類似とがあるが，これらのいずれについても，出所の混同が生ずるかどうかを基準に判断がされている。

1　概　要

　商標法上，他人の登録商標や，他人が既に使用して市場で認知されている商標と「類似」する商標の登録は認められない（4 条 1 項 10 号・11 号。→Ⅱ4(4)(b)参照）。また，他人の登録商標と「類似」する商標の使用は認められない（37条 1 号。→Ⅲ2(1)）。つまり，「類似」というのは，商標登録を認めるかどうかや商標権侵害になるかどうかの線引きをするための重要な概念である。

　ここでいう「類似」には，商標の類似と商品・役務の類似とがある。以下，このことについて詳しくみていこう。

2　商標が類似しているかどうかの判断基準

(1)　総　論

　ある商標と別の商標が類似しているかどうかの判断（これを商標の「**類否判断**」という）の基本は，これら商標の外観（見た目），称呼（呼び方。「呼称」と間違えないこと）及び観念（何をイメージするか）の三要素が，どのくらい近似しているかをみることである。「観念」の近似というのはわかりにくいかもしれないが，たとえば，「天使」という商標と「エンジェル」という商標とは，外観も称呼も異なるが，どちらも天使を想起させるため，このような場合は観念（のみ）共通ないし近似しているということになる。

　これらの三要素が問題になるのは，我々が普段商標を認識・記憶するのに，これら三要素に頼っているからであろう。これらの要素と取引の実情（具体的にどのような実情が考慮されるのかについては次の(2)以下で述べる）を考慮して，混同が生ずるか否かという観点から類否判断がなされる。

　そして，この判断は，二つの商標に同時に接した場合（たとえば問題になる各商標がそれぞれ付された商品が店の同じ棚の隣同士に配置されているような場合）に，

需要者が混同するかどうかという観点からではなく，別々の時間・場所で各商標に接した場合に混同するかどうかという観点から行われる（このような手法を「**離隔的観察**」という）。たとえば商標 a が付されたスポーツ飲料の CM を見てしばらくしてから，コンビニで商標 b が付されたスポーツ飲料を見たときに，二つの商標を同時によく見比べれば混同しないような場合であっても，商標 A の記憶がそれほど鮮明でないために商標 b を商標 a だと思い込んでしまうことがありうるからである。

　以上が類否判断の基本であるが，より具体的な判断方法について，商標登録が認められるかどうかという場面と，商標権侵害になるかどうかという場面とに分けて説明していくこととする。なお，登録場面において類似が問題になる規定はいくつかあるが，ここでは最も使われることの多い，4 条 1 項 11 号における類否判断について説明する。

　(2)　登録場面における類否判断（4 条 1 項 11 号）

　(a)　類否判断の対象——何と何の類似なのか　　4 条 1 項 11 号は，出願された商標が，先願の登録商標と類似する場合（かつ，指定商品・役務が類似する場合）に登録を認めないという規定である（→Ⅱ4(4)(b)参照）。したがって，ここで問題となるのは，出願された商標と，他人の既に登録されている商標（このように，登録場面で，出願された商標と類似しているものとして引用される他人の商標を「**引用商標**」という）であり，これらは願書に記載された商標によって特定されることになる（27 条 1 項は，「登録商標の範囲は，願書に記載した商標に基づいて定めなければならない。」と定めているが，出願段階の商標についても同じように願書にもとづいて特定されることになる）。つまり，基本的には願書に記載された商標同士を比較して類否判断を行うことになる。

　商標の外観・称呼・観念の三要素の共通性・近似性については，この願書の記載だけをみて判断することが可能である。

　(b)　取引の実情の考慮　　しかし，単に願書の記載同士を見比べて，機械的に類似かどうかを判断することはできない。4 条 1 項 11 号の趣旨は，市場で実際に使用された場合に他人の商標と混同が生ずるような商標登録を認めないということであるから（→Ⅱ4(4)(b)参照），ここでいう「類似」は，混同が生ずるかどうかという観点から判断される必要がある。そのためには，出願された

資料 4-5

出願商標　　　　　　　　　　引用商標

商標の指定商品の分野における取引の実情を考慮しなければならない。

　具体例として，氷山印事件[26]をみてみよう。この事件で出願された商標は，**資料 4-5** 記載のものであり，その指定商品は「硝子繊維糸」であった。この商標が，「糸」を指定商品とする「しょうざん」という登録商標（→**資料 4-5**記載）と類似するか否かが問題となった。

　出願商標には「氷山印」と書かれており，これと引用商標「しょうざん」とは称呼が近似している。しかしながら判決は，硝子繊維糸の取引では商標の称呼のみによって商品の識別をするということがほとんど行われていない，という取引の実情から，称呼がこの程度近似しているからといって，他の要素（外観・観念）が大きく異なっている本件においては，出所の混同は生じないとして，両商標は非類似であるとしている。

　たとえば飲食店の役務の商標のように，称呼によって認知されることが多いような「取引の実情」があるのであれば，三要素のうち共通しているのが称呼だけであったとしても，このことが重視されて，（混同が生ずるおそれがあるとして）類似が認められることはありうるが，本件のように，硝子繊維糸（グラスファイバー）の取引ではそのような事情がないのであれば，称呼の近似性は重視されないことになる。このように，三要素のうちどの要素を重視するかは，指定商品の業界における具体的な事情によって左右されることになる。

　この判決は上記のことを示した初めての最高裁判決であり，この判決の「商標の類否は，対比される両商標が同一または類似の商品に使用された場合に，

---

[26]　最判昭和 43・2・27 民集 22 巻 2 号 399 頁。

商品の出所につき誤認混同を生ずるおそれがあるか否かによって決すべきであるが，それには，そのような商品に使用された商標がその外観，観念，称呼等によって取引者に与える印象，記憶，連想等を総合して全体的に考察すべく，しかもその商品の取引の実情を明らかにしうるかぎり，その具体的な取引状況に基づいて判断するのを相当とする。」との部分は，その後の判決において繰り返し引用されている。

（3）　侵害場面における類否判断（37条1号）

（a）　類否判断の対象　　商標法37条は，登録商標と類似する商標を登録商標の指定商品・役務と類似する商品・役務について使用する行為を商標権侵害とみなすと規定している。したがって，ここで問題となるのは，登録商標と，実際に使用されている相手方の商標とが類似しているかどうかである。

登録商標については，既に述べた通り，願書の記載によって特定される（27条1項）が，実際に使用されている商標については，その商標が具体的にどのように使用されているのかということについての，裁判における当事者の主張・立証によって特定されることになる。そのような特定のためには，その相手方の商標がどのような商品（役務）にどのような形で表示され，その商品（役務）がどのような需要者層を対象にどのような販売ルートで売られているのか等の事情を明らかにする必要がある。その上で，相手方の商品の需要者が混同するおそれがあるかどうかが問題となる。

たとえば，登録場面の類否判断の場合，出願商標の指定商品が「衣服」であれば衣服の需要者一般を対象として（衣服一般についての取引実情を考慮して）混同のおそれについて判断がされるが，侵害場面においては，相手方の商標が付されている商品は（単に「衣服」であるだけでなく）「百貨店のベビー服売り場で販売されているベビー用肌着」などというように具体的に特定され，そのようなベビー用肌着の需要者を対象に混同のおそれについて判断される。このように，侵害場面においては，相手方の使用商標に関するより具体的な取引の実情が考慮されることになる。

（b）　取引の実情の考慮　　侵害場面における取引の実情の考慮の具体例として，小僧寿し事件[27]をみてみよう。この事件は，登録商標「小僧」と，持帰り品としてのすしのフランチャイズチェーンの表示である「小僧寿し」商標と

の類否が問題となった。

「小僧」と「小僧寿し」とは直感的には類似していると誰もが思うであろうが，法的な判断となれば別である。判決は，類否判断の基準について上記の氷山印判決を引用した上で，「小僧寿し」が有名なフランチャイズチェーンの表示として広く一般に認識されていることから，「小僧寿し」全体が不可分一体のものとして，「コゾウズシ」の称呼を生ずること（「コゾウ」だけを分離して認識・呼称されることがないこと）及び，「小僧寿し」からは企業グループとしての小僧寿しチェーン又はその製造販売品が観念されるということを重視して，両商標は類似しないと結論している。

3　商品・役務が類似しているかどうかの判断基準

商品・役務の類否判断においても，混同が生ずるかどうかを基準に判断されることとなる。ここでいう「混同」とは，「同一営業主の製造又は販売にかかる商品と誤認される」[28]こと（役務の場合は，同一営業主の提供にかかる役務と誤認されること）である。なお，混同は商品同士・役務同士だけでなく，商品と役務との間（たとえば，「コーヒー豆」という指定商品と「コーヒーの提供」という役務）でも生じうる。

　　「他人の業務に係る商品又は役務と混同を生ずるおそれがある商標」の登録を認めない規定である4条1項15号にいう「混同」については，「広義の混同」を含むものと理解されている（→Ⅱ4(4)(b)(iii)参照）。これに対し，上記の商品（役務）の類否判断で問題となる「同一営業主の製造又は販売にかかる商品と誤認される」ことというのは，狭義の混同である。商標権は登録によって発生し，商標権者が商標を使用していない地域や業界の事業者の商標の使用や登録出願にも影響を与えることから，「広義の混同」のような広い範囲で類似性を判断すると，他の事業者の商標選択に与える影響が過大になると考えられているためである。
　　もちろん，商標権者が登録商標を使用して有名にした結果，異業種で第三者が類似商標を使用すると混同のおそれが生ずるようなケースは実際に生じうる。しかし，そのような状態にまで至るのは登録商標のごく一部にすぎないと考えられるので，そのようなケースがありうることをもって登録商標一般に広範な効力を認めるわけにはいかない。かけ離れた業種における周知・著名商標の使用行為については，不

---

27)　最判平成9・3・11民集51巻3号1055頁〔小僧寿し事件〕。
28)　最判昭和36・6・27民集15巻6号1730頁〔橘正宗事件〕。

正競争防止法2条1項1号や2号（→**第5章Ⅱ及びⅢ参照**）で対処するのが妥当であろう。

　判断対象については，商標の類似で述べたことと同様のことが当てはまる。つまり，登録場面（4条1項11号が適用される場面）においては，願書に記載された指定商品（役務）同士が判断対象となり（27条2項），侵害場面においては，願書に記載された指定商品（役務）と，相手方が実際に商標を使用している商品（役務）とが判断対象となる。

　これらの判断対象に応じて，取引の実情が考慮されることになる。具体的には，商品の用途の共通性，販売ルートの共通性や，需要者層の共通性など（役務の場合は，業種の共通性，提供の手段・目的・場所の共通性，需要者層の共通性など）が考慮される。

　たとえば，侵害場面において，原告の登録商標の指定商品が「写真機械器具」であり，被告が商標を使用していたのが「監視用 CCD カメラ」であった事案において，両商品の「用途が異なり，その製造業者及び需要者も異なること，写真機械器具を扱っている店舗でも，特に大型の店舗でない限り，一般的には，監視用 CCD カメラを扱っておらず，販売経路が異なること，監視用 CCD カメラ及びカメラ関連製品を扱っている大型店舗においても，監視用 CCD カメラと写真機械器具の売り場は異なること等の事実を総合考慮」して，両商品は類似しないと判断した例[29]がある。

---

29)　東京地判平成 15・12・10 平成 14（ワ）15521 号〔WATEC 事件〕。

第5章　不正競争防止法

Ⅰ■不正競争防止法の全体像

　ここでは，不正競争防止法の全体像について概観する。同法は「特許権」や「著作権」のような権利をあらかじめ発生させるのではなく，「不正競争」により利益を侵害された者を救済するという「行為規制」型の知的財産法である。

1　不正競争防止法の特徴

　不正競争防止法（以下，「不競法」という）は，その名の通り，市場における公正な競争の実現のため，不正競争を禁圧するための法である。不競法の特徴として，「**行為規制**」であることが挙げられる。不競法は，特許法などのように知的財産（特許法の場合は発明）に対する権利（特許法の場合は特許権）を発生させて保護するのではなく，「不正競争」として定義される特定の行為により利益を侵害された者を保護するという構造になっている（なお，特許法，著作権法や商標法のように「権利」を発生させて知的財産を保護する法を「**権利付与法**」という。→第1章Ⅲ1参照）。すなわち，不競法は，2条1項各号において，同法上「不正競争」となる行為を列挙しており，その不正競争によって営業上の利益を害されるか，そのおそれのある者に当該行為者に対する差止等請求権（3条）及び損害賠償請求権（4条）を認めている。

　権利付与法においては，差止請求をできる主体が明確に限定されている。た

283

図表 5-1　不正競争行為の類型とその具体例

不正競争となる行為（2 条 1 項の号番号）	具体例
周知表示主体混同行為（1 号）	本章Ⅱ参照
著名表示の冒用（2 号）	本章Ⅲ参照
商品形態の模倣（3 号）	本章Ⅳ参照
営業秘密の不正利用（4 号～10 号）	本章Ⅴ参照
限定提供データの不正利用（11 号～16 号）	本章Ⅵ参照
技術的制限手段の回避装置の提供（17 号・18 号）	DVD のコピープロテクションを解除するプログラムの提供（17 号），ケーブルテレビ放送を「タダ観」するためのスクランブル解除装置の販売（18 号）
ドメイン名の不正取得（19 号）	A 社に常識外の高価格で買い取らせるために，A 社の社名や A 社の商品名を含むドメイン名（○○○.com や△△△.jp など）を取得
品質誤認行為（20 号）	外国産のウナギに「国産」の表示を付して販売
競業者に関する虚偽事実の告知・流布（21 号）	「A 社はわが社の有する知的財産権を侵害している」との虚偽の事実を，A 社の取引先に告知
代理人等による商標不正使用（22 号）	A 国で「かばん」について商標権を取得している B 社の代理人が，B 社に無断でその商標の付されたかばんを（日本で）販売

とえば，特許法上，特許権侵害行為に対し差止請求のできる主体は，特許権者と専用実施権者に限定されている（特許法 100 条）。これに対し，不競法の場合，差止請求をできる主体であるかは，問題の不正競争によって営業上の利益を害される（おそれのある）者であるか否かで決まるので，解釈の余地が大きい（→Ⅱ4 やⅣ5 参照）。この点も同法の特徴の一つである。

2　規制される行為

　不競法 2 条 1 項各号において掲げられている不正競争は，1 号から 22 号まで多岐にわたるが，Ⅱ以降で詳しく扱うのは，特に重要と思われる，営業上のマーク（商品等表示）に関する同項 1 号・2 号，商品形態に関する同項 3 号，営業秘密に関する 4 号から 10 号まで，及び限定提供データに関する 11 号から

16号までである。これらを含め，同項各号の不正競争をまとめたものが，**図表5-1**である（規定のイメージをつかみやすくするために，Ⅱ以降で扱わない不正競争については，具体例も紹介している）。

　上記の不正競争については，差止め（3条1項）や損害賠償（4条）等の民事的救済が認められるほか，一部の行為には刑事罰（21条）も用意されている。また，上記の不正競争の他，国際約束にもとづく禁止行為として，外国の国旗の商業上の使用行為（16条），国際機関の標章の商業上の使用（17条）及び外国公務員等への贈賄（18条）が定められており，これらに違反すると，刑事罰の対象になる（21条2項7号）。このように，不競法の守備範囲はとても広い。

Ⅱ　周知商品等表示混同行為

　　ここでは，不競法2条1項1号の不正競争とそれに対する規律について概観する。この規定の解釈においては，需要者の混同のおそれを極力放置しないような解釈論が採用されている。

1　規制の目的

　不競法2条1項1号（以下，「1号」という）は，市場で既に他人の表示として認知されているものを使用して，需要者に混同を生じさせる行為を規制するためのものである。1号は，商標法とともに，マークの識別力を保護するための規定といえる（商標法との保護の方法の違いについては，→第4章Ⅰ2参照）。

2　1号の不正競争の成立要件

　1号は，他人のものとして需要者に広く認識されている「商品等表示」と同一ないし類似の商品等表示を使用することで，需要者に商品や営業の出所について混同を生じさせる行為を不正競争としている。以下，これらの要件について説明する。

(1)　商品等表示

(a)　概　要　　1号は，不競法上の「**商品等表示**」を「人の業務に係る氏名，商号，商標，標章，商品の容器若しくは包装その他の商品又は営業を表示するもの」と定義している。要するに，他人の商品や営業を識別する機能（出所表

示機能）をもつもの一般をいい，商標法上の「商標」（→**第4章Ⅱ1**）のような
限定はない。

　また，ここでいう「営業」とは，「取引社会における事業活動」全般を包含
する広範な概念であり[1]，これには非営利事業も含まれうるから，そのような
事業を示す表示も商品等表示たりうることになる。たとえば，私立病院の事業，
伝統芸能の家元の姓（流派名）や学校教育事業などについて，「営業」該当性が
肯定されてきており，したがって，これらの事業を示す表示は商品等表示に当
たることになる。

　(b)　商品形態に関する問題　　商品等表示の典型は文字や記号などで構成さ
れるマークであるが，1号が例示しているように商品の容器・包装も商品等表
示たりうるし，商品の形態であっても商品等表示と認められることがある。た
だし，商品の形態は通常は商品の識別のためではなく，機能や美観の観点から
選択されるものであるため，これが出所表示機能を有すると認められるための
ハードルは高い。具体的には，商品の形態が客観的に他の同種商品とは異なる
顕著な特徴を有していること（特別顕著性），及び，その形態が特定の事業者に
よる長期間の独占的使用や極めて強力な宣伝広告や爆発的な販売実績等により
その特定の事業者を示すものとして周知になっていること（周知性）が必要と
される（この「周知性」は後述の周知性要件と同じであり，要するに商品形態の場合は，
「商品等表示」に当たるかどうかの判断と周知性の判断が一体となっている）。

　このような基準で裁判例で商品等表示として認められた商品形態としては，
携帯ゲーム機「たまごっち」の形態[2]，無印良品の「ユニットシェルフ」の形
態[3]など多数ある。また，同様の基準を喫茶店の店舗の外観（内外装）の商品
等表示性の判断に用いて，これを肯定した裁判例もある[4]。店舗の外観は，本
来的には自他識別以外の目的で採用され，かつその本来の目的上様々な制約を
受けうるという点で商品形態と共通しており，これらを同様に扱うのは妥当と

---

1)　最判平成18・1・20民集60巻1号137頁〔天理教事件〕。なおこの判決では，宗教法人の本
　来的な宗教活動は同法にいう「営業」に当たらないとされた。
2)　東京地判平成10・2・25判タ973号238頁〔たまごっち事件〕。
3)　東京地判平成29・8・31平成28（ワ）25472号〔ユニットシェルフ事件〕（控訴棄却：知財高
　判平成30・3・29平成29（ネ）10083号）。
4)　東京地決平成28・12・19平成27（ヨ）22042号〔コメダ珈琲店舗外観事件〕。

いえる。

　商標法のところで述べたように（→**第4章Ⅱ3(4)**），商品の機能を確保するために必然的に選択される形態（このような形態を**技術的形態**という）について保護をすると，その商品自体の独占を許し，競争自体を制限することになってしまう。たとえば，ルービックキューブの基本的な形態（各面が9ブロックに区分された六面体）は，特定の商品（ルービックキューブ）を示すものとして周知であるといえるであろうが，だからといってこの形態を商品等表示として保護すると，同種の商品を販売すること自体が禁止されてしまう。2条1項1号や同項2号は，商標法と同様に，複数の出所から同種の商品が販売されていることを前提に，それらの商品に適切な表示が使用されることを保護して，品質競争を促進するためにある規定である。したがって，その保護が競争自体を制限することになるような形態については，たとえ周知であっても「商品等表示」には当たらないとされる（技術的形態の保護が否定される理由については，これとは異なる説明も考えられる。詳細については**終章**を参照されたい）。

(2)　周知性

　1号の不正競争に該当するためには，他人の商品等表示が「需要者の間に広く認識されている」ものであることが必要である。これを**周知性要件**という。市場で同じ表示を用いる者が複数いる場合に，その者たちのうちの誰が保護される資格を有するのかは，商標法の世界では誰が登録商標を有しているのか（という形式）で決まるのに対し，不正競争防止法の世界では，市場において現に需要者に誰の表示と認識されているのか（という実質）で決まる。

　では，具体的にどの程度の範囲の者に知られていれば，「需要者の間に広く認識されている」（周知である）といえるのであろうか。札幌市内でレストランを経営しているＸが，同名のレストランを大阪市で営んでいるＹに対し，Ｙのレストランの表示使用が1号に該当するとして，その使用の差止めを求めているとしよう。Ｘの表示が需要者の間でどこまで広く知られていれば，周知であるといえるのであろうか。

　この点の検討にあたっては，この要件で問題となる「需要者」とは誰なのかをまず考える必要がある。後述するように，1号の目的は，混同惹起行為を防止して，商品選択の基準として表示が市場において正しく機能することを守る

というものなので，1 号にいう「需要者」とは，混同（「混同」の具体的内容についても後述する）により商品選択を歪められる者が誰かという観点から決められることになる。上の例で仮に Y の行為によって混同させられる者がいるとすれば，それは X のレストランの表示を X のものと（正しく）認識して X のレストランを利用する者ではなく，Y の表示を X の表示と認識して Y のレストランに入る者であろう。したがって，ここで問題となる「需要者」は，Y のレストランの需要者ということとなる。

> 1 号にいう「需要者」とは，商標法上の「需要者」（→**第 4 章 I 1**(2)参照）と同
> じ概念であると考えてよい。

　Y の需要者が X の表示を知らないのであれば，混同は起こりようがなく，逆に，Y の需要者が X の表示を知っているのであれば，混同が起こる可能性がある。この観点からは，差止めを求める相手方（Y）の商品や営業の需要者が，差止めを求める者（X）の表示を知っているかが決定的に重要な問題であり，相手方の商品や営業とは無関係な地域で知られているかどうかは問題にならないということになる。そして，相手方の地域で知られているのであれば，それがたとえ狭い範囲であっても，混同のおそれが生じうるのであるから，周知性要件は充たされると考えられている。

　以上から，上の例では，Y の営業地域（Y の需要者がいる地域）である大阪市において，X の表示が知られていれば，周知性要件を充たすのに十分である，ということになる。X が大阪市で営業活動をしていないとしても，この結論は変わらない。X が実際にそこで営業活動をしていようといまいと，X の表示が Y の需要者に知られているのであれば，Y の需要者が不利益（混同によって誤った選択をすること）を被るおそれがあり，そのようなおそれを放置すべきでないからである。なお，上の例で，X の表示がそもそも札幌市でしか知られていないのであれば，Y の需要者との関係では周知性が否定されるが，札幌市で同名のレストランを Z が開業した場合には，Z の需要者との関係では X の表示が周知であるということになる。札幌市内であれば混同の生ずる可能性があるからである。

（3）　類似性

1号において，他人の周知な商品等表示と「類似」の商品等表示であるか否かは，「取引の実情の下において，取引者，需要者が，両者の外観，称呼，又は観念に基づく印象，記憶，連想等から両者を全体的に類似したものとして受け取るおそれがあるか否か」という基準により判断される[5]。一見すると，商標法上の，商標の類似の判断基準（→第4章Ⅳ2参照）に似ているが，1号の場合，類似要件とは別に混同要件があるという点に注意が必要である。周知性要件のところで述べた通り，1号の趣旨は混同防止にあるので，混同が放置されることのないように，類似の範囲を広く解した上で（すなわち，商品等表示同士を対比して，混同が生じないと言い切れないような場合には類似性を肯定するというような解釈をした上で），具体的な混同のおそれの有無を次の混同要件で判断するべきであろう。

（4）　混同行為

1号でいう「混同を生じさせる行為」には，現実に混同を生じさせる行為のみならず，混同を生じさせるおそれのある行為も含まれると解されている。また，ここでいう「混同」とは，「**出所の混同**」であるといわれている。**第4章**でも述べたが，商品や役務の質を購入する前にあらかじめ知ることができない需要者にとって，表示によって識別される出所が信頼できるかどうかは商品選択の重要な基準である。出所の混同行為は，他人の周知表示を利用して，出所について需要者に誤った情報を与えた上で，自己の商品や役務を購入させようとする行為であり，法がこれを「不正競争」として規制するのは納得できるところであろう。

出所の混同の典型例は，周知表示の営業主体自身が出所であるという誤信である（**狭義の混同**）。たとえば，PCの表示として周知な表示を，その出所である事業者Xと無関係なPCメーカーが，自身の製造したPCに同一の表示を付して販売したような場合に需要者に生じる混同がこれに当たる。それだけでなく，経営の多角化が進んでいる現代では，ある業界で定評を得た表示を，異業種に進出する際に用いるというのも珍しくないので，Xが現在ビジネスを行

---

5)　最判昭和58・10・7民集37巻8号1082頁〔日本ウーマンパワー事件〕，最判昭和59・5・29民集38巻7号920頁〔フットボール・シンボルマーク事件〕。

っている業種以外の業種において X 表示と同一・類似の表示が用いられた場合であっても，出所の混同は生じうる。さらに，X 自体が異業種に参入したとは考えないまでも，X の関連企業が X 表示を用いてビジネスを行っているのではないか，と需要者が誤信する場合（**広義の混同**）についても，出所の混同に含めてよい。たとえば，X の表示がメガネに使用されたとしても，そのメガネの需要者に X の表示が周知であるなどの事情があれば，広義の混同の生ずる可能性がある。

　このように解すると，当事者間に直接の競争関係がないようなケースであっても「不正競争」に該当することとなるので，これを奇異に思う読者もいるかもしれない。しかし，直接の競争関係がない場合であっても，無関係な他人の製造したメガネの品質の評価が，（混同があるため）X に向けられることを許すと，長期的にはXの信用に影響することとなる。またそもそも，狭義の混同行為であれ広義の混同行為であれ，需要者の自由意思での商品選択を妨げる効果をもつことに変わりはない。需要者が自由意思で商品や役務を選択することは，自由競争が成立するための前提であり，それを妨げる行為は，単に競争の相手方に対してだけではなく，競争秩序に対して不正な行為といえるだろう。

　判例も，混同の認定のためには，当事者間に競争関係が存在することを要しないとしており，1 号にいう「混同」には「いわゆる親会社，子会社の関係や系列関係などの緊密な営業上の関係が存するものと誤信させる行為」[6] や，「同一の商品化事業を営むグループに属する関係が存するものと誤信させる行為」[7] も含まれると判示してきている。上記の通り，狭義の混同のみならず，広義の混同のおそれも，表示主体や社会に不利益をもたらすものであり，判例もこのことを重視しているといえる。

3　保護の対象にならない行為

　不競法 19 条は，2 条 1 項各号の不正競争の区分に応じて，民事的請求や刑事罰に関する規定の**適用除外**（以下，単に「適用除外」という）を定めており，これに該当する行為に対しては，差止めや損害賠償請求等の民事的請求はできず，

---

6)　前掲注 5）日本ウーマンパワー事件。
7)　前掲注 5）フットボール・シンボルマーク事件。

また，これらの行為は刑事罰の対象にもならない。1号の不正競争については，普通名称や慣用表示を普通に用いられる方法で使用する行為（19条1項1号），自己の氏名を不正な目的でなく使用する行為（同項2号），及び他人の商品等表示が周知になる前からの継続使用（同項3号）が適用除外となっている。

　これらのうち，後二者に該当する場合，その表示の使用者に対して，周知表示の主体は，周知表示との混同を防ぐのに適当な表示を付すべきことを請求することができる（19条2項。これを**混同防止表示付加請求**という）。

4　請求権者

(1)　営業上の利益

　不正競争によって，「営業上の利益を侵害され，又は侵害されるおそれがある者」（以下，この者を「請求権者」と呼ぶ）は，不正競争行為者に対して，（その行為が前述の適用除外に当たらない限り）その行為の差止め（3条1項）や損害賠償（4条）等を求めることができる。ここでいう「営業上の利益」は，営業活動上の何らかの経済的利益であればよく，差止請求の場合は，その利益の具体的な金銭的価値を問われることはない。

　1号の不正競争の場合，特段の事情がない限り，営業上の利益が害されるおそれは肯定される[8]。1号に該当するということは，混同のおそれがあるということであり，そのことは周知表示の主体が，自分が提供していない商品や役務の質について，需要者から評価を受けるおそれがあることを意味する。そのようなおそれを放置すれば，周知表示主体に信用低下などの不利益がもたらされることになるだろう。そこで，混同要件と同様，この「営業上の利益」の要件も最大限広く解されているのである。

(2)　請求権者の範囲

　前述の通り，不競法上の請求権者の範囲は，権利付与法における請求権者の範囲ほど明確ではなく，「営業上の利益を害される（おそれのある）者」の解釈いかんで変化する幅が大きい。そして，この解釈は，問題となる不正競争が規制されている趣旨に従ってなされるものである。では，1号の不正競争に対す

---

8)　最判昭和56・10・13民集35巻7号1129頁〔マックバーガー事件〕。

る請求権者には，どの範囲の者が含まれるのであろうか。自ら表示を周知にした者（周知表示の付されている商品や営業の出所と認識される者）が当てはまることは間違いないが，次に述べる通り，その者以外の者も含まれる。

　1号の請求権者にどの範囲の者が含まれるのかを示した判例として，フットボール・シンボルマーク事件最高裁判決[9]がある。この事件では，アメリカのナショナル・フットボール・リーグに所属するフットボールチームのシンボルマークの管理のために米国で設立された会社Aから，そのマークについてのわが国における独占的使用権及び再使用権を与えられたXが請求権者になるか否かが問題となった。

　　　「**再使用権**」というのは，おおもとの使用許諾者（本件ではA）から使用権を与えられた者（使用権者。本件ではX）が，さらに別の者（本件では日本国内の事業者）に使用権を与えることのできる権利のことである。つまり，本件で日本国内におけるマークの使用を許諾していたのは，Xであったということである。

　判決は，1号の不正競争が問題となる場合の請求権者には，当該行為により「再使用権者に対する管理統制，周知表示による商品の出所識別機能，品質保証機能及び顧客吸引力を害されるおそれのある者も含まれるものと解するのが相当である。」と述べて，Xが請求権者であることを認めている。

　このように，1号の下では，周知表示の出所表示機能等の各種機能にかかわる利益が「営業上の利益」とされているといえ，表示を周知にした者に限らず，その各種機能の維持発展に努めている者か否かという観点から，請求権者の範囲が広げられているといえる。

---

9)　前掲注5）フットボール・シンボルマーク事件。

Ⅲ █ 著名商品等表示冒用行為

　ここでは，不競法2条1項2号の不正競争に対する規律について概観する。
この規定が保護しているのは著名表示の財産的価値という私的利益であるので，
需要者の混同防止という公益的な目的を有している1号とは対照的に，慎重
な運用がなされている。

1　規制の目的

　不競法2条1項2号（以下，「2号」という）は著名な商品等表示に特別な保護
を与える規定である。1号とは異なり，2号には「混同」要件は存在しない。2
号の不正競争によってもたらされる不利益として想定されているのは，**稀釈
化**（「ダイリューション」ともいう）という不利益だからである。

　「稀釈化」とは，商品等表示が喚起するイメージ（という財産的価値）を弱め
ることである。たとえば，清涼飲料水のブランドとして著名な表示aと類似す
る表示が建設機械の表示として使用されたとしよう。aのブランドイメージが
建設機械とかけ離れていればいるほど，出所の混同は生じにくくなるが，仮に
混同の生ずるおそれがないとしても，問題の建設機械に接した需要者は，今後
aから建設機械も想起するようになるだろう。aの表示からもともと喚起され
ていた連想（清涼飲料水やそれに関する好ましいイメージなど）が稀釈される（薄め
られる）という意味で，このような現象を「稀釈化」というのである。

　著名な表示というものは，多くの場合，特定の（好ましい）イメージを喚起
させるために莫大な宣伝広告費がかけられている。そのようにして培ったイメ
ージが，無関係な者によって稀釈化されるのは，その著名表示の主体にとって
我慢ならないことであろう。つまり，2号は，「混同」という公的な不利益では
なく，著名表示主体のもっぱら私的な利益を保護するためのものといえるだ
ろう。

　　著名表示が，それが本来使用されているのとはかけ離れた商品等に使用される ケ
　ースの中には，単に元の連想を稀釈するだけでなく，負のイメージを付け加える よ
　うなものがある。たとえば，上の例で，aが殺虫剤の表示に使用されたり，風俗店
　の表示に使用されたりした場合には，aが元々喚起していたイメージを害すること

になるだろう。このような不利益は，稀釈化の中でも特に「**汚染**」と呼ばれることがある。

2　2号の不正競争の成立要件

2号は，他人の商品等表示として著名な商品等表示と同一又は類似の表示を，自己の商品等表示として使用する行為を不正競争としている。以下，これらの要件について説明する。

(1)　著名性

2号には混同要件がない代わりに，需要者の認識について，1号では「周知」（「需要者の間に広く認識されている」）だったところが2号では「著名」になっている。1号の周知性要件の場合，前述の通り（→Ⅱ2(2)），表示が知られている地域が狭くても，請求の相手方がその地域で営業をしているのであれば，この要件は充足される。このような解釈がされているのは，混同を防止するという1号の目的のためである。2号は，混同が生じない場合，すなわち商品等表示の本来の機能である出所表示機能が害されない場合であっても，表示主体の私的な利益（ブランド価値）を特別に保護するための規定なのであるから，著名性が認められるためのハードルは高く設定されるべきである。

以上の理由から，学説上は，全国的に有名な表示でないと2号の著名性要件を充たさないとする説が有力である。

(2)　「自己の商品等表示として」

2号には，「自己の商品等表示として」という，1号には存在しない要件が存在する。この要件が問題となるのは，次のような場面である。ウイスキーの製造業者であるYが，その製造する「y」という表示の付されたウイスキーの広告に，自動車会社Xが製造する高級車の影像と，その高級車の表示「x」を使用したとしよう。つまり，このケースでYは自己の商品の表示として「y」を，他人の商品の表示として「x」を使用している。「x」と「y」が類似していれば2号の不正競争になるが，類似していないような場合について考えてみよう。仮に「自己の商品等表示として」という要件がなければ，YはXの商品等表示と同一の表示である「x」を使用しているといえるので，この行為が2号の不正競争となる可能性がある。しかし，現実にはこの要件が存在するため，Y

が「x」を使用したこと自体は 2 号の不正競争とならない。

　このケースで，仮に「y」と「x」とが類似していないとしても，Y が「x」やそれが付されている高級車の影像によって喚起される高級感などの好ましいイメージを，自己のウイスキーの広告に利用しているのは確かであろう。しかし，このような行為まで規制対象としてしまうと，自己の商品の品質の優位性を示すために，広告において他社製品と比較するような行為も，その他社製品の表示が著名であれば規制されるということになりかねない。このような需要者にとって有益な情報の提供行為を，たとえ稀釈化が生じているとしても，著名表示主体の私益保護のために規制するのは行きすぎであろう。このような理由から，「自己の商品等表示として」という要件が設けられている。

3　保護の対象にならない行為

　2 号該当行為に関して，不競法 19 条で認められる適用除外は，普通名称や慣用表示を普通に用いられる方法で使用する行為（19 条 1 項 1 号），自己の氏名を不正な目的でなく使用する行為（同項 2 号），及び他人の商品等表示が著名になる前からの継続使用（同項 4 号）である。また，2 号は，不競法の平成 5 年改正で新設された規定であるため，改正法の施行日（平成 6 年 5 月 1 日）より前に開始された行為に対しても，適用除外が認められている（平成 5 年改正法附則 3 条 1 号）。

4　請求権者

　2 号の不正競争に対する請求権者（→Ⅱ 4 参照）については，前述の通り，2 号の趣旨が著名表示の財産的価値の保護であることからすれば，著名表示により商品等の出所として示されている主体が，これに当たると考えられる。

Ⅳ　商品形態のデッドコピー

　ここでは，不競法 2 条 1 項 3 号の不正競争に対する規律について概観する。この規定は，資本投下して商品形態を開発して，そのような形態を有する商品を市場に送り出した者をデッドコピーから保護する規定である。

1　規制の目的

　不競法 2 条 1 項 3 号（以下，「3 号」という）は，商品の形態を保護するための規定である。商品の見た目（外観）は重要である。多くの場合，われわれは商品を選ぶとき，その見た目を考慮している。衣類のように，見た目が商品価値の多くを占めているものを買うときだけでなく，自動車のような機械を買うときであっても，見た目を考慮せずに商品を選ぶ者は少ないだろう。つまり，たいていの商品の市場において，各メーカーは，その商品の機能だけではなく，その外観についても競争している。

　商品の外観は，その機能と比べて，容易にまねることができる（プリウスの外観のみまねた自動車を製造するのと，プリウスと同一の機能の自動車を製造するのとでは，前者の方が容易であろう）。しかも，現代においては，他人が開発した商品についての情報が広まるのが早いため，魅力的な外観の商品が発売されて間もないうちに，そのそっくり商品が出回り始めるということが十分に起こりうる（3 号の規制対象に含まれるような，他人の商品をそっくりまねる行為は「**デッドコピー**」といわれることがある）。そのようなことになると，新たな外観の商品を開発しても，それに投下した資本が回収されなくなってしまう。そこで 3 号は，一定の場合にデッドコピー商品の販売等を法的に規制することにより，資本投下して新たな形態の商品を開発・販売する者を保護し，市場において多様な形態の商品が登場することを支援している。

　商品の外観による差別化（**→第 1 章Ⅲ2**(2)参照）を支援することを目的とする法としては，3 号の他にも意匠法がある。3 号と意匠法との関係については，**終章**を参照されたい。

2　3号の不正競争の成立要件

　3号は，発売から3年を経過していない（19条1項5号イ）他人の商品の形態を模倣した商品を販売等する行為を不正競争としている。

　以下，これらの要件について説明する。

　(1)　どのような「形態」が保護されるのか

　(a)　商品の形態　　3号の保護対象は，「他人の商品の形態」である。ここでいう「形態」について，不競法2条4項は，「需要者が通常の用法に従った使用に際して知覚によって認識することができる商品の外部及び内部の形状並びにその形状に結合した模様，色彩，光沢及び質感をいう。」と定義している。要するに，商品の通常の使用時に肉眼を通じて得ることのできる情報であれば，「形態」に当たることになる。この点につき，エアソフトガンが完成品を分解して改良等して楽しむことも予定されている商品であることを理由に，同商品の内部構造が3号にいう「商品の形態」に当たるとした例がある[10]。

　ただし，「商品の」形態である必要があるので，商品自体の形状であるか，少なくとも商品自体と容易には切り離しえない態様で結びついている形状（商品と一体となった形状）といえない限りは，3号による保護の対象とならない。たとえば，サンダルの外箱や付属の説明書について，これらが商品自体と一体のものとはいえないとして，「商品の形態」に含まれないとした例がある[11]。

　(b)　独創性は必要か　　3号の規定には，保護を受けるための要件として，形態が独創的であるなどの創作的な価値を有していることを要求するような文言は見当たらない。しかし，この規定が資本投下して新たな形態の商品を開発・販売する者を保護するためのものであることを考えると，従来市場に存在していた商品の形態とは異なる形態であることは必要である。従来品と変わらないようなありふれた形態であれば，資本投下なく作成できるからである。

　もっとも，形態を構成する各要素がありふれたものであっても，それらを組み合わせた形態の従来品が存在しないのであれば，そのような形態は保護の対象となる。従来からある要素を組み合わせるのにも相応のコストがかかるためであろう。たとえば，カットソーの形態（**資料5-1**を参照）について，原告商

---

10)　東京高判平成14・1・31判時1815号123頁〔エアソフトガン事件〕。
11)　大阪地決平成8・3・29平成7（モ）51550号〔ホーキンスサンダル事件〕。

品の各部分の特徴は従来品に見られるありふれたものであっても，原告商品と同様の組み合わせによる形態の商品は見当たらないとして，3 号による保護を認めた例（カットソー事件）がある[12]。

　(c)　保護対象にならない形態——機能確保のために不可欠な形態　　上記のように，従来品の形態とは異なる形態であれば，原則として 3 号の保護の対象になるのであるが，例外がある。同号のかっこ書には「当該商品の機能を確保するために不可欠な形態を除く。」とあり，これに当てはまるような形態は，従来品と全く異なるような形態であったとしても，3 号で保護されることはない。

　商品が特定の機能を発揮するためにどうしてもそうならざるをえないような形態の場合，そのような形態にしないとそもそも事業者がその商品の市場に参入することはできない。このような競争上選択の余地がないような形態を保護してしまうと，市場における競争自体がなくなってしまう。3 号は，多種多様な形態の商品が市場で競争することを前提としている規定であるため，このような形態を規制の対象外としているのである（この点は，商標法や不競法 2 条 1 項 1 号・2 号における商品形態の保護についての考え方に近い）。言い換えると，3 号は，競争上選択の余地があるのにもかかわらず，あえて他人の商品の形態と同一の形態の商品を販売等する行為を規制するものといえる。

　(2)　模　倣

　(a)　模倣の要件——依拠性と実質的同一性　　3 号の保護を受けるためには，相手方の行為が「模倣」に当たることも必要である。「模倣」については，不競法 2 条 5 項に定義があり，それによれば「他人の商品の形態に依拠して，これと実質的に同一の形態の商品を作り出すこと」である。すなわち，**依拠性**と**結果の実質的同一性**の二要件が充たされれば，「模倣」といえることとなる。

　(b)　依拠性　　依拠性，すなわち問題の商品形態の作成に際して，他人の商品の形態を既に知っていたことが要求される理由は，次の通りである。3 号の趣旨は，他人の資本投下の成果である商品の形態を，自ら必要な投資をすることなく利用した者が，その他人に対して競争上優位になることを防止しようというものである。そうすると，他人の商品の形態を知らないで，独自に問題の

---

12)　東京地判平成 16・9・29 平成 16（ワ）5830 号〔カットソー事件〕。

資料 5-1

原告商品

資料 5-2

被告商品

商品を製造した者は，自ら必要な投資を行っているのであるから，上記の趣旨に照らすと，このような者に 3 号の規制を及ぼす必要はないことになる。

　(c)　実質的同一性　　結果の実質的同一性が求められる理由も，上記の趣旨が関係している。すなわち，他人の商品 A の形態に依拠した結果として作成された商品 B の形態が，商品 A の形態と完全に同一である場合，商品 B の形態は，（商品 A の形態をそのまま利用することで）開発コストをかけることなく作成されたということを意味するから，上記の趣旨からは，商品 B の形態は商品 A の形態を模倣したものとすべきこととなる。

　他方，商品 B の形態に，商品 A の形態とは異なる部分が存在する場合，その異なる部分については，独自に資本投下して開発されたものと評価できるため，商品 B を製造販売することは，不適切な競争行為であるとはただちにはいえない。あらゆる商品は先人の成果に改良を加えることで生み出されるものであり，市場に多様な形態の商品が登場することを促すためには，先人の成果（従来品の形態）を一部に利用することが認められるべきだからである。

　とはいえ，従来品（商品 A）の形態と異なる部分が些細であったり，誰でも思いつくような簡単な改変の結果にすぎないような場合には，そのような部分の開発にはほとんど資本投下を必要としない上，市場における商品形態の多様化への貢献も極めて少ない。そこで，3 号は，他人の成果に依拠して，まったく資本投下をせずに作成された形態（同一の形態）だけでなく，まったく資本投下をせずに作成されたも同然の形態（実質的に同一の形態）の作成についても「模倣」に含めているのである。

どの程度の差異であれば「実質的に同一」といえるのかについては，問題となる商品間で形態全体を比較して，異なっている部分の独自性等を考慮して総合的に判断される。たとえば先に述べたカットソー事件では，原告商品の形態と被告商品の形態は**資料 5-1** と **5-2** の通りであったが，これらが実質的に同一であることが認められている。

> 原告商品と被告商品の相違点としては，前者の襟ぐりがやや丸みを帯びた V 字形状であるのに対し，後者の襟ぐりが直線的な V 字形状である点，及び，前者の両胸の切替えの中央部分に複数のタックが入っているのに対して，後者の両胸の切替えの中央部分にはギャザーが施されている点，があった。判決はこれらの相違点について，「両商品の形態が，実質的に同一であるとの判断に消長を来すものではない。」と結論している。

3　保護の対象にならない行為

(1)　日本国内における最初の販売から 3 年が経過した商品の形態に関する適用除外

3 号の不正競争行為についても，民事的請求や刑事罰の規定の**適用除外**（→ II 3 参照）が定められている。その一つ目は，日本国内における最初の販売から 3 年が経過した商品の形態に関する適用除外（19 条 1 項 5 号イ）である。すなわち，3 号に該当する行為であっても，日本国内における最初の販売から 3 年が経過した形態の商品を譲渡等する行為であれば，その行為に対する差止めや損害賠償等の請求は認められない。

既に何度も述べているように，3 号は資本投下して商品形態を開発して市場に送り出した者を保護する規定である。この 3 年という期間は，最初の販売から 3 年保護されれば，投下資本を回収することが可能であろうとの想定の下に定められている。

また，「日本国内における最初の販売から」3 年となっているので，たとえば外国で最初に販売されてから 5 年が経過している商品の形態であっても，日本で最初に販売されてから 3 年未満であれば，そのような形態は保護の対象となる（適用除外の対象とならない）。外国で既に開発販売されている商品であっても，これを日本で販売する場合には，日本において新たに販路を開拓したり宣伝広告をするなど，日本で新規に開発された商品と同様に，市場参入のための

相応のコストがかかる。この点を考慮して，日本市場への参入にあたって国内企業と外国企業が3号の下で同等の扱いを受けられるようにするため，外国における販売実績は考慮しないことになっていると考えられる。

(2)　模倣商品の善意取得者の保護

3号に関する適用除外のもう一つは，他人の商品の形態を模倣した商品の善意取得者に関するものである（19条1項5号ロ）。すなわち，他人の商品の形態を模倣した商品を譲り受けた者が，その譲受けの際にその商品が模倣商品であることについて善意であり，かつ知らなかったことについて重大な過失がない場合には，その者がその模倣商品を譲渡等することは許される。市場における取引の安全を重視して，模倣商品を譲渡した責任は，模倣商品を製造して最初に販売した者や，模倣商品であることを知りながら，あるいは重大な過失によってこれを知らないでその模倣商品を譲り受けて販売等する者にのみ負わせることとなっている。

4　請求権者——先行者限定説と非限定説

3号の不正競争に対する請求権者（→Ⅱ4参照）に該当するのは，どのような者だろうか。3号の趣旨から考えて，自ら資本投下して商品形態を開発して市場に送り出した者（このような者はしばしば「**先行者**」と呼ばれる）が3号でいう「他人」であって，この者が請求権者になることは間違いない。問題は，それ以外の者が含まれるかどうかである。含まれないとする説を先行者限定説，一定の範囲の者が含まれるとする説を先行者非限定説という。

特に，先行者から，独占的販売権を付与されて，市場を開拓して先行者の商品を販売する者（独占的販売権者）が請求権者になるか否かについて争いがあり，これまでのところ，先行者限定説に立って独占的販売権者は3号の不正競争に対する請求権者にならないとする判決[13]と，独占的販売権者が3号の請求権者であることを認める判決[14]とが出ている。本書の性質上詳しく述べることはしないが，この問題は，3号だけでなく，不正競争防止法上の請求権者全般をどう考えるのかという議論にも影響する問題である。

---

13)　東京地判平成11・1・28判時1677号127頁〔キャディバッグ事件〕など。
14)　大阪地判平成16・9・13判時1899号142頁〔ヌーブラ事件〕など。

V　営業秘密の不正利用

　ここでは，不競法2条1項4号から10号までの不正競争に対する規律について概観する。これらの規定は，営業秘密の保護に関する規定であり，その解釈にあたっては，秘密情報を利用した者の営業の自由についても充分に配慮する必要がある。

1　規制の目的

(1)　隠された営業上の情報を保護する必要性

　不競法2条1項4号から10号までには，営業秘密に関する不正競争についての規定がある。「営業秘密」の詳細な定義は後で述べるが，要するに，隠された営業上の情報のことである（一般には「企業秘密」と呼ばれることが多いが，法律用語としては「営業秘密」が正しい）。

　第1章で述べたように，情報を隠すことは，情報を使ってビジネスをするための原始的かつ有効な手段である。Aが苦労して（資本を投下して）何かを製造する秘訣や事業をうまく進める秘訣（これらの秘訣は「**ノウハウ**（know-how）」と呼ばれることがある）を産み出したり，顧客情報などのデータを苦労して収集したりしたとしよう。Aはこれらの成果物を他人に教えず，隠すことをまず考えるだろう。競業者に知られてしまうと競争上の優位性がなくなってしまい，そのような成果を得るために投下した資本が回収できなくなるからである。

　そうしてAが隠した情報を，なぜかAの競業者Bが使用しているとしよう。Bがその情報を入手した経緯が，無理やりAのところから秘密管理体制を突破して入手したというものや，Aが秘密保持契約を交わした上でその情報を示した相手方を，Bがそそのかして情報を入手していたというものであった場合，AはBがその情報を使用して事業活動を行うことを不当であると感じるであろう。社会的に見ても，Bがその情報を入手する行為や使用する行為は規制されるべきであるように思われる。自らは情報を産み出すことなく，他人が産み出して隠している情報を使ってその他人と競争することを無条件に許してしまうと，資本を投下してそのような情報を生み出そうとする者の意欲が低下し，世の中の商品やサービスの質が向上しにくくなってしまうからである。

(2)　他の法による保護の限界——不競法における営業秘密保護の特徴

　不競法に営業秘密に関する諸規定があるのは，上記のような必要性があるからであるが，これらの規定がなければ，営業秘密を法的に保護することが不可能であるかというと，そうではない。たとえば，USB メモリに顧客リストのデータが保存されている場合，「USB メモリ」という有体物の所有権によって，「顧客リスト」という情報を保護することができる。また，隠された情報を誰かに提供する場合でも，その相手方に秘密を保持する義務を契約によって負わせることが可能である。しかし，これらの方法には，それぞれ限界がある。

　所有権による保護の場合，USB メモリを盗むことは所有権の侵害となり，刑法上窃盗罪を構成することになるが，USB メモリ自体を盗んだり壊したりすることなく，中のデータを複製のみすることは，所有権の侵害とならない（そして，もしそのリストが誰が作っても同様のものになるようなものであるならば，そのリストには創作性がないので，そのリストを複製する行為は著作権侵害にならない。→第３章参照）。また，所有権を侵害して情報が取得された場合でも，その情報を開示された第三者がその情報を使用することについては，所有権を根拠に止めることはできない。

　契約による保護についても，同様のことがいえる。問題の情報が秘密保持契約に違反して第三者に開示されたような場合，もちろん契約の相手方には契約違反の責任を問うことはできるが，契約関係にない第三者がその情報を使用すること自体を，契約を根拠に止めることはできない。

　これに対し，不競法によれば，情報の入手行為自体を（所有権の侵害を伴っても伴っていなくても）規制することが可能であり，また，保有者から直接情報を入手していない第三者（間接取得者）による情報の開示行為や使用行為についても規制できる（詳細はⅤ3で述べる）。つまり，不競法は営業秘密に対して，より強い保護を与えるものではあるが，ただ強く保護すればよいというものではないということには，注意が必要である。たとえば，一度保有者から（直接的・間接的に）営業秘密を取得した者は，一生その秘密を他人に開示したり自ら使用することができないということになると，その者の営業活動の自由（職業選択の自由）を不当に制限することになるだろう。

　したがって，ここでも情報を得るために資本投下した者（保有者）と，それ

を使用等する者との利益の調整をする必要があるのであり，不競法の規制は，その利益のバランスを考慮したものとなっている。

(3)　特許法との関係

営業秘密の具体的な規制の内容に入る前に，営業秘密の規制と特許法との関係について説明しておきたい。

特許法は，発明を奨励して公開させるための制度である（→**第2章I1**参照）。営業秘密を保護することは，情報を公開しようとしない者を保護することであるので，このことが特許法の趣旨と矛盾すると考える読者もいるかもしれない。たしかに，情報を隠されたままにすることは，一つの成果開発のために二重三重の投資が行われるという，社会的なデメリットがあり（→**第1章II1**参照），特許法はこのデメリットを解消するためのものといえるだろう。

しかし，特許法とて開発成果（発明）を強制的に公開させるための制度ではなく，特許権という公開の代償を設定することで，自発的な公開を促しているにすぎない（このことは，発明をして出願しなかった者も，一定の要件を充たせば先使用権〔→**第2章IV2**(2)(b)参照〕が認められることからもわかる）。特許法によって自発的な公開を促すことと，他人があえて隠している情報を不正取得等する行為を不競法により規制することは矛盾するものとはいえない。むしろこのような不正取得等の行為を放置することは，前述の通り，産業の発達にとってマイナスの面がある。

また，特許法が公開を奨励しているのは，研究開発の成果である「発明」についてのみであって，出願時における新規性（→**第2章II2**(2)）が特許要件となっていることからすると，その研究開発のプロセスや成果等の情報は少なくとも出願時までは秘密状態にしておく必要がある。営業秘密の保護は，特許の取得にとっても必要であることがわかる。このように考えると，営業秘密の保護は，特許法と矛盾するものとまではいえないだろう。

2　営業秘密とは

不競法2条6項は，営業秘密に該当するための要件として，**秘密管理性**（「秘密として管理されている」こと），**有用性**（「生産方法，販売方法その他の事業活動に有用な技術上又は営業上の情報」であること）及び**非公知性**（「公然と知られていない」

こと）の三要件を掲げている。このうち，秘密管理性要件は，情報の保有者側における秘密保持のための積極的努力の有無を問うものであり，残りの二要件（有用性要件及び非公知性要件）は問題の情報の客観的状態を問題とするものである。以下，詳しく説明する。

(1)　秘密管理性

不競法が営業秘密について規制しているのは，前述の通り，有益な情報を隠すことで競争上優位に立とうとする者を保護するためであるから，隠されていないような情報（すなわち，秘密として管理されていない情報）はそもそも規制の対象外である。

また，営業秘密の規制は，情報の自由利用を制限するものといえるが，法的に自由利用できる情報とそうでない情報の境界は，なるべくはっきりしている方がよい。自由利用できるものと認識していた情報を利用したら，「あなたの使った情報は私の営業秘密だ」と主張する者が現れて法的責任を問われるという，いわば「後出しじゃんけん」が許されるとなると，情報の利用全体が委縮してしまうからである。このことを考えると，問題の情報が保有者の主観ではなく，客観的に見ても隠されている，すなわち「秘密として管理されている」情報であることが認識できる必要がある。

以上から，「秘密管理性」要件を充たしているといえるためには，保有者の従業者や外部の者から認識可能な程度に客観的に秘密としての管理状態を維持している必要がある。このため，同要件の充足性の判断においては，当該情報にアクセスできる者が制限されているなどの管理措置が施されていること（**アクセス制限ないし秘密管理措置**）と，当該情報にアクセスした者が当該情報が営業秘密であることを客観的に認識できるようにしていること（**客観的認識可能性**）とが考慮される。個別の事件において要求される情報管理の程度や態様は，秘密として管理される情報の性質，保有形態，企業の規模等に応じて決せられることとなる[15]。

(2)　有用性

不競法において「営業秘密」として保護されるためには，「技術上又は営業

---

15)　名古屋地判平成20・3・13判時2030号107頁。

上の情報」であって，さらにそれが「事業活動に有用な」情報でなければならない。この「技術上又は営業上の情報」の例として，不競法2条6項は「生産方法，販売方法」を挙げているが，そのほか，技術上の情報の具体例としては，製品の設計図やプログラムのソースコード，営業上の情報の例としては顧客名簿を挙げることができる。

　「事業活動に有用」であることとは，事業活動にとって何らかの価値があるということである。たとえば，失敗に終わった実験のデータであっても，有用性はある。そのデータを競業者が入手すれば，その競業者はその実験をしても失敗に終わることがわかるので，その実験のためのコストを節約することが可能だからである。このように，「事業活動に有用」かどうかのハードルは低く，前述の秘密管理性の要件を充たすような情報については，有用性が問題になることは通常ない。相応のコストをかけて秘密として管理されているような情報に，上記の意味での有用さがないということは考えられないからである。

　ただし，事業活動にとって何らかの価値があるものといっても，それはあくまで保有者の正当な事業活動にとって何らかの価値があるものでなければならない。たとえばある会社が違法な活動をしているというような情報は，それが知られたら困るという意味では，その会社にとって有用な情報といえるであろう。しかし，そのような情報を秘密にすることを保護すべき理由は見当たらないばかりか，もし保護してしまうとそのような違法な活動を暴こうとする者（いわゆる内部告発者など）を委縮させてしまう。よって，保有者の正当な事業活動に関係のない情報については，有用性が否定されるべきといえる。

(3)　非公知性

　不競法2条6項は，秘密として管理されている有用な技術上又は営業上の情報が，「公然と知られていない」ことをも要求している。通常，公然と知られている情報を，わざわざコストをかけて秘密として管理することはなさそうであるから，この要件は余分なものに思われるかもしれない。

　しかし，保有者から情報を取得した時点では公然と知られていない情報であったものが，その後公然と知られるようになることはありうる。後述するように，不競法は営業秘密の取得だけでなく，その後の使用行為についても規制しているので，もし非公知性要件がないと，一度秘密として管理されている情報

を示された者は，当該情報が一般に知られるようになった後にも，当該情報を
利用することができなくなってしまうおそれがある。

　たとえば，あるパン屋で働いていた A が，在職中，「パン生地に物質 a を配
合してパンの食感を劇的に良くする方法」という，その時点では非公知であり
秘密管理されている情報を，秘密として示されたとしよう。しかしその後，第
三者がこれと同じ方法を発見して，その方法をインターネット上のレシピ投稿
サイトで公開したとする。その後，A が独立してパン屋を開業するときに，
もはや他のパン屋が簡単に入手して使用できる状態になっている情報を，A
だけ使用できない（もしこの方法が営業秘密に当たるのであれば，後述のように，A
の行為は 2 条 1 項 7 号の不正競争に該当するおそれがある），というのはあまりにも
不当に思われるだろう。つまり，情報を示された者の営業活動や転職の自由を
不当に制限することとならないように，非公知性要件が設けられている。この
ような趣旨から，この要件については，問題となる行為の時点（上の例でいう
と，A が独立開業して，問題の方法を使用する時点）において，公然と知られてい
るかどうかが判断される。

　では，「公然と知られていない」状態とは，具体的にどのような状態を指す
のだろうか。非公知性要件が充たされる場合とは，問題の情報が保有者の管理
下以外では一般的に入手することができない場合であるとされている。問題の
情報を知っている者の人数の多寡は問題ではなく，現に多数の者がその情報の
内容を知っているという事実があるとしても，その者全員が守秘義務を負って
いれば，その事実によって非公知性が否定されることはない。ただし，現に，
守秘義務を負っている者にしか知られていないとしても，そのような義務を負
っていない一般の者に知られうる状態にあれば，非公知性は否定される。

3　不正競争となる行為

　営業秘密について，不競法 2 条 1 項 4 号から 10 号までのいずれかの規定に
当てはまる行為は，不正競争となる。これらの不正競争は，不正取得された営
業秘密に関する行為，もともと保有者自身から示されて正当に取得された営業
秘密に関する行為，及びこれら両者に共通する行為（技術上の秘密の不正使用行
為により生じた物の譲渡等），に大別される。以下，順番に説明する。

図表 5-2　不正取得された営業秘密に関する行為の「不正競争」該当性

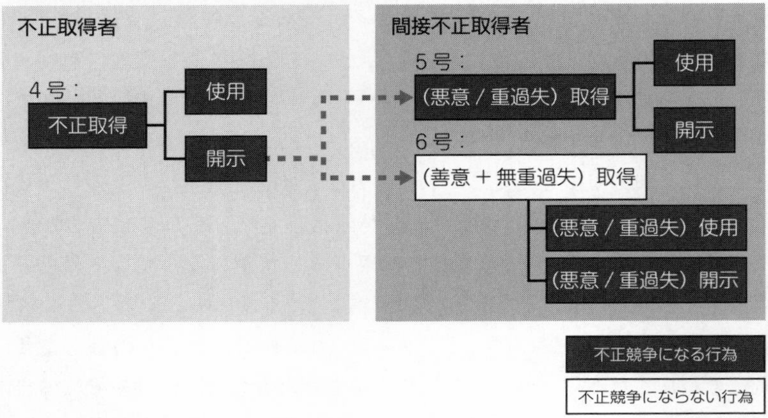

(1)　不正取得された営業秘密に関する行為

　不正取得された営業秘密に関する行為については，さらに以下の二つに分けることができる。すなわち，自ら不正取得した者の行為と，自ら不正取得は行っていないが，他者が不正取得した営業秘密を取得した者（以下，この者を本書では「間接不正取得者」とする）の行為，の二つである。**図表 5-2** は，これらの行為を図示したものである。図中，黒地に白文字で記述されている行為が不正競争となる行為であり，白地に黒文字で表示されているのが，不正競争とならない行為である。

　図表 5-2 の通り，不正取得行為（窃取，詐欺，強迫その他の不正の手段により営業秘密を取得する行為）は，それ自体不正競争となる（2条1項4号）。それだけでなく，不正取得者が，不正取得した営業秘密を使用する行為や，開示する行為も不正競争となる（同号）。

　間接不正取得者については，取得の際に不正取得の介在について知っているか，重大な過失によってこれを知らなかったのであれば，その取得行為自体不正競争となり，その者がその営業秘密を使用する行為や開示する行為も不正競争となる（2条1項5号）。これに対し，取得の際に不正取得の介在について知らず，かつ知らないということについて重大な過失もないのであれば，取得行為が不正競争になることはない。ただし，取得後に不正取得の介在について知

図表 5-3　正当取得された営業秘密に関する行為の「不正競争」該当性

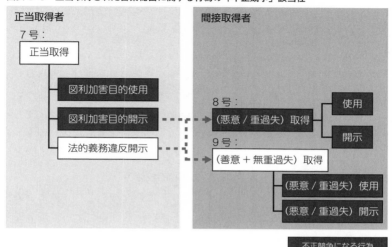

るか，重大な過失によってこれを知らないという状況になれば，そのような状況になった後にその営業秘密を使用する行為や開示する行為は不正競争となる（同項6号）。

(2)　正当取得された営業秘密に関する行為

　正当取得された営業秘密に関する行為については，保有者から営業秘密を示された者（正当取得者）と，正当取得者から営業秘密を取得した者（以下，この者を本書では「間接取得者」とする）とに分けることができる。これを示しているのが**図表 5-3** である。

　正当取得者の場合，その取得行為自体が不正競争になることは（当然ながら）ない。しかし，その取得した営業秘密を，図利加害目的（不正の利益を得る目的又は保有者に損害を加える目的）で使用する行為や，開示する行為は，不正競争となる（2条1項7号）。これに対し，単に保有者との秘密保持契約に違反して，その営業秘密を開示する行為（法的義務違反開示）は，不正競争とはならない（ただし，後述の不正開示行為には含まれる点には注意が必要である）。

　間接取得者については，不正開示行為（図利加害目的での開示の他，秘密保持契

309

約に違反して開示する行為も含まれる）があったことについて知っているか，重大な過失によってこれを知らなかったのであれば，その取得行為自体不正競争となり，その者がその営業秘密を使用する行為や開示する行為も不正競争となる（2 条 1 項 8 号）。これに対し，取得の際に不正開示があったことについて知らず，かつ知らないということについて重大な過失もないのであれば，取得行為が不正競争になることはない。ただし，取得後に不正開示があったことについて知るか，重大な過失によってこれを知らないという状況になれば，そのような状況になった後にその営業秘密を使用する行為や開示する行為は不正競争となる（同項 9 号）。

(3)　技術上の秘密の不正使用により生じた物の譲渡等

これまでに説明した営業秘密に関する不正競争行為のうち，技術上の秘密（営業秘密のうち，技術上の情報であるもの）を使用する行為によって物品が製造された場合（又はプログラムが作成された場合）には，その物品を譲渡等する行為も不正競争となる（2 条 1 項 10 号）。たとえば，ある饅頭の製造方法が営業秘密だとして，その秘密を保有者から不正取得して使用する行為（その饅頭を製造する行為）は，(1)で説明した通り不正競争となる（同項 4 号）が，これに加えて，その不正取得・使用者がその饅頭を譲渡等する行為も不正競争となる。

ただし，不正使用により物品を製造した者本人でなく，その物品を譲り受けた者がその物品を譲渡等する行為については，その譲受けの時点でその物品が技術上の秘密の不正使用により生じた物であることを知らず，かつ知らないことについて重過失がないのであれば，不正競争とはならない（2 条 1 項 10 号かっこ書）。

4　保護の対象とならない行為

(1)　営業秘密の善意・無重過失取得者の保護

営業秘密に関する不正競争行為についても，民事的請求や刑事罰の規定の**適用除外**（→Ⅱ3 参照）が定められており，不競法 19 条 1 項 6 号及び同項 7 号がそれについての規定となる。このうち，同項 6 号は，「取引によって営業秘密を取得した者（その取得した時にその営業秘密について不正開示行為であること又はその営業秘密について不正取得行為若しくは不正開示行為が介在したこ

とを知らず，かつ，知らないことにつき重大な過失がない者に限る。）がその
取引によって取得した権原の範囲内においてその営業秘密を使用し，又は開示
する行為」を適用除外の対象として規定している。

　前述の通り，不正取得や不正開示について善意かつ（善意であることについ
て）無重過失の者であっても，不正取得や不正開示について悪意又は重過失に
よってこれを知らないという状態になった以降の使用行為や開示行為について
は不正競争となる（不正取得について，不競法2条1項6号。不正開示について，9
号）。たとえば，保有者AからBが営業秘密を不正取得して，Bはその営業秘
密をCに示して，CがこれをBへの対価の支払いの下に使用しているとする。
この場合，Cは不正取得について善意かつ（善意であることについて）無過失で
ある限り，問題の営業秘密を使用し続けることができる。

　しかし，たとえばAがBの不正取得行為の介在についてCに通知するなど
して，Cが悪意になってしまえば，それ以降のCによる営業秘密の使用行為
は不正競争となってしまう。法は，取引の安全を重視して，このような場合で
あっても，CがBとの契約（取引）に定められている期間や内容を守っている
限りは，Aによる差止請求や損害賠償請求の対象外としている。

(2)　差止請求の対象とならなくなった営業秘密使用行為によって生じた物の譲渡等

　不競法15条は，同法2条1項4号から9号までのいずれかに該当するよう
な営業秘密の使用行為について，保有者がその行為を知った時から3年経って
も差止請求権を行使していない場合，又はその行為の開始時から20年経過し
た場合には，その行為に対する差止請求権が消滅する旨規定している。営業秘
密の不正使用の疑いがある者が，その使用行為を長期間継続して雇用関係や取
引関係などを構築した後になって，営業秘密の保有者から当該使用行為の差止
訴訟を提起されて事業の継続を脅かされるというような事態を防ぐためである。

　この15条によってもはや差止請求の対象とならなくなった技術上の秘密の
使用行為によって生じた物を譲渡等する場合であっても，2条1項10号の不
正競争には該当しうる。しかし，物の製造行為が差止めの対象にならなくなっ
ているのに，その物を流通させる行為を規制するというのはバランスを欠いて
おり，不当であろう。そこで，15条の適用を受ける使用行為によって生じた
物の譲渡等については，適用除外の対象となっている（19条1項7号）。

Ⅵ　限定提供データの不正利用

　ここでは，不競法 2 条 1 項 11 号から 16 号までの不正競争に対する規律について概観する。これらの規定は，限定提供データの保護に関する規定であり，その解釈にあたっては，営業秘密の場合と同様，データ利用者側の自由についても充分に配慮する必要がある。

1　規制の目的

　気象データや交通データなど，多数の観測ポイントに設けられたセンサーや個人の所有している情報端末からのデータを集積した膨大な量のデータを解析することで，新たな商品やサービスが生み出されてきている。このように集積されたデータには様々な用途が考えられ，産業横断的に利用されている。このようなデータが流通し，利用されることは，イノベーションの促進という観点からは望ましい。

　このようなデータ（群）の中には，無償で公開されるものもあれば，特定企業により営業秘密として管理されるものもある。本節で扱う「限定提供データ」は，広く無償公開されるものと営業秘密として厳しく管理されるものの中間に位置する，いわば「ゆるく管理されたデータ」である。具体的には，ウェブ上で閲覧が制限されているが，対価を支払って ID とパスワードの支給を受ければ誰でも利用できるようになっているデータが挙げられる。このようなデータは，後述の通り，営業秘密に該当しない場合がありうる。また，一度公知になってしまうと営業秘密としての保護は受けられない。データの提供を受けた者が提供者との契約に反して第三者にデータを開示した場合には，契約違反の責任を問われることとなるが，開示を受けた第三者によるデータの利用行為については契約の問題として対処することはできない。また，不正アクセスによってデータが取得された場合には，取得者と提供者の間にそもそも契約が存在しない。

　以上のような懸念材料があることから，「ゆるく管理されたデータ」の取引を安心して行うことができるような制度導入のニーズがあった。他方で，その

ような制度はデータ提供を受けた者（利用者）を萎縮させ，データの利活用を阻害する危険性もある。そこで，不正競争防止法の平成30年改正により，不正競争となる行為をかなり絞る形で，「限定提供データ」の保護制度が新設された。以下では，この制度について簡単に解説することとする。

2　限定提供データとは

不競法2条7項は，「限定提供データ」に該当するための要件として，限定提供性（「業として特定の者に提供する情報」であること），相当量蓄積性（「電磁的方法……により相当量蓄積され」ていること），電磁的管理性（「電磁的方法……により……管理されている」こと）及び技術上又は営業上の情報（秘密として管理されているものを除く）であることの四要件を掲げている。

この定義から，「限定提供データ」に該当するためには，営業秘密とは異なり，非公知性が要求されていないことがわかる（ただし，後述の通り無償で公衆に提供されているデータは保護されない）。すなわち，公知の情報であっても限定提供データに該当しうることになる。営業秘密該当性に非公知性が求められる趣旨は，情報の利用者の自由を確保するためであった（→Ⅴ2(3)参照）。限定提供データの規制においては，保護対象に非公知性を求めない代わりに，相当量蓄積性要件や電磁的管理性要件で対象を絞っており，また不正競争となる行為についても営業秘密の規制よりも狭い範囲に限定している。

(1)　限定提供性

限定提供データは，業として限定的に提供されるものでなければならない。「限定的に提供」とはデータ提供者と被提供者との間に何らかの取引関係が存在することをいう。そのような取引関係の存在しないデータ（たとえばだれでもアクセス可能になっているようなデータ）については，そもそも安心して取引をできる環境を用意する必要がないからである。

また，ここでいう「業として」とは，営利目的のものに限られない。この制度の趣旨がデータ取引の促進なのであるから，反復継続してデータの提供を現にしているか，その予定があれば「業として」の要件を充足すると考えられる。

(2)　相当量蓄積性

限定提供データに該当するためには，情報が相当量蓄積されている必要があ

る。この規定で保護したいのは単一のデータではなく，収集され解析の対象となるデータ群なのであるということをこの要件は示している。どの程度の量をもって「相当量」といえるかはケースバイケースの判断とならざるを得ない。ただし，取引対象となっている時点で何らかの解析対象としての価値が認められているといいうるのであるから，厳格に解する必要はないと思われる。

(3)　電磁的管理性

限定提供データに該当するためには，電磁的方法によって蓄積・管理されている必要がある。電磁的方法とは，「電子的方法，磁気的方法その他人の知覚によっては認識することができない方法」を指す（2条7項）。ID とパスワードを要求するユーザー認証によるものなどが典型例で，要するに電磁的なアクセス制限による管理が求められている。

営業秘密該当性の秘密管理性要件よりも管理手段が限定されているため，データの利用者が保護されるデータかどうかの判別を容易にすることができる。データの利用を萎縮させないために設けられている要件といえよう。

(4)　技術上又は営業上の情報（秘密として管理されているものを除く）であること

さらに，技術上又は営業上の情報である必要もある。もっとも，取引対象となるような情報は基本的にはこの要件を充たすと解してよい。違法な情報や公序良俗に反する情報については，この規制により取引を促進する対象にそぐわないので，このような情報については「技術上又は営業上の情報」該当性が否定されることとなろう。

秘密として管理されているものが保護対象から除外されているのは，営業秘密の規制との棲み分けを図る趣旨であろう。ただし，このような棲み分けを図る実益はほとんどなく，そればかりか，この要件を字義通りに解すると，秘密として管理されているが公知であるデータが営業秘密にも限定提供データにも該当しないことになるという，不合理な帰結をもたらしてしまう。このような問題があることから，現在（2022年12月），この要件の改正が検討されている。

3　不正競争となる行為

限定提供データに関して不正競争となる行為は，営業秘密の規制と同様，不正取得された限定提供データに関する行為と，正当取得された限定提供データ

図表 5-4　不正取得された限定提供データに関する行為の「不正競争」該当性

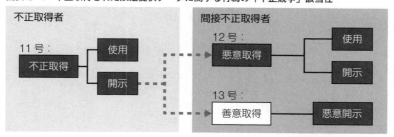

に関する行為とがある。ただし，営業秘密のように不正使用により生じた物の譲渡等の規制は限定提供データに関しては存在しない。また，**図表 5-2・5-3**と**図表 5-4・5-5** とを見比べるとわかるが，営業秘密の場合よりも限定提供データの規制のほうが対象となる行為が限定されている（たとえば後者の場合には善意であることについて重過失があっても不正競争にならないなど）ことがわかる。以下，順番に説明する。

(1)　不正取得された限定提供データに関する行為

　不正取得された限定提供データに関する行為については，営業秘密の規制と同様，さらに以下の二つに分けることができる。すなわち，自ら不正取得した者の行為と，自ら不正取得は行っていないが，他者が不正取得した限定提供データを取得した者（間接不正取得者）の行為，の二つである。**図表 5-4** は，これらの行為を図示したものである。図中，黒地に白文字で記述されている行為が不正競争となる行為であり，白地に黒文字で表示されているのが，不正競争とならない行為である。

　図表 5-4 の通り，不正取得行為（窃取，詐欺，強迫その他の不正の手段により限定提供データを取得する行為）は，それ自体不正競争となる（2条1項11号）。それだけでなく，不正取得者が，不正取得した限定提供データを使用する行為や，限定提供データを開示する行為も不正競争となる（同号）。

　間接不正取得者については，取得の際に不正取得の介在を知っていたのであれば，その取得行為自体不正競争となり，その者がその限定提供データを使用

図表 5-5　正当取得された限定提供データに関する行為の「不正競争」該当性

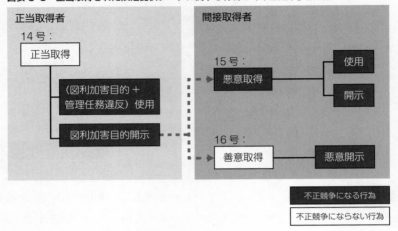

する行為や開示する行為も不正競争となる（2条1項12号）。これに対し，取得
の際に不正取得の介在を知らなかったのであれば，取得行為が不正競争になる
ことはない。ただし，取得後に不正取得の介在を知ることとなれば，その後に
その限定提供データを開示する行為は不正競争となる（同項13号）。

(2)　正当取得された限定提供データに関する行為

　正当取得された限定提供データに関する行為については，保有者から限定提
供データを示された者（正当取得者）と，正当取得者から限定提供データを取
得した者（間接取得者）とに分けることができる。これを示しているのが**図表
5-5**である。

　正当取得者の場合，その取得行為自体が不正競争になることは（当然ながら）
ない。しかし，その取得した限定提供データを，図利加害目的（不正の利益を
得る目的又は保有者に損害を加える目的）で使用する行為や，開示する行為は，不
正競争となる（2条1項14号）。ただし，この使用行為については，「その限定
提供データの管理に係る任務に違反して行うもの」に限り不正競争となる（同
号）。正当取得者本人が行う使用行為を萎縮させないための配慮であろう。

　間接取得者については，不正開示行為（図利加害目的での開示行為）があった
ことを知っていたのであれば，その取得行為自体不正競争となり，その者がそ

の限定提供データを使用する行為や開示する行為も不正競争となる（2条1項15号）。これに対し，取得の際に不正開示があったことについて知らなかったのであれば，取得行為が不正競争になることはない。ただし，取得後に不正開示があったことや，不正開示行為が介在したことについて知るに至った場合には，その後にその限定提供データを開示する行為は不正競争となる（同項16号）。

4　保護の対象とならない行為

(1)　善意取得者の保護

限定提供データに関する不正競争行為についても，民事的請求の規定の適用除外（→Ⅱ3参照）が定められており，不競法19条1項8号がそれについての規定となる。同号イは，「取引によって限定提供データを取得した者（その取得した時にその限定提供データについて限定提供データ不正開示行為であること又はその限定提供データについて限定提供データ不正取得行為若しくは限定提供データ不正開示行為が介在したことを知らない者に限る。）がその取引によって取得した権原の範囲内においてその限定提供データを開示する行為」を適用除外の対象として規定している。

上述の通り，限定提供データを取得した者で，取得の際に不正開示行為であることや不正取得行為が介在したことについて知らない場合であっても，知った後の開示行為は不正競争に該当する（2条1項13号・16号）。しかし，その者が取得した際に定められた条件（開示の時期や方法など）に従っている限り，データ開示行為については，適用除外となる。取引の安全を図る趣旨である。

(2)　無償で広く提供されているデータと同一のデータの利用行為

無償で公衆に利用可能となっている情報と同一の限定提供データの取得，使用，開示行為も適用除外の対象となっている（19条1項8号ロ）。既にインターネット上などで広く無償公開されているようなデータについては，この規制により取引を促進する必要がそもそもないからである。

終章　知的財産法の交錯領域
──意匠法とその周辺

Ⅰ ■ なぜデザインを保護するのか

1　物のデザインと各種知的財産法

　第1章では，知的財産法には様々な法が含まれており，それぞれの法で保護対象となる知的財産や，保護の要件・効果が異なっているということを示した。それと同時に，これら各法の保護が重なりうる場合があることも述べた。物のデザインの保護はその代表例である。

　物のデザインについて，本書ではこれまでのところで，応用美術の著作物性（→第3章Ⅱ2⑷），商品や商品の包装の形状からなる立体商標の登録可能性（→第4章Ⅱ3⑷），商品形態の不正競争防止法上の商品等表示該当性（→第5章Ⅱ2⑴）及び同法の商品形態のデッドコピー規制（2条1項3号。→第5章Ⅳ参照）を扱ってきた。物のデザインの保護の中心となるのは意匠法であるが，これについては本書ではこれまでにほとんど紹介していなかった。そこで，Ⅱでは意匠法の概要について簡単に紹介する。その次のⅢにおいて，意匠法とその他の知的財産法の保護の重複をめぐるやや難しい問題について概観する。

2　デザインを保護すべき様々な理由

意匠法上の保護対象である「意匠」とは，後述の通り物品等のデザインのことであるが，意匠保護の目的をめぐっては，様々な考えがある。デザインを保護すべき理由が複数考えられるからである。

新規なデザインが製品に新たな価値を付加し，そのような製品が登場し続けることが社会を豊かにするから，という理由（創作のインセンティブとしてデザインを保護する）が考えられるし，デザインが特定の出所と結び付けられるようになりうるので，これを保護して需要者の混同を防止する必要があるという理由（営業上の標識としてデザインを保護する）も考えられる。令和元年の意匠法の改正の背景には「デザイン経営」を推進するという考え方があり，そこではデザインの「企業のブランド構築に資する」側面と「イノベーションに資する」という側面の両者が重視されている[1]。企業が自社の製品をデザインによって差別化することの理由が複数あるように，法でデザインを保護すべき理由も一つではない。

近時，デザイン保護がより重視されるようになってきており，それに伴い，デザイン保護に関連する知的財産法に関する議論がより多く見られるようになっている。また，上記の意匠法改正においては，後述のような建物の意匠や内装の意匠といった新たな保護対象が追加されるに至っている。

Ⅱ　意匠法の概要

ここでは，意匠法の概要について解説する。保護対象である「意匠」は物品や建築物や機器と結びついた形態であり，その保護の範囲も物品・建築物・機器の機能や用途に基づいて画定される。

1　意匠法の目的

意匠法1条は同法の目的として，「産業の発達に寄与すること」を掲げている。しかしこの条文だけを見ても，意匠保護の目的ははっきりしない。その目的は特許法1条も商標法1条も掲げているからである。この目的達成のために

---

1) 経済産業省・特許庁　産業競争力とデザインを考える研究会「『デザイン経営』宣言」（2018年5月23日）〈https://www.meti.go.jp/report/whitepaper/data/pdf/20180523001_01.pdf〉。

「意匠の創作を奨励」することを意匠法1条が規定していることや，同法3条2項が意匠登録の要件として当業者が容易に創作できないことを求めていることからは，意匠法は新規な創作を奨励しようとしているように見える（すなわち特許法に近いように見える）。

　他方で，意匠法24条2項は登録意匠の類似の範囲については需要者を基準とすることを求めており，同法が商標法のように需要者の混同を防止することを目的としているという解釈もできる。また，意匠の類似が需要者を基準に判断されていることからは，意匠が製品の「需要」を喚起する力を同法が保護しようとしているという，別の解釈も可能である。

2　意　匠

(1)　意匠の定義

　意匠法上の保護対象である「意匠」について，同法2条1項は次のように定義している。「物品（物品の部分を含む。以下同じ。）の形状，模様若しくは色彩若しくはこれらの結合（以下「形状等」という。），建築物（建築物の部分を含む。以下同じ。）の形状等又は画像（機器の操作の用に供されるもの又は機器がその機能を発揮した結果として表示されるものに限り，画像の部分を含む。……）であつて，視覚を通じて美感を起こさせるものをいう。」

　複雑な定義であるが，要するに視覚を通じて美感を起こさせるもののうち，下記の4種類が「意匠」となる。参考までに，登録例を**図表6-1**に紹介しておく。

・物品（又は物品の部分）の形状等（形状，模様若しくは色彩若しくはこれらの結合）
・建築物（又は建築物の部分）の形状等
・機器の操作の用に供される画像（又はその部分）
・機器がその機能を発揮した結果として表示される画像（又はその部分）

　「視覚を通じて美感を起こさせるもの」というのは，要するに視覚に訴えるものであればよく，「美感」を起こさせるかどうかは通常問題にならない。特許庁や裁判所が「美」について評価するのはあまり適切とはいえないためであ

図表 6-1　意匠登録例

意匠の種類〈登録番号〉	意匠に係る物品	図面（スペースの関係上，各意匠につき1枚のみ掲載）
物品の意匠〈1674325〉	シャープペンシル付ボールペン	
物品の意匠（部分意匠）〈1674326〉	シャープペンシル付ボールペン	※実線で表された部分が，意匠登録を受けようとする部分である。
建築物の意匠〈1713057〉	建築物	※グレーの部分はガラス（濃いグレーが外壁，薄いグレーはベランダの手すり部分）を表す。
画像の意匠〈1696558〉	氷ディスペンサ操作用画像	※氷ディスペンサから空中に投影され表示される画像で，ユーザーが各ボタンの前で手をかざすと，そのボタンの色が変わり，そのボタンの示す機能が実行される。
画像の意匠〈1719209〉	情報表示用画像	※コンバイン等の作業車両用表示器に用いられる画像であって，作業車両の遠隔操作が実行中であること等を表す画像。

ろう。加えて，後述する登録要件のところで形状や画像等が客観的に新規であること（新規性要件）や創作容易でないこと（創作非容易性要件）が判断されるため，これに重ねて美感について判断する必要性も認めがたい。

(2)　意匠をどうやって特定するのか

意匠権は登録により発生する（意匠法20条1項）。登録のためには，特許権や商標権と同じく，特許庁に出願をして，審査を受け，登録査定を得る必要がある。出願等の手続については，紙幅の関係で説明を省略するが，出願書類において意匠がどのように特定されるのかについては述べておきたい。

特許法上，発明は特許請求の範囲の記載によって（つまり言葉によって）特定されていた（→**第2章Ⅳ**参照）。意匠の場合，形状等や画像のような視覚に訴える要素については，原則として図面（6条1項柱書。例外的に図面に代えて写真等を提出することができる。同条2項），それ以外の要素については願書の記載（建築物や画像については，用途を記載することも求められている）により特定される（同条1項3号）。物品等の機能によって模様などや画像が変化する意匠（**動的意匠**）の場合は，当該物品等の機能の説明も記載する必要がある（同条4項）。

また，物品の記載や，建築物や画像の用途の記載は「意匠に係る物品，意匠に係る建築物若しくは画像の用途，組物又は内装が明確となるように記載する」必要がある（7条及び意匠法施行規則7条）。これらの記載が不明確であると，意匠権の範囲までも不明確になってしまうからである。

(3)　組物の意匠・内装の意匠

意匠登録出願は，意匠ごとにしなければならない（7条）。これを**一意匠一出願の原則**という。これにはいくつかの例外がある。まず応接家具のセットやナイフ・フォーク・スプーンのセットなどのように，複数の物品等を組み合わせたもので，一そろいのものとして統一があるときは「組物の意匠」として登録が可能である（8条）。

また，店舗等の施設の内部の設備及び装飾（内装）を構成する物品等の意匠については，内装全体として統一があるときは，「**内装の意匠**」として登録が可能となる（8条の2）。

3　意匠登録要件

(1)　工業上利用することができる意匠であること

　意匠登録のためには，前述した「意匠」の定義を充たすだけでなく，それが「工業上利用することができる」ものでなければならない（3条1項柱書）。「工業上利用できる」とは，要するに量産できることを指す。「同じ」デザインのもの（**第1章**）が繰り返し生産されて普及することで，社会が豊かになると考えられているのであろう。

(2)　新規性

　特許と同じく，意匠登録要件でも**新規性**は求められる。意匠法上新規性が否定される意匠は，公然知られた意匠（3条1項1号），又は刊行物に記載されるか電気通信回線を通じて公衆に利用可能となった意匠（同項2号）の他，これらに類似する意匠（同項3号）である。基準となる時点（新規性を判断される時点）が出願時であることや，対象となる地理的な範囲に外国が含まれるところは，特許（→**第2章Ⅱ2**(2)(e)参照）と同様であり，新規性要件の趣旨についても基本的には特許と同様である。ただし，特許と異なり，公知な意匠だけでなくそれに「類似」する意匠まで新規性がないとされてしまう点は特許とは異なっている。

(3)　創作非容易性

　出願時において「その意匠の属する分野における通常の知識を有する者」すなわち当業者（意匠の場合の「当業者」は関連する業界の平均的なデザイナーのことである）が「日本国内又は外国において公然知られ，頒布された刊行物に記載され，又は電気通信回線を通じて公衆に利用可能となつた形状等又は画像に基づいて容易に意匠の創作をすることができた」ような意匠については，登録が認められない（3条2項）。これを**創作非容易性**要件という。

　特許の進歩性要件（→**第2章Ⅱ2**(3)）に相当するものであり，既存のデザインから容易に創作できるようなものであれば，意匠権を付与しなくてもいずれは創作されるであろうから，あえて保護する必要性に乏しいという考えから設けられている。

　この「創作非容易」な意匠（3条2項）と，公知な意匠と類似しているため新規性を欠く意匠（同条1項3号）とはどこが違うのだろうか。条文をよく見

ると，3条2項は公知な「意匠」から容易に創作できるものではなく，公知な「形状等又は画像」から容易に創作できることを問題としている。つまり，物品や建築物や機器と結びついた「意匠」ではなく，そのような結びつきの有無にかかわらない，「形状等又は画像」から容易に創作できないことが，創作非容易性要件で求められている。たとえば漫画のキャラクターの絵は物品と結びついていないので意匠ではなく，3条1項3号の新規性は問題とならないが，「形状等又は画像」には含まれるので，既存の漫画のキャラクターの絵をプリントしたボールペンの意匠が出願された場合には創作非容易性を欠くことになる。

　また創作非容易性は当業者を基準に判断されるのに対して，3条1項3号においては需要者を基準に類似性が判断される[2]という違いもある（類似性については後述する）。

(4)　保護を受けられない意匠

　新規性や創作非容易性の要件を充たしていたとしても，意匠法上，登録を受けられない意匠がある。具体的には5条に定められている，①公序良俗を害するおそれのある意匠（5条1号），②他人の業務にかかる物品，建築物又は画像と混同を生ずるおそれがある意匠（同条2号），及び③物品の機能を確保するために不可欠な形状若しくは建築物の用途にとって不可欠な形状のみからなる意匠や画像の用途にとって不可欠な表示のみからなる意匠（同条3号）の3種類がそれに当たる。

　この③が保護対象外とされていることは，不正競争防止法2条1項3号の商品形態のデッドコピー規制において，「商品の機能を確保するために不可欠な形態」が保護対象外とされていることを想起させる。意匠法も，不正競争防止法2条1項3号と同様に，物品等の機能を前提とすると他に選択肢がないようなデザイン（保護してしまうと競争自体を困難にするようなデザイン）については自由利用を認めているということがわかる。

---

2)　最判昭和49・3・19民集28巻2号308頁〔可撓伸縮ホース事件〕。

4　意匠権

(1)　概　要

　意匠権は，業として登録意匠及びこれに類似する意匠の実施をする権利である（23条）。「実施」とは，意匠にかかる物品を製造・使用・譲渡等する行為（2条2項1号），意匠にかかる建築物を建築・使用・譲渡等する行為（同項2号），意匠にかかる画像について作成・使用や電気通信回線を通じた提供等をする行為（同項3号イ），及び意匠にかかる画像を記録した記録媒体又は内蔵する機器の譲渡等をする行為（同号ロ）をいう。第三者が業としてこれらの実施行為を意匠権者に無断で行うと，原則として意匠権侵害となる。また，特許権と同様に，**間接侵害**（→第2章Ⅳ4）に関する規定（38条）もある。

　　　意匠権の効力は業としての行為にしか及ばないため，いわゆる個人輸入については，輸入者たる個人が個人使用を目的として行っている限りは当該輸入者は意匠権侵害をしていないことになる。ただし，意匠法の令和3年改正により「外国にある者が外国から日本国内に他人をして持ち込ませる行為」も輸入に含められることになったため（2条2項1号），たとえば外国の事業者が日本から発注を受けて，配送業者を介して日本に持ち込む場合には，たとえ発注者が個人であったとしても当該事業者の行為は意匠権侵害となる。同様の改正は，商標法においても行われている（商標法2条7項）。

　意匠権侵害に対しては，差止請求（37条）や損害賠償請求（民法709条）が認められる。これらについては，特許法と同様であるので，そちらに関連する記述（→第2章Ⅳ5）を参照されたい。

　意匠権は登録により発生し（20条1項），出願の日から25年をもって終了する（21条1項）。すなわち，意匠権の存続期間は特許権（出願から20年）より若干長く著作権の存続期間（原則として著作者の死後70年）よりはるかに短い。

(2)　意匠の類似

　上述の通り，意匠権の効力は登録意匠と同一の意匠だけでなく，これに類似する意匠にまで及ぶ（23条）。意匠の類否判断は，需要者の認識を基準として行う（24条2項）。

　物品の意匠の場合，意匠の同一と類似は，形状等と物品のそれぞれについて判断される。建築物の意匠についても，基本的には同様となろう。画像の意匠

についても，画像それ自体の類否だけでなく，画像の用途も類似であることが求められるものと思われる。

　形状等や画像（これらを合わせて**形態**という）の同一・類似については，登録意匠の形態と，被疑侵害者たる相手方の商品等の形態とを対比して判断される。両者に相違点が無ければ同一となり，一致点と相違点とが存在する場合には類否の問題となる。そして，形状等の類否判断においては，「公知意匠にはない新規な創作部分の存否等を参酌して，取引者・需要者の最も注意を惹きやすい部分を意匠の**要部**として把握し，登録意匠と相手方意匠が，意匠の要部において構成態様を共通にしているか否かを観察することが必要」[3] となる。

　公知意匠を構成する部分については，要部とはならない。上述の通り，意匠登録は出願前の公知意匠に類似する意匠には認められないことから，意匠権の保護範囲に公知意匠が含まれるのを避ける趣旨だと思われる。また，ありふれた形状等は通常，需要者の注意を惹かないため，その部分単独で要部となることはない（ただし，他の要素との結合により，要部となることはありうる）。さらに，5条3号に該当するような機能等確保のために不可欠な形状等に相当する部分についても，要部とはならない。このような形状等も意匠登録を受けられないため，この形態が保護範囲に含まれないようにする趣旨であろう。

　物品や建築物の同一性は，用途・機能の同一性を基準に判断される。類似性についても，用途・機能の共通性から判断される。

(3)　意匠権の制限

　意匠権の制限は，特許権の制限とほぼ同様のものが当てはまる。意匠法36条は，特許法の権利制限規定である69条1項（試験・研究のための実施）及び同条2項（船舶等の一時通過，出願の時から日本国内にある物）を準用している。先使用権（→第2章Ⅳ2）に関する規定もある（29条）。また，**消尽法理**（→第2章Ⅲ2）も妥当すると考えられている。

　このほか，意匠法41条は，特許法104条の3の**無効の抗弁**（→第2章Ⅳ2）の規定も準用している。

---

3)　知財高判平成23・3・28平成22（ネ）10014号〔マンホール蓋用受枠事件〕など。

Ⅲ　意匠法と他の知的財産法——棲み分けは必要？

　　ここでは，物のデザインに関して複数の知的財産法がどのように適用される
かについて，特に意匠権とのかかわりを中心に解説する。そこで問題となって
いるのは，意匠法の保護している領域を侵食しないように棲み分けを目指す必
要があるのかどうかという問題である。一部は既に**第3章〜第5章**で解説し
たことの確認であるが，それにとどまらない，やや高度な論点にも触れている
ので，今後の学習の参考にしてほしい。

1　意匠法と不正競争防止法2条1項3号（デッドコピー規制）

　不正競争防止法2条1項3号（→**第5章Ⅳ**）は，もともと意匠法の保護を補
完するために作られた規制である。上述の通り，意匠権は強力な権利であり，
3号よりも広い範囲で商品の外観（意匠）を保護することができるが，反面，
権利を取得するために特許庁に意匠登録出願をし，審査を経る必要があるため，
時間がかかってしまうという短所がある。

　特に衣類などのライフサイクルが短い商品の場合，商品形態を開発してから
意匠登録を待って発売していたのでは，流行に乗り遅れてしまう。3号は，狭
い範囲（類似を含まない）かつ短い期間（最初の販売から3年）で早い保護（出
願・登録を要しない）を与えることで，意匠権のこの短所を補っている。

2　意匠法と著作権法

　物の外観のデザインは，それが**創作性**などの著作物性の要件（著作権法2条1
項1号）を充たせば，著作権の保護対象となる。ただし，**第3章**で述べたよう
に，量産される実用品に用いられるデザインは，著作権法学では「**応用美術**」
と呼ばれ，これの著作物性については様々な議論がある。伝統的には，応用美
術の著作物性については，純粋美術とは異なった基準で判断されてきたが，そ
の背後には意匠法への配慮があった（→**第3章Ⅱ2(4)**）。

　著作権保護と意匠権保護が重なるとき，多くの場合後者の意義がなくなって
しまう。産業分野におけるデザインの保護と利用のバランスを考慮して，せっ
かく意匠法が保護されるデザイン（意匠）の範囲を絞っている領域に，著作権
法が極力踏み入らないようにするため，応用美術にできるだけ著作物性を認め

ないような解釈論が採用されていたといえる。

　ところが最近は，「意匠法への配慮」ではなく，著作権法の趣旨から応用美術の保護範囲を決めるという考え方のほうが優勢になっている。そのような考え方は2通りあり，通常の著作物と同じように考えるべきとするものと，実用的な物品の機能に係る構成を保護することが将来の創作活動を過度に制約する（著作権法の趣旨に反する）として，当該構成と分離して把握できる美的特性のみを保護するというものとがある[4]。現在優勢なのは後者であり，この立場によれば結果的には意匠法と著作権法との棲み分けが達成されることになる。

　建築物のデザインの著作物性についても，応用美術と同様の問題がある（→**第3章Ⅱ3**(1)(e)）。最近は，建築物のデザインの著作物性についても，上記の後者の説の立場から判断する裁判例〔脚注4のタコの滑り台事件〕が登場しており，このような考えが主流になれば著作権法が意匠法による建築物の意匠保護を無意味にしてしまうような問題は起こらないことになろう。

3　意匠法と標識法（商標法及び不正競争防止法2条1項1号）

(1)　標識法と特許法・実用新案法との関係

　商品の形状や商品の容器の形状のみからなる商標で，商品の機能を確保するために必然的に選択される形態（**技術的形態**）については，商標登録を受けられない。このことは，商標法4条1項18号が規定している（→**第4章Ⅱ3**(4)）。不正競争防止法の商品等表示（同法2条1項1号）該当性の解釈論においても，技術的形態の保護は否定されている。その理由として，**第4章**や**第5章**では，技術的形態を独占して，競争自体を制限することが商標法や不正競争防止法2条1項1号（本節ではこれらをまとめて「標識法」という）の趣旨に沿わないからという説明をした（→**第4章Ⅱ3**(4)及び**第5章Ⅱ2**(1)）が，これとは異なる説明も考えられる。

　その説明とは，技術的形態を保護すべきでない理由を，特許権等の他の産業財産権制度との調整に求める，というものである。技術的形態を商品等表示と

---

4)　前者の例として，知財高判平成27・4・14判時2267号91頁〔TRIPP TRAPP事件〕，後者（分離可能性説）の例として，知財高判令和3・12・8令和3（ネ）10044号〔タコの滑り台事件〕。詳細については，→**第3章Ⅱ2**(4)参照。

して保護することは，その技術の独占が標識法によって実現していることを意味し，その保護は半永久的に続くことになる（商標権の保護期間は何度でも更新できる。また不正競争防止法2条1項1号の保護は，形態が周知である限り存続する）。技術についての独占は特許権や実用新案権によって本来認められるべきものなのに，それよりも長い期間標識法で保護できてしまうと，特定の技術について保護期間を限って保護している特許法や実用新案法の趣旨が損なわれてしまう。そこで，このような形態に商品等表示の保護を及ぼすべきではないと考えられている。

　このような考えは，他法との棲み分けを目指すという点で，応用美術についての伝統的な考えとよく似ている。これに対して，**第4章**や**第5章**でした説明は，他法との調整をする必要はなく標識法の制度趣旨から考えればよい，という点で，応用美術についての最近の考え方と似ている。

(2)　意匠法と標識法

　では，標識法と意匠法の関係はどのように考えればよいだろうか。すでに見た通り，意匠法5条3号は，「物品の機能を確保するために不可欠な形状」等の保護を否定しているから，同法上も技術的形態は保護を受けられないことになる。この点では標識法と同じである。問題は，技術的形態ではない形態についてである。

　意匠法の保護を受けられるような形態を標識法で保護してしまうと，意匠権の保護期間が終了した商品形態（意匠）であっても標識法で保護が受けられるという状況が生まれる。このような状況の発生を完全になくすことはどのような立場によってもおそらく不可能であるが，意匠法との重複ができるだけ生じないようにするような解釈を標識法の側ですべきかどうか，換言すると，意匠法と標識法の棲み分けを志向すべきかどうかということが問題となる。

　商品や容器の形状のみからなる立体商標の登録場面においては，形態の独占適応性に配慮して，技術的形態でない場合でも（商標法4条1項18号に該当しない場合でも）商標法3条1項3号にできるだけ該当するような解釈論が採用されている。この理由については，**第4章**ではやはり商標制度の趣旨から説明していたが，裁判例はむしろ意匠法を含む他の産業財産権法との棲み分けを意識しているような説明をしている[5]。

　不正競争防止法2条1項1号の解釈ではどうだろうか。こちらにおいては，①特別顕著性と②周知性を備えた形態のみが商品等表示に該当すると解されている（→**第5章Ⅱ2**(1)）。その理由として，意匠法との調整を挙げるような学説や裁判例は，これまでのところほとんどない。

　物のデザインについて，類似するデザインの物の製造・販売等に対して差止請求や損害賠償請求をする根拠としては，標識法の中では不正競争防止法2条1項1号が活用されることが多い。**第5章**で紹介したように，様々な商品の形態が保護されてきているだけでなく，最近では店舗の外観の保護が認められた例[6]がある。すでに述べた通り，意匠法も令和元年改正により建築物の外観や内装も保護対象に含めてきており，今後はこれらの法律が交錯する場面がますます増えるものと予想される。

---

5)　**第4章**で紹介した知財高判平成19・6・27判時1984号3頁〔マグライト立体商標事件〕や，知財高判平成20・5・29判時2006号36頁〔コカ・コーラ・ボトル立体商標事件〕など。
6)　東京地決平成28・12・19平成27（ヨ）22042号〔コメダ珈琲店舗外観事件〕。→**第5章Ⅱ2**(1)参照。

参考文献

1　知的財産法全体に関わるもの

愛知靖之＝前田健＝金子敏哉＝青木大也『知的財産法〔第2版〕』（有斐閣，2023年）

小泉直樹『知的財産法〔第2版〕』（岩波書店，2022年）

角田政芳＝辰巳直彦『知的財産法〔第9版〕』（有斐閣，2020年）

辰巳直彦『体系化する知的財産法（上）（下）』（青林書院，2013年）

田村善之『知的財産法〔第5版〕』（有斐閣，2010年）

茶園成樹編『知的財産法入門〔第3版〕』（有斐閣，2020年）

土肥一史『知的財産法入門〔第16版〕』（中央経済社，2019年）

紋谷暢男＝紋谷崇俊『知的財産権法概論』（発明推進協会，2017年）

2　特 許 法

*入門書・概説書として

小泉直樹『特許法・著作権法〔第3版〕』（有斐閣，2022年）

駒田泰土＝潮海久雄＝山根崇邦『知的財産法Ⅰ　特許法』（有斐閣，2014年）

島並良＝上野達弘＝横山久芳『特許法入門〔第2版〕』（有斐閣，2021年）

高林龍『標準特許法〔第7版〕』（有斐閣，2020年）

茶園成樹編『特許法〔第2版〕』（有斐閣，2017年）

*体系書として

渋谷達紀『特許法』（発明推進協会，2013年）

中山信弘『特許法〔第4版〕』（弘文堂，2019年）

*逐条解説書として

特許庁編『工業所有権法（産業財産権法）逐条解説〔第22版〕』（発明推進協会，2022年）

中山信弘＝小泉直樹編『新・注解 特許法（上）（中）（下）〔第2版〕』（青林書院，2017年）

*判例解説として

小泉直樹＝田村善之編『特許判例百選〔第5版〕』（有斐閣，2019年）

3 著作権法
＊入門書・概説書として

　　小泉直樹『特許法・著作権法〔第3版〕』（有斐閣，2022年）

　　駒田泰土＝潮海久雄＝山根崇邦『知的財産法Ⅱ 著作権法』（有斐閣，2016年）

　　島並良＝上野達弘＝横山久芳『著作権法入門〔第3版〕』（有斐閣，2021年）

　　高林龍『標準著作権法〔第5版〕』（有斐閣，2022年）

　　茶園成樹編『著作権法〔第3版〕』（有斐閣，2021年）

　　文化庁編著『著作権法入門（2022-2023）』（著作権情報センター，2022年）

＊体系書として

　　斉藤博『著作権法概論』（勁草書房，2014年）

　　作花文雄『詳解 著作権法〔第5版〕』（ぎょうせい，2018年）

　　渋谷達紀『著作権法』（中央経済社，2013年）

　　田村善之『著作権法概説〔第2版〕』（有斐閣，2001年）

　　中山信弘『著作権法〔第3版〕』（有斐閣，2020年）

　　半田正夫『著作権法概説〔第16版〕』（法学書院，2015年）

＊逐条解説書として

　　小倉秀夫＝金井重彦編著『著作権法コンメンタールⅠ～Ⅲ〔改訂版〕』（第一法規，2020年）

　　加戸守行『著作権法逐条講義〔七訂新版〕』（著作権情報センター，2021年）

　　半田正夫＝松田政行編『著作権法コンメンタール1～3〔第2版〕』（勁草書房，2015年）

＊判例解説として

　　小泉直樹＝田村善之＝駒田泰土＝上野達弘編『著作権判例百選〔第6版〕』（有斐閣，2019年）

4 商 標 法
＊入門書・概説書として

　　茶園成樹編『商標法〔第2版〕』（有斐閣，2018年）

＊体系書として

　　網野誠『商標〔第6版〕』（有斐閣，2002年）

　　小野昌延＝三山峻司『新・商標法概説〔第3版〕』（青林書院，2021年）

　　田村善之『商標法概説〔第2版〕』（弘文堂，2000年）

＊逐条解説書として

　　小野昌延＝三山峻司編『新・注解 商標法（上）（下）』（青林書院，2016年）

　　特許庁編『工業所有権法（産業財産権法）逐条解説〔第22版〕』（発明推進協

会，2022 年）

金井重彦＝鈴木將文＝松嶋隆弘編著『商標法コンメンタール〔新版〕』（勁草書房，2022 年）

＊判例解説として

茶園成樹＝田村善之＝宮脇正晴＝横山久芳編『商標・意匠・不正競争判例百選〔第 2 版〕』（有斐閣，2020 年）

5 不正競争防止法

＊入門書・概説書として

茶園成樹編『不正競争防止法〔第 2 版〕』（有斐閣，2019 年）

＊体系書として

小野昌延＝松村信夫『新・不正競争防止法概説〔第 3 版〕』（青林書院，2020 年）

渋谷達紀『不正競争防止法』（発明推進協会，2014 年）

田村善之『不正競争法概説〔第 2 版〕』（有斐閣，2003 年）

山本庸幸『要説不正競争防止法〔第 4 版〕』（発明協会，2006 年）

＊逐条解説書として

小野昌延編著『新・注解 不正競争防止法（上）（下）〔第 3 版〕』（青林書院，2012 年）

経済産業省知的財産政策室編『逐条解説 不正競争防止法――令和元年 7 月 1 日施行版』（https://www.meti.go.jp/policy/economy/chizai/chiteki/pdf/20190701Chikujyou.pdf）

＊判例解説として

茶園成樹＝田村善之＝宮脇正晴＝横山久芳編『商標・意匠・不正競争判例百選〔第 2 版〕』（有斐閣，2020 年）

6 意 匠 法

＊入門書・概説書として

茶園成樹編『意匠法〔第 2 版〕』（有斐閣，2020 年）

＊逐条解説書として

寒河江孝允＝峯唯夫＝金井重彦編著『意匠法コンメンタール〔新版〕』（勁草書房，2022 年）

特許庁編『工業所有権法（産業財産権法）逐条解説〔第 22 版〕』（発明推進協会，2022 年）

満田重昭＝松尾和子編『注解 意匠法』（青林書院，2010 年）

＊判例解説として

　茶園成樹＝田村善之＝宮脇正晴＝横山久芳編『商標・意匠・不正競争判例百選
　〔第 2 版〕』（有斐閣，2020 年）

7　裁判例の検索・アクセス方法

　裁判所サイトトップページ（courts.go.jp）画面から裁判例情報の画面へアクセス。
　知的財産裁判例集のタブを開くと検索画面が表示。
　事件番号や判決年月日，検索期間，分野等を選択入力して検索。

事項索引

342

判例索引

入門 知的財産法〔第3版〕

An Introduction to Intellectual Property Law, 3rd ed.

2016 年 11 月 1 日 初 版第 1 刷発行　　2023 年 2 月 25 日 第 3 版第 1 刷発行
2020 年 3 月 30 日 第 2 版第 1 刷発行　　2024 年 11 月 10 日 第 3 版第 2 刷発行

著　者　　平嶋竜太　宮脇正晴　蘆立順美

発行者　　江草貞治

発行所　　株式会社有斐閣

　　　　　〒101-0051 東京都千代田区神田神保町 2-17

　　　　　https://www.yuhikaku.co.jp/

装　丁　　堀 由佳里

印　刷　　株式会社理想社

製　本　　大口製本印刷株式会社

装丁印刷　株式会社亨有堂印刷所

落丁・乱丁本はお取替えいたします。定価はカバーに表示してあります。